Ines Witka

Stell dir vor, ich bin deine heimliche Geliebte

Der Reiz des Escort-Service

Schwarzkopf & Schwarzkopf

Inhalt

Vorwort

Die Mätressen der Fürsten, Adligen und hohen Amtsträger sind eigentlich Geschichte. Doch es gibt sie wieder: Heute sind es die exklusiven Damen vom Escort-Service, die sich der Einkommenselite als Geliebte anbieten. Sie gewähren ihren Kunden gegen finanzielle Zuwendungen Aufmerksamkeit und Erotik auf Zeit. Diese Escort-Agenturen haben das alte Geschäft mit der Erotik um eine feine Klasse erweitert, für die Kunden, die es sich leisten können, und für die Frauen, die sich als Escort auf einem anderen Niveau bewegen – und sie zählen immer mehr Kunden. Skandale um Prominente aus Kunst und Politik, die sich teure Frauen ins Hotel bestellten, haben sicher auch dafür gesorgt, dass diese exklusive Form der käuflichen Erotik einen gewissen Ruhm erlangt hat.

Was ist das erotische Geheimnis dieser Frauen? Was macht sie so attraktiv, dass Männer 1.200 Euro für eine Nacht oder 2.300 Euro für einen Wochenendurlaub mit ihnen bezahlen? Und welche Motive treiben attraktive und gebildete Frauen dazu an, in dieser Branche Geld zu verdienen?

Auf diese spannenden Fragen habe ich Antworten gesucht. Ich habe zwei Inhaberinnen von etablierten Escort-Agenturen getroffen. Von ihnen konnte ich erfahren, auf was sie bei ihren Escort-Damen achten: Es geht nicht nur um eine starke erotische Komponente, sondern auch um die Persönlichkeit, um Ausstrahlung, eine gute Allgemeinbildung, einen guten Beruf oder ein interessantes Studium, um gewandtes Auftreten, Menschenkenntnis und Kommunikationsfähigkeit.

Ich habe mit sechs Frauen und einem Mann gesprochen, die neben ihren bürgerlichen Berufen im Escort tätig sind. Sie sind Studentinnen oder kaufmännische Angestellte, Juristinnen, Verkäuferinnen oder Ärztinnen. In den Interviews berichteten sie mir bereitwillig und offen von ihren Motiven und Erlebnissen und von ihren Kunden.

Patricia schilderte mir zum Beispiel, wie viel Spaß sie mit ihren Kunden hat und dass sie beim Escort genau die Männer trifft, die sie sexuell reizen würden. Sie genießt es, in Luxushotels zu übernachten und sich in gute Restaurants ausführen zu lassen. Jessica fehlt nach einer Woche ohne ein Date der Sex. Tanja war finanziell am Ende, als sie mit dem Escort begonnen hat, aber heute möchte sie nicht mehr darauf verzichten. Bei allen Frauen spielen sexuelle Vorlieben eine Rolle für die Entscheidung, im Escort tätig zu sein, doch die gute Bezahlung, mit der sie ihren Lebensstandard noch heben können, ist ebenso wichtig. Und in einem sind sich alle einig: Das klassische Pretty-Woman-Erlebnis ist bloß eine romantische Vorstellung – die Liebe zwischen Escort und Kunde kann nicht funktionieren.

Die Frauen, die ich getroffen habe, waren sehr freundlich, offen und herzlich. Bei den Interviewterminen haben wir viel gelacht, denn sie hatten Humor und waren schlagfertig. Wenn ich ihnen auf der Straße begegnen würde, könnte ich keiner auf den Kopf zusagen, dass sie diese frivole Nebentätigkeit ausübt.

Was ist nun das Besondere am Escort? Warum zahlen Männer für die Erfüllung ihrer erotischen Träume so viel Geld? Könnten sie den Sex bei einer Prostituierten nicht sehr viel billiger haben?

Zum einen wird beim Escort, den man meist über eine Agentur bucht, nicht für Sex bezahlt, sondern für die Zeit, die man miteinander verbringt. Die Erfüllung erotischer Wünsche ist immer ein Kann und kein Muss – auch wenn die Erwartungshaltung in die erotische Richtung gehen darf, denn kaum ein Kunde bucht die reine Dinner Time, also die Begleitung für ein Essen oder einen kulturellen Anlass ohne erotische Zielsetzung. Jedoch basiert alles auf Freiwilligkeit. Die Escort-Damen können den sexuellen Akt ablehnen und ein Date jederzeit abbrechen.

Und häufig steht der Sex auch tatsächlich nicht im Vordergrund, viele der Frauen äußerten sich ähnlich wie Jessica: »Insgesamt haben wir dreieinhalb Stunden geredet und gelacht, der Sex ging nur eine halbe Stunde, hauptsächlich wollte er mich streicheln und fühlen.« Es wird also oft der sogenannte »Girlfriendsex«, der »Sex wie mit einer Freundin«, gewünscht, die Kunden wollen sich entspannen, genießen und keinen Stress haben.

Ich habe auch mit Männern gesprochen, die Escort buchen. Sie waren alle Mitte vierzig, vom Beruf her der oberen Mittelschicht zugehörig und sehr freundlich und höflich. Oft sind es ganz klassisch Geschäftsleute, die beruflich viel unterwegs sind und den Abend nicht allein verbringen möchten. Oder ihre Partnerinnnen wollen ihnen bestimmte Wünsche nicht erfüllen.

Diese Männer sind bereit, viel Geld auszugeben, weil sie davon ausgehen, dass auch in diesem Geschäft der Preis etwas über die Qualität aussagt. Häufig geht es ihnen nicht nur um den sexuellen Akt an sich, sondern auch um die Unterhaltung. Und da sie selbst aus der höheren Mittelschicht oder Oberschicht kommen, suchen sie Frauen mit Niveau. Was den männlichen Kunden außerdem ganz wichtig ist: Dass die Frauen das Zusammensein und den Sex genießen. Sie hoffen, dass diese Frauen Escort aus Leidenschaft machen – und damit haben sie auch häufig recht.

Der Escort-Service ist ein Geschäft mit der perfekten Illusion hocherotischer Beziehungen zwischen Mann und Frau, und zwar beiderseitig: Die Frauen wissen um das besondere Niveau ihres Angebots und die Männer sind gerne bereit, sich diese Qualität und die Erfahrung des besonderen Erlebnisses etwas kosten zu lassen.

SEDCARD

NAME: Christin

ALTER: 29

BERUF: Juristin

BUCHBAR: Düsseldorf, Dortmund / Deutschland

NATIONALITÄT: deutsch

SPRACHEN: Englisch (Konversation), Französisch und Spanisch (Grundkenntnisse)

ÄUSSERES: mädchenhaft, blaugraue Augen, rote Haare bis zur Taille, 160 cm groß, 48 kg, Konfektionsgröße 32–34, BH-Größe 70 B, Körpermaße 80-65-94

PARFÜM: The One von D&G

LIEBLINGSBLUMEN: Rosen, Callas

LÄSST SICH EINLADEN ZU: Sekt, Rotwein

BEVORZUGTES ABENDESSEN: Deutsch, Italienisch, Chinesisch

INTERESSEN: Fußball, Oper, Dart, Kunst, Tanzen

EROTISCHE VORLIEBEN: leidenschaftliche Zungenküsse, Girlfrienderotik, französische Erotik – natur nur situationsbedingt, erotische Massagen, Verbalerotik, soft devot, Fesselspiele, Pärchenbegleitung, Toys, glattrasiert, Duo möglich

HONORAR, PRIVATE TIME: 2 Stunden, 350 Euro
24 Stunden, 1.500 Euro

Die wilde Seite ausleben

Christin, 29, Juristin

»Mein Beruf ist Ausdruck meiner verantwortungsbewussten, seriösen Seite. Der Escort gehört zur wilden Seite in mir. Ich fühle mich nicht schizophren, sondern sehe es als Ausdruck meiner vielfältigen Persönlichkeit.«

Vor ungefähr einem Jahr saß ich beim Friseur und blätterte gelangweilt in einer dieser Frauenklatschzeitungen. Zu diesem Zeitpunkt hatte ich gerade eine langjährige Beziehung zu einem deutlich älteren Mann beendet. Ich hatte neben ein paar anderen Schwierigkeiten auch ein gewaltiges sexuelles Problem mit ihm. Der Sex mit ihm war schlicht grauenhaft, langweilig und selten. Da saß ich frustriert, sexuell unbefriedigt, gerade mit dem Jurastudium fertig und jammerte über meine verlorenen Jahre. Bei anderen geht in diesem Lebensabschnitt der Punk im Bett ab, und ich hatte zweimal im Monat schlechten Sex. Dabei liebe ich Sex. Also habe ich beschlossen: Wenn ich in der Beziehung keinen Sex bekommen habe, dann hole ich ihn mir jetzt woanders, und zwar doppelt. Aber das war leichter gesagt als getan, denn mit den angehenden Juristen konnte ich nicht viel anfangen. Die hatten einfach andere Interessen, und ich passte wahrscheinlich auch nicht in deren Beuteschema. Sie suchten für den Einstieg in die Karriere eher passive, angepasste Frauen. Als Juristin bin ich aber eher der streitbare Typ, und außerdem bin ich ein Mensch, der zwei Seiten sehr extrem lebt. Zum einen gehe ich sehr gern in italienische Opern, zum anderen auf den Fußballplatz zu Fortuna. Ich kann mich sehr gewählt ausdrücken, aber auf dem Fußballplatz feuere ich meine Mannschaft lautstark an und äußere meinen Unmut über Fehlentscheidungen des Schiedsrichters in deftigen Worten.

Dann las ich einen Artikel über die Erlebnisse einer Frau im Escort und das weckte meine Aufmerksamkeit. Wenn das alles nicht gelogen war, dann schienen die Frauen ein wesentlich aufregenderes Leben zu führen als ich. Das hat mich neugierig gemacht, und ich habe mir gesagt: »Hey, du bist Single, du hast nichts zu verlieren, melde dich doch mal bei so einer Agentur und schau dir das an.«

Daraufhin habe ich im Internet das Stichwort *Escort* eingegeben und mir die Ergebnisse genau angesehen. Viele Agenturen gefielen mir von der Aufmachung her nicht; zu laut, zu grell und zu billig aufgemachte Seiten strich ich von der Liste, drei habe ich schließlich angeschrieben. Eine der Agenturen hat sich daraufhin telefonisch gemeldet. Eine sehr sympathisch klingende Frau hat mich intensiv befragt, wohl um herauszufinden, wie ernst meine Anfrage gemeint war. Im ersten Gespräch versuchte sie mir einen realistischen Eindruck von dem zu vermitteln, was auf mich zukommen würde.

Aber ich bin ja nicht blauäugig, um es mal prosaisch auszudrücken: Als Juristin weiß ich um die Abgründe der menschlichen Seele. Ein Treffen wird zwar mit romantischen Worten umschrieben, indem es heißt: »Hast du Zeit für ein Date?« Dennoch weiß ich, dass es kein Date ist. Ich bin für ein paar Stunden nett zu dem Mann, aber das war es dann auch. Ich konnte der Frau am Telefon glaubhaft versichern, dass ich keine romantischen *Pretty Woman*-Vorstellungen habe, so nach dem Motto: Ich treffe dabei meinen Traummann, werde mich verlieben und heiraten.

Sie war mit den Antworten sehr zufrieden, denn sie bot mir an, mich auf ihren Seiten zu listen.

Meine zukünftige Chefin nannte mir einen Fotografen, der mich so fotografieren würde, wie sie es sich für die Präsentation im Rahmen ihres Internetauftritts vorstellte. Die Agentur würde sich mit 50 Prozent an den Kosten beteiligen. Ich wusste nicht, was ich für die Fotos anziehen sollte, deshalb schleppte ich einen Koffer voller Kleidung mit. Wir fingen mit den einfachen Sachen an, erst zeigte ich mich im Tagesdress und in der Abendgarderobe, erst danach kamen die Fotos in Unterwäsche. Das ergab sich ganz selbstverständlich, es war lustig, es war sehr entspannt, und der Fotograf konnte mir meine Unsicherheit nehmen. Ich mache das ja nicht alle Tage, obwohl ich schon einmal in erotischen Posen vor der Kamera gestanden hatte. Das waren aber private Fotos für meinen damaligen Lebensgefährten gewesen.

Einmal habe ich mich auch von einer Freundin fotografieren lassen. Aber mit einem professionellen Fotografen war das schon was anderes, er sorgte dafür, dass ich mich trotz Kamera locker und entspannt bewegte. Außerdem hatte er Erfahrung darin, welche Posen eher erotisch und welche eher komisch aussehen.

Ich vertraute ihm und war mit dem Ergebnis sehr zufrieden.

Das hellgraue Kleid auf dem einen Foto ist eines meiner Lieblingskleider. Das ziehe ich gern zu einem Date an. Meine Dessous sind eher verspielt, ich bin weniger der Vamp, dazu bin ich auch zu klein, das wirkt nicht so gut bei mir, aber Strapse müssen schon sein. Der Abend soll für die Männer und für mich etwas Besonderes sein. Das will ich auch mit meiner Kleidung zum Ausdruck bringen.

Wenn ich heute ein Hotelzimmer betrete, ist die Vergangenheit weit weg. Die Männer freuen sich auf mich und ich mich meistens auch auf sie. Die wenigsten fallen sexhungrig über einen her, man unterhält sich erst einmal, trinkt was zusammen, oft geht man zusammen essen. Die üblichen Fragen sind dann: »Wo kommst du her?« und »Was machst du so?«. Bei mir fragen manche direkt: »Bist du tatsächlich Juristin?«

Dann hoffe ich, dass ich nicht nur deshalb gebucht wurde, denn wenn die Kunden plötzlich ein Fachgespräch über Rechtsfragen mit mir zu führen beginnen, kann es leicht passieren, dass die Stimmung kippt, also blocke ich das weitgehend ab. Die Arbeit in der Anwaltskanzlei reicht mir, ich möchte das nicht auf meine Freizeit ausdehnen. Das ist doch nicht Sinn der Sache. Die Rechtsprechung ist ein weites Feld, gegen ein allgemeines Gespräch darüber habe ich nichts einzuwenden. Aber hat der Kunde ein bestimmtes Rechtsproblem, das er mit mir diskutieren möchte, biege ich das ab. Am liebsten würde ich solchen Kunden einen Termin in meiner Kanzlei geben, denn wären sie dort meine Klienten, würde ich mehr verdienen. Aber das geht natürlich nicht, denn ich trenne Berufliches und Escort strikt. Ich habe keine Lust, mich irgendeinem Tratsch auszusetzen, falls ein Klient dann anfangen sollte, anzügliche Bemerkungen zu machen. Solche Konstellationen, Kunde wird Klient oder umgekehrt, ein neuer Klient stellt sich vor, und ich erkenne ihn als mein Date von letzter Nacht, gibt es hoffentlich nur im Film. Wobei ich kürzlich ein Date mit einem jungen Mann hatte, der extra in Essen ein Zimmer genommen hatte, da ich dort zu buchen bin, und im Gespräch kam raus, dass er in Düsseldorf nur zwei Straßen von mir weg wohnt. Das habe ich ihm nicht gesagt, aber so kann der Zufall spielen, und ich klopfte vorsichtshalber auf Holz, damit mir so etwas nie im Zusammenhang mit meinem Beruf widerfahren wird.

Nichts dagegen habe ich, wenn mich einer wegen meiner großen Leidenschaft für den Fußball bucht. Wenn sie anfangen, mit mir über Fußball zu fachsimpeln, dann weiß ich, dass mal wieder einer meine Sedcard genau studiert hat. Das kommt öfter vor, als man gemeinhin denkt. Die Männer beschäftigen sich im Vorfeld mit dem Date und bereiten sich darauf vor. Wenn sie Blumen mitbringen, dann immer Rosen, selten Callas, aber nie was anderes. Das schmeichelt mir natürlich. Wenn sie was zu trinken anbieten, dann Rotwein oder Sekt. Meine Vorlieben bei den Getränken sind nicht sehr ausgefallen, ich trinke tatsächlich am liebsten Rotwein und Sekt.

Aber zurück zum Fußball: Ich bin Fan von Fortuna Düsseldorf, gehe am Wochenende gern ins Stadion und feuere meine Mannschaft an, mit Fanschal und dem kompletten Programm.

Darüber habe ich einen netten Stammkunden gewonnen. Er bucht mich immer, wenn er in der Stadt ist, und wir haben schon ein richtiges Ritual. Wir schauen die erste Halbzeit eines Fußballspiels im Fernsehen aneinandergekuschelt im Bett an, in der Pause wird ein bisschen gepoppt, dann die zweite Halbzeit angeschaut, und am Ende gibt es sozusagen eine kleine Nachspielzeit. Das ist auch einer meiner wenigen Kunden, der eine besondere Stellung, nämlich Doggy-Style, auch bekannt als Hündchenstellung, bevorzugt. Wobei diese Vorliebe bei ihm weniger damit zu tun hat, dass er die Stellung besonders reizvoll findet, sondern er folgt dabei wohl eher praktischen Überlegungen. Wenn nach fünfzehn Minuten die Pause zu Ende ist, was dann? Er will ja auch nichts vom Spiel verpassen. So kann er gleichzeitig fernsehen und Sex mit mir haben. Mir ist es recht, denn ich schaue in dem Moment in dieselbe Richtung und kann dabei auch Fußball gucken.

Wenn ich eine Buchung für den Abend habe, stimme ich mich meist mit demselben Ablauf darauf ein: Ich dusche und rasiere mich komplett, die Männer stehen da total drauf, und ich mag es selbst auch. Danach trinke ich einen Piccolo und fahre entspannt los. Selbstverständlich bin ich nicht betrunken. Bei einem Date muss man immer höllisch aufpassen, selbst nie betrunken zu werden, obwohl immer Alkohol angeboten wird und die Kunden gerne einen Schluck trinken. Ein bisschen darf man mittrinken, mal zuprosten und so, aber man darf sich nicht gehen lassen.

Vor Kurzem bin ich in ein Gourmetrestaurant in der Nähe der Düsseldorfer Königsallee ausgeführt worden. Ich futterte mich durch sieben Gänge, zu jedem Gang wurde der passende Wein gereicht. Da musste ich schon aufpassen, dass ich nicht betrunken werde, aber es ist mir gelungen. Ganz im Gegensatz zu dem Kunden, in der Nacht ist nichts mehr gelaufen, denn der wollte nur noch schlafen. Das war ein teurer Spaß für ihn, allein der Restaurantbesuch hat 500 Euro gekostet, und ich war für die Nacht gebucht. Er hat sich selbst abgeschossen, er hat nicht mal mehr an Sex gedacht. Ich habe es überspielt, ihm noch ein wenig Kuscheln angeboten, aber er ist schnell eingeschlafen. Am anderen Morgen war er wieder fit und hat den Sex nachgeholt.

Beinhaltet das Date kein Essen, gehe ich meist direkt aufs Zimmer. Der Mann, der mich erwartet, ist oft sehr nervös, es gibt keinen, der richtig auf *cool* macht. Die muss ich regelrecht beruhigen: »Hey, schön, dass wir uns sehen, erzähl doch mal.«

Meist reden Männer von ihrem Beruf und warum sie in der Gegend sind. Durch ein paar Zwischenfragen zeige ich ihnen, dass ich Interesse habe. Ich muss dabei nur selten heucheln, die Unterhaltungen sind oft wirklich spannend. Dabei wird eine Flasche Sekt aufgemacht, wir trinken was zusammen, irgendwann fangen wir automatisch an, langsam näherzurutschen, und dann landen wir im Bett. Dieser Moment ist natürlich von Date zu Date unterschiedlich. Es ist von vornherein klar, dass wir im Bett landen, ich werde ja selten nur für die reine Unterhaltung gebucht. Die Frage ist immer nur wann, meist passiert es in den ersten 20 Minuten. Also ist es nicht mit der Aufregung zu vergleichen, die sich einstellt, wenn man zum ersten Mal mit einem neuen Bekannten in die Wohnung geht.

Einen meiner Kunden habe ich tatsächlich in die Oper begleitet. Wir kannten uns schon von diversen Treffen, und er wollte den musikalischen Genuss gerne mit mir teilen, andererseits hatte er Angst, dass er seiner Frau oder Bekannten begegnen könnte. So fuhren wir über 200 Kilometer bis nach Frankfurt. Er hatte auch in Frankfurt das Hotel für die Nacht gebucht.

Übernachtungen mache ich nur mit Männern, mit denen ich vorher schon eine Verabredung hatte. Das ist nicht ungewöhnlich, auch die Männer möchten nicht gleich so eine lange Zeit mit einer Unbekannten buchen. Eine Nacht kostet mehr als 1.000 Euro, wenn man sich da unsympathisch ist, wird es für beide Seiten unangenehm und für den Mann zusätzlich noch teuer.

Eine Übernachtung bedeutet, dass eine große Intimität mit einem Fremden hergestellt wird. Das lässt sich nicht mit dem Einschlafen mit einem Freund oder Lebensgefährten vergleichen, auch wenn sich das mancher Kunde erhofft.

Für mich ist eine Übernachtung noch intimer, als miteinander netten Sex zu haben. Die Erotik kann ich genießen, ohne dass Gefühle im Spiel sind. Dass das problemlos geht, weiß jeder, der schon mal einen guten One-Night-Stand ohne Reue hatte. Aber nebeneinander zu liegen, aneinandergekuschelt einzuschlafen, ist was sehr Persönliches. Wenn ich mit einem Mann nicht diese nahe Vertrautheit herstellen möchte, versuche ich das so hinzukriegen, dass er es nicht merkt.

Ich sage dann zum Beispiel, dass ich nicht einschlafen kann, wenn ich so eng umfasst werde, oder dass ich einen sehr unruhigen Schlaf habe und ihn sicher stören würde. Männer lassen sich in solchen Fragen leicht manipulieren, auch wenn sie sich was anderes vorgestellt haben.

Für den Morgen lege ich mir ein paar Bonbons zurecht, damit ich gleich einen frischen Atem habe. Es gibt ja nichts Schlimmeres, als jemanden neben sich zu haben, der aus dem Mund riecht.

Am liebsten ist es mir, wenn ich noch schnell ins Badezimmer springen und mich leicht frisch machen kann, bevor ich wieder ins Bett zurückkrabble, um die Nacht ausklingen zu lassen. Die Männer machen das übrigens genauso, die wünschen sich auch, dass ich sie toll finde. Auch sie möchten sich noch einmal nett präsentieren.

Mit meiner Körpergröße von 1,60 Metern wecke ich oft den Beschützerinstinkt der Männer. Der scheint hauptsächlich bei älteren Männern vorhanden zu sein, denn die reagieren sehr positiv auf mich. Meine Kunden sind fünfzig und älter.

Das stört mich nicht wirklich, denn mein langjähriger Freund war auch zehn Jahre älter als ich.

Aber einmal dachte ich, dass es nicht geht: Ich war für eine Hausbegleitung gebucht und der Herr, der mir die Tür öffnete, war sicher über siebzig. In der Agentur hatte er sein Alter mit Anfang sechzig angegeben, aber als ich ihm gegenüberstand, war mir gleich klar, dass er gelogen hatte. Ich wollte zuerst auf dem Absatz kehrtmachen, doch er war unheimlich höflich, das Haus stand in einer Topgegend von Köln, und Hausbesuche finde ich eigentlich interessant. Da bekomme ich einen guten Eindruck von einem Mann, weil man ja unauffällig gucken kann, wie er lebt, zum Beispiel, ob es ein paar Details gibt, die auf eine Frau hindeuten, so neugierig bin ich schon. Außerdem hat man immer ein Gesprächsthema. Also habe ich dem Impuls, gleich wieder zu gehen, widerstanden und erst mal sein Haus betreten.

Auf der anderen Seite bin ich immer misstrauisch, dass die Kunden mich mal verdächtigen, wenn sie was nicht wiederfinden und in ihrer Aufregung das Nächstliegende behaupten, nämlich dass es fehlen würde, seitdem ich da war.

Da passe ich auf, ich bin lange genug Anwältin und habe mit Strafsachen zu tun, da weiß ich schon, auf was für Geschichten manche kommen. Erlebt habe ich das selbst noch nie, aber das will ich auch nicht, deshalb bewege ich mich nicht allein durchs Haus, sondern bleibe immer schön bei meinem Date, außer wenn ich ins Badezimmer gehe. Die meisten Frauen denken bei Hausbesuchen an ihre persönliche Unversehrtheit, an Vergewaltigung oder dass einer ihnen zu nahe kommt und sie zu was zwingen will. In dieser Richtung hatte ich noch nie Probleme.

Aber, wie gesagt, ich treffe meistens ältere Männer, und mich gegen so einen zu wehren, traue ich mir schon zu. Ich bin körperlich sehr fit, trainiere regelmäßig Tae Bo und Fechten. So einem älteren Herrn bin ich bestimmt körperlich überlegen.

In diesem Fall hat es sich gelohnt, dass ich nicht gleich abgelehnt habe. So habe ich ein wirklich überraschendes Date mit einem über siebzig Jahre alten Mann erlebt, und der Gentleman bucht mich in der Zwischenzeit regelmäßig. Er hat noch volles Haar und, sehr wichtig, echte Zähne. Er ist sehr zuvorkommend und fürsorglich. Selbstverständlich möchte er auch mit mir schlafen, aber auch da fragt er: »Ist das schön für dich? Magst du das? Findest du das klasse?«

Das Schöne bei ihm ist, dass wir viele Gesprächsthemen haben, die bei anderen Dates nicht so im Vordergrund stehen. Wir unterhalten uns über klassische Musik, über moderne Malerei, über große Sportereignisse und das politische Tagesgeschehen. Es ist sehr abwechslungsreich, und was uns darüberhinaus verbindet, ist unser makaberer Humor. Wir erzählen uns wirklich schlechte Witze, über die wir uns kaputtlachen, das ist sehr spaßig.

Er bereitet gerne eine Kleinigkeit zum Essen vor, nette Vorspeisen, dazu macht er immer einen guten Rioja auf. Er bucht gerne etwas mehr Zeit, wie ältere Herren generell, sie wollen sich zeitlich nicht so unter Druck setzen, und Geld haben sie ja genug.

Sein Haus ist riesig, es hat bestimmt über 300 Quadratmeter Wohnfläche, und er bewohnt es allein. Er ist geschieden, seine Frau lebt in einer anderen Stadt.

Dieser Gentleman ist mir auf jeden Fall lieber als dieser un-
angenehme Typ, der aussah wie Willy Millowitsch, diese rhei-
nische Frohnatur, der Schauspieler und Sänger. Einer seiner Hits
war *Schnaps, das war sein letztes Wort*, das sagt ja schon alles. Er
sang auch gern Karnevalslieder, wobei ich nichts gegen Karneval
habe, ich gehe sehr gern dahin. Auf jeden Fall war und ist er im
Rheinland sehr bekannt. Als ich den Kunden sah, war es aus mit
der Erotik, da ging fast gar nichts mehr.

Ich mochte den nicht küssen, und die Vorstellung, mit ihm Sex
zu haben, war alles andere als verlockend. Also habe ich eben die
Massage ausführlicher gestaltet. Außerdem gab es ein schönes
Badezimmer mit einer riesigen Wanne, in der wir auch einige Zeit
zusammen verbracht haben.

Er erzählte lustige Storys, so konnten wir viel zusammen lachen, auch wenn er immer wie Willy Millowitsch klang. Gott sei
Dank war Essengehen mit eingeplant, denn er hatte fünf Stunden
gebucht, und das hätte ich nur im Zimmer und im Bett schwer
durchgehalten. Ich muss sagen, dass ich ein guter Esser bin,
ich esse gerne und halte mich nicht zwei Stunden an drei Salat-
blättern auf. Das fand der richtig toll, wie übrigens viele Männer.
Wenn sie sehen, dass die Frau vernünftig essen kann und das
Essen genießt, dann wissen sie, dass sie auch den Sex genießen
wird. Also Mädels, wenn ihr ein richtig schönes Date habt und
euch hinterher guten Sex versprecht, dann haut rein, die Kerle
stehen drauf. Die merken, die Frau kann sich gehen lassen. Das
ist für Männer das inoffizielle Versprechen von gutem Sex.

Dennoch bin ich nicht scharf darauf, dass der Gerüstbauer
mich noch mal bucht, obwohl ich es gern mag, Kunden wieder-
zutreffen. Ich habe in der Zwischenzeit schon Kunden, die mich
öfter buchen. Manche davon sind sehr nett und süß, die freuen
sich richtig, mich wiederzusehen, das merke ich, und das finde
ich schön, denn das ist auch gut fürs Ego.

Ein Kunde buchte mich wegen eines bestimmten sexuellen Wunsches. Er wollte gerne Analsex kennenlernen. Aber nicht mein süßer Po sollte dafür herhalten, sondern er bot mir seinen an: »Meine Frau sagt, ich sei pervers und schwul, nur weil ich mir einen Finger im Po und dabei ein paar Klapse auf den Hintern wünsche. Kann ich mir das von dir wünschen?« Das war so süß, wie er das formulierte.

Er wollte von mir wissen, ob er asozial oder außerhalb der sexuellen Norm veranlagt sei. Daraufhin habe ich ihm erklärt, dass das völlig normal wäre, da genau dort wahnsinnig viele Nervenenden zusammenlaufen und dadurch ein großes Lustempfinden möglich wäre. Warum soll das, was Frauen gefällt, nicht auch Männern gefallen? Selbstverständlich mache ich das, wegen so etwas ist doch keiner pervers. Da war er beruhigt.

Aber meist beschränken sich die sexuellen Wünsche auf die Missionarsstellung und die Reiterstellung. Das war es dann im Großen und Ganzen schon. Ich selbst wäre schon experimentierfreudiger. Ich war echt überrascht, dass nicht mehr gewünscht wird. Aber die Männer haben Angst, in dieser Situation zu versagen, deshalb machen sie keine Experimente. Mit neuen Stellungen sind sie total überfordert, es gefällt ihnen zwar schon, dass ich so gelenkig bin, aber sie nutzen es nicht. Es passt vielleicht auch nicht in ihre Vorstellung vom anständigen Deutschen.

Obwohl Ausländer, meiner Erfahrung nach, auch nicht experimentierfreudiger sind. Ich war schon mit einem Kanadier und einem Holländer zusammen, der einzige Unterschied im Verhalten war die Sprache.

Wenn Männer kurz davor sind zu kommen, merke ich das meistens. Es gibt nichts Schlimmeres als einen Kerl, der nur daliegt, da weiß ich ja nie, wann ich fertig bin. Man möchte schon eine Reaktion haben, und meistens kriegt man die ja auch. Deutsche Männer sagen immer: »Oh mein Gott!« Oder:

»Ich komme.« Sie kündigen das immer an. Der Holländer sagte: »Neej, wat lekker.«

Ich musste innerlich so lachen. Er interpretierte dann meine inneren Vibrationen als Ausdruck meiner Leidenschaft, das war auch okay, denn dass ich lachen muss, darf der Mann natürlich nicht mitbekommen.

Die Männer kündigen ihren Orgasmus an, damit man sie bewundern kann. Ich reagiere auf jeden Fall darauf. In der Zwischenzeit habe ich gelernt, meinen Körper so zu steuern, dass ich fast gleichzeitig mit ihnen kommen kann. Wenn nicht, gebe ich ihnen zumindest das Gefühl. Männer freuen sich total über so etwas. Zu 90 Prozent bekomme ich es aber tatsächlich so hin, dass ich einen Orgasmus habe.

Männer lassen sich beim Sex schon so führen, dass ich auch was davon habe. Das ist auch gut so, sonst würde es mir keinen Spaß machen. Dann wäre es ein harter Job, und darauf habe ich keine Lust. Die meisten Männer wollen sich nicht nur selbst vergnügen, sondern geben sich große Mühe, dafür zu sorgen, dass auch ich meinen Spaß habe. Von daher habe ich auch ein ganz eigennütziges Interesse daran, dass der Sex mit meinem Date gut wird. Es wird nicht großartig darüber geredet, es ist ein Rantasten durch Beobachten der Reaktionen. Wenn es total blöd ist, drehe ich mich unauffällig zur Seite oder nehme seine Hand weg, ist es schön, stöhne ich lauter, sodass der Mann weiß, dass er da weitermachen soll. Ich übernehme diskret die Führung.

Die meisten Männer sind unglücklich verheiratet oder haben keine Partnerin. Nun wollen sie einfach einen rundum schönen Abend haben, dazu gehört für sie, dass es auch mir gefällt. Es hat sich in der Zwischenzeit rumgesprochen, dass Sex nur gut ist, wenn es beiden gefällt. Also gehen wir beide mit einer positiven Einstellung in das Date, der Mann leistet seinen Teil dazu und ich meinen.

Es gibt Männer, die sehr nett sind, mit denen könnte ich mir schon vorstellen, privat befreundet zu sein. Aber wenn ein Mann mich einmal gebucht hat, geht das nicht mehr. Das würde immer zwischen uns stehen. Ich mache mir da keine Illusionen. Es gab schon einen, bei dem ich gedacht habe: Schade, dass ich dich nicht anders kennengelernt habe.

Wenn mich so ein Netter ein zweites Mal bucht, freue ich mich darüber, weil ich dann vorher schon weiß, dass wir viel Spaß haben werden. Aber mehr wird daraus nicht. Das ist von vornherein klar, auch wenn ich das denen natürlich nicht zeige.

Mein großer Vorteil ist natürlich, dass ich nicht auf das Geld angewiesen bin, ich könnte von heute auf morgen da raus. Ich kann ohne das Geld meine Miete und meine Rechnungen bezahlen, ich könnte trotzdem weiter in den Urlaub fahren. Den Männern begegne ich ohne Druck, es bleibt immer das Gefühl von Freiheit und Freiwilligkeit. Ich verbringe einen netten Abend und lerne, meistens zumindest, einen interessanten Menschen dabei kennen, mit dem ich Spaß haben kann.

Ein Uniprofessor zum Beispiel bucht mich öfter und zwar Dinner Time, also ohne Sex. Er hat in Düsseldorf einen zweiten Lehrstuhl, aber seine Freunde und seine Familie leben in Berlin, wo er seinen ersten Lehrstuhl hat. Er pendelt hin und her, will aber in Düsseldorf nicht alles alleine machen. Wir gehen essen und besuchen Kunstausstellungen. Wir waren schon bei einer Lesung von einem türkischen Autor mit anschließender Podiumsdiskussion: *Wie integriert man muslimische Ausländer in Deutschland.* Aber er ist schon eine Ausnahme, bei den anderen Dates ist es klar, dass das Treffen auf Sex hinausläuft.

Ich habe auch einen Arzt, der mich ab und zu bucht. Für ihn besteht ein wichtiger Teil des Dates darin, dass er mir von seinen merkwürdigen Patienten erzählen kann, es sind meist Ekelgeschichten von Hautausschlägen, Ekzemen und schrecklichen

Lungenbildern, das ist auch ein bisschen abartig. Normalerweise würde ich mich darüber nicht so gerne unterhalten, wahrscheinlich geht es seiner Frau ähnlich, und sie hört ihm nie zu, wenn er mit diesen Geschichten anfängt. Der Arzt ist mein hübschester Kunde, in jeder Diskothek könnte er die Frauen zu Dutzenden abschleppen. Dafür höre ich mir halt zwei Stunden seine Geschichten an.

Das Honorar lege ich zur Hälfte für mein Traumauto weg. Das restliche Geld nutze ich für anderen Luxus, für Sachen, die ich eigentlich nicht brauche, aber gerne hätte. Zum Beispiel sammle ich teure Gläser und Geschirr. Jedes Mal, wenn ich einen Kunden getroffen habe, kaufe ich mir ein Teil dazu, bis das Set eben komplett ist. Lippenstift und Mascara ist nicht mehr aus dem Drogeriemarkt. Meine Badetücher sind nun von Boss, und es ist jedes Mal ein schönes Gefühl, wenn ich mich darin einwickle.

Ich habe zwei Seelen in mir: Zum einen komme ich aus einer sehr konservativen Familie, ich habe eine klassische Bildung erhalten, wo der Opern- und Theaterbesuch einfach dazugehörte. Meine Eltern haben darauf großen Wert gelegt. Bei uns sind alle Juristen, mein Vater, mein Bruder, und so habe ich auch diesen Beruf gewählt. Das ist meine verantwortungsbewusste, seriöse Seite.

Die andere Seite ist eben, dass ich im Fußballstadion unterwegs bin und Ausdrücke schreie, die meine Mutter in Ohnmacht fallen ließen.

Die eine Seite ist eben die disziplinierte, die andere die wilde. Der Escort gehört zur wilden Seite, genauso wie das ausgelassene Feiern und der Fußball. Ich fühle mich nicht schizophren, sondern sehe das als Ausdruck meiner vielfältigen Persönlichkeit.

Ich habe keinen Freund, ich hole mir meine erotische Befriedigung im Escort oder wenn Sommerflaute im Escort herrscht, ziehe ich durch die Kneipen und suche mir gezielt einen fürs Bett.

Aber ich muss sagen, da fühle ich mich mittlerweile mehr als *bitch*, also als Nutte oder als Miststück, als wenn ich im Escort mit Männern für Geld schlafe. Als ich im Karneval unterwegs war und an einem Abend mit mehr als zehn Männern rumgeknutscht habe, kam ich mir echt schlampig vor. Ich denke, nächstes Jahr werde ich mich in der närrischen Zeit mehr zurückhalten. Andererseits war es auch eine Leistung, im Kölner Karneval zehn Männer zu finden, die nicht schwul waren.

Der Escort verändert mich, er ist gut für das Ego. Es ist ein irres Gefühl zu wissen, dass ich so viel wert bin. Ich war schon immer sehr selbstbewusst, durch den Escort wurde das aber noch verstärkt, denn ich fühle mich nun auch körperlich begehrt. Selbst auf meinen Beruf hat es Auswirkungen, ich schaue die Menschen heute anders an. Da ich bislang nur positive Erfahrungen gemacht habe, bleibe ich sicher noch eine Weile dabei. Es sei denn, ich treffe meinen Traummann, für den es sich lohnen würde, den Escort aufzugeben. Von meiner bewegten Vergangenheit würde ich ihm aber nichts erzählen. Das bliebe mein Geheimnis, so wie ich gewisse Sachen auch von ihm nicht wissen möchte.

SEDCARD

NAME: Yvonne

ALTER: 29

BERUF: Verkäuferin in einer Parfümerie

BUCHBAR: München / Deutschland / weltweit

NATIONALITÄT: deutsch

SPRACHEN: Englisch (Konversation), Rumänisch

ÄUSSERES: zierlich, mädchenhaft, blaugraue Augen, mittellange, dunkle Haare, 160 cm groß, 49 kg, Konfektionsgröße 34, BH-Größe 70 B

PARFÜM: Eternity von Calvin Klein

LIEBLINGSBLUMEN: Rosen

LÄSST SICH EINLADEN ZU: Rotwein, Champagner

BEVORZUGTES ABENDESSEN: Deutsch, Spanisch, Asiatisch

INTERESSEN: Motorradfahren, Sport

EROTISCHE VORLIEBEN: leidenschaftliche Zungenküsse, Girlfrienderotik, französische Erotik total, Massagen, Verbalerotik, Natursekt aktiv, Rollenspiele, Pärchenbegleitung, glattrasiert, Duo möglich, bi

HONORAR, PRIVATE TIME: 2 Stunden, 350 Euro, 24 Stunden, 1.400 Euro

Am liebsten Duos
mit schönen Frauen

Yvonne, 29, Verkäuferin in einer Parfümerie

»Meine Spezialität sind Duos, ich liebe schöne Frauen. Wenn bei meiner Agentur eine zweite Frau für ein Doppel-Date angefragt wird, schickt die Chefin immer mich, weil sie weiß, dass ich Frauen gerne mag. Das ist für mich nicht einfach nur eine Erweiterung meines Serviceangebots, es ist ein erotisches Erlebnis.«

Escort-Agentur sucht nette Ladys, gute Verdienstmöglichkeiten.« So oder so ähnlich lautete vor knapp drei Jahren der Text einer Anzeige in der regionalen Zeitung. Erst hatte ich keine rechte Vorstellung, was das sein könnte. Ich habe angerufen und mich mit der Agenturchefin getroffen. Sie erklärte mir bei einer Tasse Kaffee, was Escort ist, wie viel ich verdienen könnte und welchen Anteil davon die Agentur bekommen würde, das war alles. Nach ihren Andeutungen am Telefon war ich aufgeregt gewesen und hatte am wenigsten mit einem so sachlichen Gespräch gerechnet. Interessant fand ich es auf jeden Fall, vor allem, da ich nicht irgendwo sitzen und auf Männer warten sollte.

Nun galt es, meinem damaligen Mann Ralf die Sache zu erklären und ihn zu überzeugen. Ralf und ich liebten sexuelle Experimente; zu dem Zeitpunkt, als wir die Anzeige entdeckten, hatten wir schon Swingerclubs besucht, uns mit anderen Paaren und einzelnen Frauen und Männern getroffen, ganz brav war ich also vorher schon nicht gewesen.

Bevor ich meinen Mann kennengelernt habe, war ich sexuell eher unerfahren, Ralf hat mich nach seinen Wünschen geformt. Ich habe mich auch formen lassen, denn es hat mir Spaß gemacht. Langweiliger Sex ist für mich ein Todesurteil. Das Sexualleben muss spannend und aufregend sein. Ich kann mir nicht vorstellen, mein ganzes Leben lang nur mit einem Mann zu schlafen, irgendwann ist das doch fade.

Die Freiheit, etwas anderes erleben zu können als nur den Sex in den eigenen vier Wänden und nur mit meinem Mann, hatten wir uns schon zugestanden. Ich konnte, wenn es sich ergab, auch mit jemand anderem schlafen, ohne dass dies als Betrug an ihm galt.

Von Anfang an war der Sex mit Ralf toll. Ich habe ihn mit 23 kennengelernt, da war ich mit einem anderen verheiratet, aber der Sex mit meinem ersten Mann war langweilig gewesen.

Bei Ralf stand Sex ganz oben, er war sehr aktiv, nach und nach hat er mir gegenüber seine Wünsche und Vorstellungen geäußert. Erst führten wir nur Gespräche darüber, wie ein Partnertausch wohl wäre, dann gingen wir zusammen in einen Swingerclub, um es auszuprobieren. Beim ersten Mal sind wir eine halbe Stunde geblieben, ich saß, nur mit BH, Slip und sexy Schuhen bekleidet, an der Bar. Gemeinsam haben wir uns die Leute angeschaut, aber dabei ist es erst mal geblieben. Nach einem halben Jahr sind wir wieder hin. Diesmal haben wir ein anderes Paar kennengelernt und sind mit denen zusammen auf die Spielwiese. Es war aufregend, aber schon nach vier Besuchen hatte die Sache ihren Reiz verloren. Die Menschen in so einem Club sind im Durchschnitt 45 und älter und, was die Attraktivität angeht, doch sehr unterschiedlich. Ich war 25 und hatte eine supersexy Figur. Ich war die begehrteste Frau im Raum, die Männer haben mich mit den Augen verschlungen und laufend angesprochen. So offensichtlich im Mittelpunkt der sexuellen Aufmerksamkeit von vielen zu stehen hat mich eher abgestoßen.

Wir wünschten uns den Partnertausch persönlicher. Also haben wir in einem Sexheft, in der Rubrik »Paar sucht Paar«, inseriert, um Gleichgesinnte für sexuelle Abenteuer zu treffen. Wir lernten über die Anzeige ein Pärchen aus Frankfurt kennen, mit dem wir uns dann auch getroffen haben. Im Vorfeld hatten wir einen Partnertausch vereinbart. Dabei blieben wir alle vier in einem Zimmer, denn für meinen Mann bestand ein Teil des Reizes darin, zuzusehen, wie ich mit einem anderen Mann schlief.

Er schaute gerne zu, ich nicht, mich macht das nicht an. Für mich war das Wichtige am Sex zu viert, dass ich eine Frau verwöhnen konnte. Ich stehe nicht nur auf Männer, sondern auch auf Frauen. Aber mit der Frau aus Frankfurt hat leider die Chemie nicht gestimmt. Dennoch waren die privaten Treffen auf jeden Fall schon besser als die Besuche im Swingerclub. Wir konnten die Treffpunkte selbst bestimmen, und unsere Wohnung ist viel ansprechender als diese dunklen Räume im Club. Aber die Sympathie zwischen den Beteiligten muss unheimlich groß sein, man sollte sich länger kennen, damit man sich besser fallen lassen kann. Das Pärchen trafen wir aber nur zweimal, da wir uns nicht unterhalten konnten. Hinzu kam, dass der Mann mich überhaupt nicht angemacht hat.

Wir haben dann eine einzelne Frau getroffen, das hat Spaß gemacht. Es war so aufregend, und die Frau hatte viel Erfahrung, auch mit Frauen, sodass ich voll auf meine Kosten kam. Sie war schon etwas älter, küsste unheimlich gut und sah sehr appetitlich aus. Überhaupt haben wir mit einzelnen Partnern gute Erfahrungen gemacht, auch als wir uns mit einzelnen Männern getroffen haben. Mein Mann hatte mir mal eine Phantasie erzählt, er wolle gern gefesselt zuschauen, wie ich mit einem anderen Mann Sex habe. Als wir einen Mann bei uns hatten, habe ich Ralf auf den Stuhl gefesselt, und er durfte zusehen. Meinem Mann hat das riesigen Spaß gemacht.

Ich erzähle dies alles, um zu zeigen, dass Ralf und ich schon ein kreatives Sexualleben hatten, bevor wir auf die Anzeige mit dem Escort gestoßen sind. Wir hatten uns auch schon an allen möglichen Orten geliebt, am FKK-Strand, im Wald, auf der Wiese und natürlich der Klassiker: im Auto.

Wir berieten gemeinsam das Angebot der Agentur. Ich sagte: »Warum nicht, so könnte ich für das Angenehme noch eine gewisse Summe Geld erhalten.«

Doch mein Mann war dagegen. Aber so wie ich mich damals zu den Besuchen im Swingerclub hatte überreden lassen, so ließ er sich diesmal überzeugen, und wir kamen überein, dass ich es wenigstens probieren könne.

Die Fotos hat die Agentur machen lassen, sie sollten erotisch, aber nicht pornografisch sein. Die Bilder waren aber so schlecht, dass ich später, als klar war, dass ich dabeibleiben würde, lieber eigene machen ließ.

Ich bin nur bei einer Agentur gelistet, aber natürlich habe ich mich über andere Agenturen informiert. Da ich ein gutes Verhältnis zur Chefin habe, gab es keinen Anlass für einen Wechsel. Außerdem habe ich zwar eine sehr hübsche Figur, entspreche aber mit meinen 1,57 Metern sicher nicht den Modelmaßen. Dementsprechend traute ich mich nicht, bei einer der wahnsinnig teuren Agenturen anzurufen, bei denen bis zu 800 Euro Honorar für ein Zwei-Stunden-Date bezahlt wird.

Heute ist die Agenturchefin fast wie eine Freundin. Es stellte sich heraus, dass sie in meiner Nähe wohnt, sodass wir auch privat Kontakt haben. Wir betreuen im Notfall gegenseitig unsere Hunde und treffen uns auf einen Kaffee. Sie vermittelt mich

gerne. Zum einen weil sie mich im Laufe der Zeit besser kennengelernt hat und mich persönlich zu schätzen weiß, zum anderen
weil sie von den Kunden öfter Gutes über mich hört. Ab und zu
erzählt sie mir das oder die Kunden verraten mir, dass sie mich
gelobt haben. Sie hat Vertrauen zu mir und ich zu ihr.

Meine Agentur betreibt zusätzlich zu der Escort-Vermittlung
zwei Wohnungen. Dies fand ich sehr geschickt, denn am Anfang
war ich unsicher und wollte nicht gleich in ein Hotel. Ich hatte
gerade meine Führerscheinprüfung bestanden, aber gleich mit
dem Auto in fremde Städte zu fahren und dort Hotels zu suchen,
traute ich mir nicht zu. Außerdem wusste ich ja nicht, wie so
ein Treffen ablaufen würde, so fühlte ich mich im Appartement
sicherer.

Mein Mann hat mich vor meinem ersten Date zu der Wohnung gefahren und die ganze Zeit über vor dem Haus auf mich
gewartet. Danach wollte er alles genau wissen, aber ich musste
erst einmal lachen, fast hysterisch, vor Erleichterung und weil
die Nervosität endlich von mir abfiel. Ralf fragte mich, ob alles
in Ordnung sei, er habe sich doch Sorgen gemacht. Ich lachte
weiter, diesmal aus Verlegenheit. Was sollte ich ihm erzählen?
Wie ich gezittert habe? Wie ich nicht wusste, ob ich mich mit
dem Gast unterhalten sollte? Dass der Gast gleich angefangen
hatte, an mir rumzufummeln und mich zu küssen, sodass eine
Unterhaltung zweitrangig war? Dass ich mit ihm unter die Dusche bin und ihm dort erst mal einen geblasen habe? Dass wir anschließend auf dem Bett Sex miteinander hatten? Dass der Mann
ziemlich korpulent war?

Für Ralf war die Vorstellung, dass ich Sex mit einem anderen
Mann habe, ein sexueller Reiz. Wir haben zwar anschließend
nicht gleich miteinander geschlafen, aber nach dem zweiten Date
war es so, dass Ralf dann selbst Sex mit mir haben wollte. Er ließ
sich alles genau erzählen und schlief dann mit mir. Mich selbst

machte es nicht an, ihm davon zu erzählen. Ich fand es eher seltsam.

Die Agenturchefin hat mich auf das erste Mal nicht vorbereitet. Sie meinte einfach, ich solle mich auf meinen Instinkt verlassen. Sie gab mir nur einen Tipp, nämlich dass ich mir das Geld vorher geben lassen sollte. Bei den ersten Dates habe ich mich an den Ratschlag gehalten, weil ich nicht wusste, warum das mit der Bezahlung so ablaufen sollte. Vielleicht laufen manche fort, ohne zu bezahlen, dachte ich. Heute regele ich das anders, es zementiert gleich ein Verhältnis zwischen meinem Gast und mir, wenn es so abläuft, und das ist mir unangenehm. Ich finde, es muss nicht sein, dass ich gleich die Hand aufhalte. Der Gast soll das Gefühl haben, dass es ein schönes Date wird.

Der erste Mann, den ich getroffen hatte, war zwar jünger, aber eher unattraktiv. Doch da das Drumherum sehr aufregend war, in diesem Appartement zu sein, auf einen Mann zu warten, mit dem ich Sex haben sollte, nicht zu wissen, was von mir erwartet wird, trat die äußerliche Unattraktivität in den Hintergrund.

Der zweite Mann war älter, er wollte hauptsächlich streicheln, küssen und mich halten. Dabei erzählte er mir unheimlich viel.

Diese Nebenbeschäftigung versprach Spaß zu machen: unterschiedliche Männer treffen, ihre Berufe und Ansichten kennenlernen, ständig Neues erleben.

Als ich mich sicherer fühlte, ließ ich mich in Hotels vermitteln.

Wie würde der Moment sein, wenn der Kunde die Tür aufmacht?

Der Weg bis zu der Tür war sehr lang, ich habe in jeden Spiegel gesehen und ein Lächeln geprobt, ich wollte mich von der besten Seite zeigen. Heute habe ich die Erfahrung und das Wissen, wie ich mich verhalten muss, damit ich gut ankomme und die Männer gleich sagen: »Oh, wow.« Die Männer versuchen meist auch, einen guten Eindruck zu machen.

Inzwischen finde ich es aufregender, in die Hotels zu gehen, als im Appartement zu warten. Ich überlege oft, ob die von der Rezeption mich nun ansprechen werden und ob sie wohl erkennen, für was ich gekommen bin. Im Hotel ist der Kunde der Gastgeber und ich weiß nicht, wie er die ersten Minuten gestalten wird. Bietet er mir Wasser oder Wein an? Führt er ein kurzes Gespräch mit mir und lässt sich etwas mehr Zeit oder kommt er schneller zur Sache? Im Appartement bin ich die Gastgeberin, biete ihm an der kleinen Bar ein Getränk an, weiß um die Duschmöglichkeiten, es ist vertrautes Terrain. Im Hotel oder beim Hausbesuch gibt es mehr unbekannte Größen, und manchmal muss ich mich blitzschnell umstellen. Verglichen mit meiner Anfangszeit hat sich die Dauer meiner Dates stark verändert. Erst waren es kurze Treffen im Appartement, dann ließ ich mich in Hotels in meiner Umgebung vermitteln, diese Treffen sind dann zwei bis sechs Stunden oder über Nacht. In der Zwischenzeit reise ich überallhin, nach Berlin, Zürich und Basel. Diese Treffen dauern immer acht Stunden und länger, manchmal ein Wochenende lang.

Das liegt nicht allein an meiner größeren Flexibilität – mein Mann und ich haben uns inzwischen getrennt –, sondern daran, dass in den Foren sehr positiv über mich berichtet wird. Die Männer wissen dadurch mehr von mir, unabhängig von dem, was auf meiner Sedcard steht. Diese Berichte tragen dazu bei, dass ich mehr Anfragen bekomme und länger gebucht werde.

Selbstverständlich weiß ich, was über mich geschrieben wird. Ein Stammkunde berichtet regelmäßig besonders nett über mich. Er schreibt, dass es ihm gut mit mir gefalle und es für ihn nichts Vergleichbares gäbe. Er ist in mich verliebt. Das hat er mir erst vor einer Woche gestanden.

Nach einem positiven Bericht steigt zwar die Zahl der Anfragen sofort, nicht jede führt jedoch zu einer Buchung. Zum Beispiel hatte ich eine Anfrage von einem Herrn aus München, der schien nach dem Lesen eines besonders überschwänglichen Berichtes gar nicht mehr auf meiner Seite nachgelesen zu haben, was ich anbiete. Er wollte Dinge vereinbaren, die ich nicht mache. Er hat mir eine E-Mail mit detaillierten Vorstellungen wie Analsex, Natursekt passiv und Fußerotik an ihm geschickt. Das passt überhaupt nicht zu meinem Profil. Gegen Natursekt aktiv habe ich nichts, ich kann den Mann gerne anpinkeln. Aber ich lasse mich nicht anpinkeln, denn ich bin kein bisschen unterwürfig und lasse mich nicht von oben herab behandeln. Das hat für mich kein Niveau, das mache ich nicht. Die Kombination von Natursekt passiv und Analsex zeigt doch gleich, wie er mich als Frau behandeln möchte.

Wenn ich so eine Anfrage ablehne, sagt meine Chefin nichts dazu, es bleibt allein mir überlassen, wen ich treffe und wen nicht. Oft kennt sie die Wünsche der Kunden nicht einmal, denn sie sagt von vorneherein, dass der Kunde Wünsche mit mir direkt absprechen muss. Meine Agenturchefin vermittelt ausschließlich den Kontakt, alles Weitere kläre ich direkt mit dem Kunden. Mir ist es sehr lieb, wenn ich eine Telefonnummer bekomme, denn wenn ich mit dem Mann rede, kann ich ihn besser einschätzen. Außerdem kommt es dann nicht zu Überraschungen bezüglich seiner Vorstellungen. Denn ich frage immer danach, auch wenn er von der Webpage wissen müsste, was ich mache und was nicht. Wenn er etwas möchte, was ich nicht anbiete, sage ich hier schon Nein. Extrawünsche, die er am Telefon nicht geäußert hat, erfülle ich nicht. Wenn das Date normal ablaufen soll, wird darüber nicht geredet.

Die Männer sagen in der Regel, was sie sich wünschen. Auch die Kleidung frage ich ab. Wenn jemand sich ein Lackkleid wünscht, nehme ich eines mit und ziehe mich dort um.

Auch Schminke und das Parfüm kläre ich ab, denn manche Männer möchten, dass ich unparfümiert komme. Nicht weil sie das Natürliche lieben, sondern weil sie keinen fremden Duft mit nach Hause nehmen möchten.

Die meisten Männer stehen bei der Wäsche auf den Klassiker: schwarze oder rot-schwarze Spitzenwäsche. Weiß wünschen sie sich seltener, erst seitdem ich auf meinen Fotos in weißer Wäsche zu sehen bin, wird diese Farbe auch genannt. Manche sagen auch nur Reizwäsche. Die meisten wünschen sich den Vamp. Bei den Strümpfen liegen eher halterlose oder Strümpfe mit Strapsen im Trend, echte Nylons werden auch genannt, häufiger sogar als Netzstrümpfe.

Ein Herr fragte mich, ob es mich stören würde, wenn er Reizwäsche und Strapse tragen würde. Wieso sollte mich das stören? Wenn er darüber hinaus keine abweichenden sexuellen Wünsche hat, ist das völlig in Ordnung. Die Wäsche brachte er mit, kleidete sich im Bad um und behielt sie während der kompletten Zeit an.

Einmal wollte mich ein Kunde in ein Pornokino mitnehmen und mich dort nebenbei befummeln. Das Date habe ich nicht angenommen.

Überhaupt lehne ich alle Dates ab, die Sex in der Öffentlichkeit beinhalten. Ich mache keinen Outdoor-Sex, ich zeige mich nicht halb nackt oder in nuttigen Klamotten in der Öffentlichkeit. Worin der Reiz für den Mann liegt, ist mir schon klar. Die Ungewissheit, dabei entdeckt zu werden einerseits, andererseits zu zeigen, was für ein toller Hecht er ist, dass er eine Frau dabei hat, die unter dem Rock nichts anhat. Aber er geht dabei letztendlich kein Risiko ein, es ist ja mein Hintern, der zur Schau gestellt wird. Kurzer Rock und nichts drunter, das ist nicht meine Vorstellung von Erotik. Für den Mann mag das ja einen zusätzlichen Kick bedeuten, aber frivoles Ausgehen ist nichts für mich.

Generell ziehe ich Reizwäsche nur an, wenn es jemand speziell verlangt, ansonsten bin ich nett gekleidet und sehe süß aus. So komme ich ansprechend gekleidet zum Treffpunkt, egal ob das gleich das Hotelzimmer oder ein Restaurant ist. Die wenigsten Kunden möchten sich in der Hotelbar oder in der Lobby treffen, es sei denn, sie sind fremd in der Stadt. Auch ihnen ist es unangenehm, dass jeder, der die kleine Begrüßungsszene beobachtet, weiß, was abgeht. Die meisten ziehen doch die richtigen Schlüsse, wenn ein älterer Herr wartend in der Lobby sitzt und eine junge, hübsche Frau dazukommt.

Ich gehe gern als Begleitung mit zum Essen, dabei kommt eine gewisse Lockerheit auf. Wenn wir zusammen ausgehen, gehört das Flirten für mich dazu, dadurch lernt man sich ein bisschen kennen.

Spontan fällt mir ein Kunde ein, mit dem ich in Mannheim in einem Restaurant verabredet war. Der Kunde gab gleich zu, dass er mich nach äußerlichen Gesichtspunkten gewählt habe und dass er nun erfreut sei, dass ich in natura auch so aussehe. Ich weiß nicht, was er vorher für Erfahrungen gemacht hat, aber ich sehe aus wie auf den Fotos, es sind ganz aktuelle Bilder. Meine Angaben über Größe und Gewicht stimmen, ich fände es unseriös, bei diesen Daten zu schummeln.

Zusammen gaben wir ein schönes Paar ab, er sah sehr gut aus und dürfte so um die vierzig gewesen sein. Wir haben uns Privates erzählt, das ist selten. Nach und nach kamen wir auf sexuelle Themen. Ich habe tatsächlich von meinen Erfahrungen im Swingerclub erzählt, und er antwortete bedauernd, dass seine Frau das nie machen würde. All diese Gespräche steigerten die Spannung, und ich merkte deutlich, wie sehr ich seinen Vorstellungen entsprach. Das ist für sich genommen schon ein großartiges Gefühl, und in diesem Fall muss ich zugeben, dass er mir ebenso gut gefiel wie ich ihm. So war der Übergang zum Sex einfach und natürlich. Da es ein Sechs-Stunden-Date war, kam es mir fast vor wie eine private Verabredung.

Diese Fähigkeiten, eine private Atmosphäre zu schaffen und sofort ein persönliches Verhältnis aufzubauen, sind meine Stärke. Wenn ich dem Kunden zum ersten Mal im Hotelzimmer begegne, gestalte ich schon die Begrüßung persönlich: »Hallo Dieter, schön, dass ich dich treffe.«

Schon gebe ich ihm rechts und links ein Küsschen auf die Wange, anstatt ihn mit einem reservierten, kalten Händedruck abzuspeisen. Er soll das Gefühl haben, dass da eine nette Person zu Besuch kommt, eine gute Bekannte. Ich bemühe mich, so viel Vertrautheit wie möglich zu vermitteln. Natürlich ist die Basis dieser Treffen eine geschäftliche, aber es erleichtert beiden Seiten den Umgang miteinander, wenn man diesen Aspekt nicht noch zusätzlich betont.

Dadurch ist der Mann mir gegenüber gleich ganz anders, er fühlt sich richtig wohl, lässt sich gehen, und in der Regel möchten diese Männer mich wiedersehen. Kundenbindung würde ein Marketingfachmann dazu sagen. Die meisten meiner heutigen Kunden sind also »Wiederholungstäter«, die die Finger nicht von mir lassen können. Zu meinen Stammgästen baue ich nach und nach tatsächlich ein persönliches Verhältnis auf.

Von den Kunden, mit denen ich eine Freundschaft pflege, bekomme ich schon ab und zu teure Geschenke. Kleinere Mitbringsel wie Blumen, eine Flasche Sekt oder Pralinen bekomme ich öfter, auch von neuen Kunden. Den Kunden, der dir aus Höflichkeit gleich ein teures Geschenk macht, noch bevor er dich kennengelernt hat, den habe ich noch nicht getroffen.

Das beste Beispiel für eine freundschaftliche Beziehung ist Matthias, wir haben ein privates Verhältnis, gehen ab und an zusammen essen. Er erzählt von seiner Frau und seinem Kind, ich über Veränderungen im Beruf oder im Privatleben, die ich anstrebe, oder über den nächsten Urlaub. Von ihm habe ich als Geburtstagsgeschenk ein wunderbares Parfüm bekommen.

Diese Verabredungen sind keine Treffen unter den Bedingungen des Escorts, er bezahlt dafür nicht. Ist danach ein Hotel gebucht, läuft ab da die Zeit. Ist kein Hotel gebucht, war es eine rein private Verabredung. Wir reden nicht darüber, was bezahlt wird und was nicht. Es ist einfach klar.

Aber dies ist nur bei Matthias und einigen wenigen anderen Kunden so, die ich nicht über die Agentur kennengelernt habe, sondern privat. Bei Kunden, die über die Agentur vermittelt wurden, geht das natürlich nicht, selbst wenn sie wiederholt buchen. Diese Kunden geben bei der Anfrage an, wann sie buchen möchten und wie lange. Wenn sie eine Begleitung auch zum Essen wünschen, ist das natürlich nur auf Stundensatzbasis der Agentur möglich.

Meine Privatkunden sind nicht nur finanziell gesehen gute Kunden, sondern auch, was den zwischenmenschlichen Kontakt angeht. Mit Gunnar, einem Berliner, mit dem ich schon wunderbare Wochenenden in Berlin und Zürich erlebt habe, stehe ich in regem E-Mail-Kontakt. Ihn besuche ich übrigens nächstes Wochenende in Berlin. Er ist sicher schon über sechzig, über sein Privatleben weiß ich nicht viel, er hält sich in dieser Hinsicht zurück und hat mir deutlich signalisiert, dass die Themen Ehefrau und Familie tabu sind.

Gunnar holt mich am Bahnhof ab, und wir tauschen uns über Neuigkeiten aus, wie andere Paare auch, die sich längere Zeit nicht gesehen haben. Es geht dabei nicht gleich um Sex. Selbstverständlich geht man bei den langen Dates essen und unternimmt einiges außerhalb des Hotels. Es gibt keinen Zeitdruck, was ich sehr angenehm finde, und der Kunde hat dann sicher mehr von mir, denn ich kann mich richtig fallen lassen. Gunnar hat mir beim ersten Berlinbesuch die Stadt gezeigt, wir haben eine Taxirundfahrt gemacht, am Reichstag und anderen touristischen Highlights vorbei.

Bei einem anderen Treffen, diesmal in Zürich, holte er mich ebenfalls vom Bahnhof ab und wir fuhren zuerst in das Hotel Baur au Lac. Gunnar erzählt sehr gerne, also berichtete er mir auf der Taxifahrt alles, was er über das Hotel wusste. Ich habe mir nur gemerkt, dass Kaiserin Sissi schon dort geschlafen hat. Das Hotel liegt in einem wunderschönen Park direkt am Zürichsee, phantastisch.

Gunnar meinte zwar, ich solle mich ein wenig ausruhen, ich wäre ja gerade vier Stunden mit dem Zug unterwegs gewesen. Aber ich wollte nichts verpassen, und so haben wir nur meine Tasche in einem sehr schönen Zimmer abgestellt, ich machte mich ein wenig zurecht, und wir gingen zum Mittagessen in das hoteleigene Restaurant Rive Gauche. Das Essen war göttlich und die anderen Gäste waren alle sehr elegant: Banker, Geschäftsleute und ein paar sehr gepflegte Damen. Gunnar genießt es, sich mit mir zu zeigen. Er liebt es, schöne junge Frauen um sich zu haben und mit ihnen gesehen zu werden.

Wir starteten unsere Besichtigung zu Fuß, bummelten durch die Bahnhofstraße mit all den noblen Geschäften, und Gunnar schenkte mir einfach so einen sehr teuren Wintermantel. Wir setzten uns in ein Café und beobachteten die Passanten. Wieder erklärte er mir viel über die Stadt und einzelne Bauwerke wie die Liebfrauenkirche. Als wir an einem Dessousladen vorbeikamen, schickte er mich rein. Er wollte nicht zuschauen, wie ich mich umziehe. Es war kein sexueller Impuls, sondern einfach als ein nettes Geschenk für mich gedacht. Er wartete sogar draußen vor der Tür. Ich beeilte mich, denn eigentlich hatten wir gar keine Zeit mehr. Im Hotel wartete nämlich bereits eine Frau auf uns.

Gunnar weiß, dass ich Frauen mag. Das ist das Spannende zwischen uns, er bucht immer eine zweite Frau aus der Umgebung dazu. Diese trifft in der Regel ein paar Stunden nach mir ein. Das findet er aufregend, und mir macht es riesigen Spaß. Zuerst schaut er nur zu, später macht er mit, wir verwöhnen ihn zu zweit und er uns abwechselnd. Er bespricht zwar gerne mit mir, wie die Treffen ablaufen sollen, aber ich verlasse mich da eher auf meine Intuition, und bislang fand er es jedes Mal reizend. In der Zwischenzeit weiß ich ja auch, was er gerne mag, zum Beispiel, dass ich die zweite Frau mit Spielzeugen verwöhne.

Ich habe bei einem Date in Basel eine Frau, Kathrin, kennengelernt. Mit ihr habe ich mich auf Anhieb gut verstanden, menschlich und erotisch, zusätzlich sieht Kathrin sehr gut aus, ein Glückstreffer sozusagen.

Wir pflegen nun eine Freundschaft, schreiben uns zwischendurch E-Mails und für das nächste Wochenende in Berlin habe ich Gunnar dazu gebracht, sie zu buchen. Er war einverstanden, obwohl dann eines seiner Lieblingsspiele nicht funktioniert. Gunnar will nicht, dass ich verrate, dass ich ebenfalls gebucht bin. Die Frauen, die er zusätzlich zu mir bucht, sollen glauben, dass Gunnar und ich uns privat kennen. Ich soll auch nicht sagen, dass ich schon Erfahrung mit Frauen habe. Aber eine Frau durchschaute es gleich, sie sagte ganz direkt: »Ich kann mir nicht vorstellen, dass du noch mit keiner Frau zusammen warst.« Am liebsten hätte ich es ihr verraten, weil es so toll mit ihr war. Sie bewies großes Geschick im Umgang mit dem weiblichen Körper, kein Wunder nach zwei Jahren in einer lesbischen Beziehung. Oh, ich hatte schon so viele aufregende Frauen!

Viele Männer verhalten sich in der Öffentlichkeit so, als ob ich ihre Freundin sei. Aber bei Gunnar ist es besonders ausgeprägt, er stellt mich immer direkt als seine Freundin vor, er erzählt private Sachen von ihm und mir. Er weiß ja bereits einiges über mich, zum Beispiel, dass ich einen Hund habe.

Er redet mich sogar mit »Liebling« an.

Ich persönlich mag keine Dildos in mir spüren, aber ich weiß sie stimulierend einzusetzen. Ich bringe immer meine eigenen mit, kleine, ovale, die vibrieren und der Frau guttun. Die sind eher schmal, denn die Riesendildos sind sicher nicht schön für eine Frau, das kann ich mir nicht vorstellen. Ich denke, sie fügen eher Schmerzen zu, das muss nicht sein.

Die Männer bringen eher diese dicken Dildos mit, weil sie denken, dass sie den Frauen gefallen. Aber, wie gesagt, zumindest für mich stimmt das nicht. Auch bei dem Date, bei dem ich Kathrin kennengelernt habe, hatte der Kunde einen großen Dildo dabei. Aber wir lehnten beide ab und wichen auf die kleinen Formen aus. Ein natürlicher Penis ist doch auch nicht so riesig. Selbst gebastelte Spielzeuge lehne ich komplett ab. Ich denke nicht, dass ich mich aufgrund meiner beruflichen Ausrichtung mehr für Sexspielzeuge interessieren sollte, sie gehören einfach nicht zu meinen Vorlieben. Aber ich lerne bei den Doppel-Dates viele Frauen kennen, die Sexspielzeug lieben. Für eine kurze Zeit hatte ich mich mit einer Frau zusammengetan, die sich auf Duos spezialisiert hatte. Sie besaß eine ganze Sammlung, auch diese kleinen Tierformen. Sie hatte ein richtiges Faible dafür. Da sie diesen Bereich sehr ausführlich lebte, ging die Zusammenarbeit nicht lange gut.

Ich streune nicht in Sexshops herum, um ausgefallene Vibratoren und Ähnliches zu suchen. Im Sexshop hole ich nur Kondome und besondere Dessous, die ich in normalen Wäschegeschäften nicht bekomme, etwas aus Lack zum Beispiel oder spezielle Strümpfe.

Dildos gehören einfach nicht zu meiner Standardausstattung, ich habe sie nur dabei, wenn ein Kunde speziell danach fragt. Bei den Kondomen ist es auch so, ich habe nur ganz einfache dabei, keine mit Noppen, keine mit Farben, nichts Außergewöhnliches. Ich habe auch noch keinen Kunden getroffen, der bestimmte Wünsche hatte. Die Kunden haben nur eigene Präservative dabei, wenn sie besonders gebaut sind.

Mein Schutzengel bei den privaten Dates war bisher mein Mann, er wusste, wo ich bin, und wie lange das Date geplant ist. Jetzt, nach der Trennung, muss ich überlegen, wer diese Funktion übernehmen kann. Aber ich habe noch nie eine blöde Situation erlebt. Wenn ich nach Hause kam, konnte ich am Anfang kaum abschalten, aber mit der Zeit lernt man das. Auch Ralf hörte irgendwann auf, sich für Details zu interessieren. Nachdem der sexuelle Reiz, dass seine Frau auch von anderen Männern in Besitz genommen wird, vorbei war, haben wir auch nicht mehr direkt danach miteinander geschlafen.

Heute mache ich mir hinterher keine Gedanken mehr und im Vorfeld auch nicht. Ich lasse es einfach laufen. Wenn der Mann vor mir steht, weiß ich, was ich zu tun habe und in welche Rolle ich schlüpfen soll. Ich passe mich schnell dem an, was ich erspüre. Ist eher der lustige Typ gefragt, lache und erzähle ich viel; habe ich das Gefühl, dass es der Kunde eher ruhig mag, bin ich still. Ich merke sofort, ob einer viel Unterhaltung will oder eher weniger, und stelle mich auf die Wünsche des Mannes ein, alles andere fände ich nicht gut. Ihm soll es gefallen. Ich fühle mich wohl, wenn ich weiß, dass er sich wohlfühlt. Für mich wäre es inakzeptabel, wenn er später erzählen würde, dass er es schlimm fand, wie ich ihm das Ohr abgebabbelt hätte oder, noch schlimmer, gewartet hätte, dass die Zeit vorbeigeht. Das darf mir nicht passieren, und das passiert mir auch nicht. Von solchen Frauen erzählen mir nicht nur die Kunden, sondern ich weiß einiges auch aus eigener Erfahrung.

Einmal saßen der Mann und ich im Hotelzimmer und warteten auf die zweite Frau. Sie kam auf die letzte Sekunde, setzte sich in den Sessel und hat über eine Stunde geredet. Der Kunde war schon genervt, aber sie war sehr geschickt darin, jedes Wort, das fiel, als Stichwort für eine weitere Rede zu nutzen. Der Kunde schaute immer wieder auf die Uhr, aber sie ignorierte alle

Zeichen in diese Richtung. Das finde ich schlimm, das würde ich nie tun, ich will, dass mein Kunde zufrieden zurückbleibt und denkt: Das war ein super Date!

Das ist meine Einstellung, der Kunde bucht mich dann gerne wieder und länger, weil er weiß, dass er dabei nichts falsch machen kann. Mein Plan, immer längere Buchungen zu bekommen, funktioniert. Kurzfristige Buchungen kann ich gar nicht mehr annehmen.

Dadurch verdiene ich natürlich auch sehr gut. Meinen Lebensstandard begründe ich meinen Freunden gegenüber mit Überstunden, außerdem hat mein Mann gut verdient. Nur meine beste Freundin weiß von meiner Escort-Tätigkeit.

Nach zweieinhalb Jahren im Escort ist mein Lebensstandard sehr hoch, und den möchte ich natürlich gern halten. Mir vorzustellen, irgendwann wieder in mein altes Leben zurückzukehren, fällt mir schwer. Ich bin gerne unterwegs, reise in Städte wie Hamburg, Zürich, Frankfurt und wo ich noch so war, gehe gern in Hotels und treffe gern verschiedene Männer.

Dieses Umschalten auf *Normal* wird schwierig werden, wieder nur meine Arbeit in der Parfümerie zu haben, ins Fitnessstudio zu gehen, meine Freunde und Bekannten zu treffen, und das war es dann. Ohne Escort wäre mein Leben richtig langweilig, die Gespräche dabei sind sehr interessant und erweitern den Horizont deutlich. Ich bin sehr viel offener geworden und sage eher, was ich denke. Aber ich war noch nie eine, die sich unterbuttern ließ oder die zu einem Mann aufschaute. Das war vorher nicht so, und das ist nun erst recht nicht mehr so.

Mein Männerbild hat sich in einer Hinsicht gravierend verändert: Ich vertraue ihnen nicht mehr. Fast alle meine Kunden sind verheiratet, und ich frage mich inzwischen, ob es überhaupt einen Mann gibt, der monogam ist. Männer können offensichtlich auf Dauer nicht nur eine Frau lieben.

Leider hat der Escort aber auch dazu geführt, dass meine Ehe in die Brüche ging. Mit meinem Mann war ich sieben Jahre zusammen, aber vor einem Monat ist er ausgezogen. Ralf und ich haben uns allein schon durch den unterschiedlichen Tagesablauf auseinandergelebt. Ralf musste immer sehr früh raus, und wenn er nach Hause kam, brach ich gerade auf. Die Nähe zwischen uns ging verloren. Außerdem hat Ralf meine Eitelkeit sehr genervt. Ich achte eben gern auf mich, aber das war schon immer so. Ich habe gepflegte Nägel, eine gute Figur und schicke Kleidung. Mode ist für mich wichtig. Für meinen Körper muss ich nichts Spezielles machen, ich trainiere ihn nicht, ich hätte dazu auch gar keine Zeit. Abgesehen von gelegentlichen Solariumbesuchen im Winter mache ich nichts. Klar, ich achte auf mein Gewicht, aber das ist für mich selbstverständlich. Wenn ich ein halbes Kilo zugenommen habe, trete ich auf die Bremse. Natürlich will ich gut aussehen, welche Frau will das nicht. Aber Ralf empfand das auf einmal als oberflächlich.

Während ich unterwegs war, hat er seine Freiheiten zu sehr ausgenutzt. Er hatte die Erlaubnis, mit anderen Frauen Sex zu haben, aber er hat angefangen, eine bestimmte Frau häufiger zu treffen.

Parallel dazu ist mir das Gleiche passiert, ich habe einen Mann kennengelernt, der mir Nähe und Geborgenheit gibt. Klaus ist ein ehemaliger Kunde, er hatte mich aufgrund der neuen sexy Bilder gebucht, die ich auf die Seite stellen ließ.

Witzigerweise trafen wir, beide auf dem Weg zu unserem Date, in der Tiefgarage kurz aufeinander. Er ging an mir vorüber, während ich noch meinen Mantel anzog, und ich dachte: Was für ein gut aussehender Mann. Im Gegensatz zu mir wusste er schon in diesem Moment, dass ich seine Begleitung war, er hatte mich ja auf den Bildern gesehen. Als er mir die Tür des Hotelzimmers aufgemacht hat, war ich total begeistert. Ich war sofort hin und weg, vor allem von seinen Augen. Klaus wollte auch nicht sofort Sex, er sagte, dass er mich vorher ein wenig kennenlernen müsse. Durch die Bilder interessierte er sich für die Person dahinter. Deshalb hatte er mich gebucht. Seine ganze Art war sehr einnehmend, er war ausgesprochen locker, und wir haben rumgealbert.

Das zweite Mal sind wir zusammen essen gegangen und hinterher ins Hotel. Der Sex zwischen uns klappte unglaublich gut, wir können heute noch kaum die Finger voneinander lassen.

Klaus hat mich so lange gebucht und bezahlt, bis mein Mann ausgezogen war. Die kurzen Treffen auf einen Kaffee nicht, aber die Buchungen über Nacht oder für mehrere Stunden hat er immer bezahlt. Nun ist unser Verhältnis privat, und er bezahlt nicht mehr. Wobei ich nicht weiß, was daraus werden wird, denn Klaus ist fünfundvierzig Jahre alt und verheiratet. Über Zukunftspläne sprechen wir nicht. Wenn etwas daraus werden sollte, denke ich nicht, dass der Escort zwischen uns stehen würde, Klaus ist viel zu anständig, als dass er mir das dann vorwerfen würde.

Klaus war einer der Gäste, denen es wichtig ist, dass auch ich sexuell zufrieden bin. Aber das ist nicht die Regel. Normalerweise geht es darum, dass der Mann sich wohlfühlt. Manchmal liegt es einfach daran, dass sie nicht wissen, wie man mit einer Frau umgehen soll, sie haben oft von Frauen keine Ahnung. Manchmal liegt es daran, dass es sie einfach nicht interessiert. Wenn ich nicht erregt bin, bekommt es der Mann nicht mit, denn ich arbeite nicht mit Gleitcreme, sondern nur mit Spucke, die ich sehr diskret auftrage.

Dieselbe Diskretion ist mir beim Umgang mit dem Präservativ wichtig. Ich verstecke die Kondome unter dem Kopfkissen, und wenn der Mann so weit ist, zaubere ich unauffällig eines hervor und streife es ihm drüber. Viele Männer möchten sich nicht selbst das Präservativ überziehen. Wenn eine Frau sagt: »Bitte hier, dein Kondom!«, führt das zu negativen Berichten in den

Internetforen, auf denen sich die Herren über unseren Service austauschen.

Auch der Herr, der mich für ein Treffen nach Basel gebucht hat, erzählte mir, dass er etwas über mich gelesen hatte. Er hatte eine besonders hübsche Inszenierung geplant. Er muss das Date schon Wochen vorbereitet haben, denn er hatte detaillierte Vorstellungen vor allem von unserer Kleidung. Ich sage bewusst »unsere«, denn es war das Doppel-Date, bei dem ich Kathrin kennengelernt habe. Der Kunde hatte sie und mich für 14 Uhr nach Basel gebucht. Er hatte im Vorfeld für uns echte Nylons gekauft. Er hat dann ihr und mir die Stümpfe an- und ausgezogen, er liebt das Rascheln und Knistern des Materials, ein echter Nylonfetischist. Plateauschuhe mochte er auch, er hat uns welche zur Verfügung gestellt. Dazu wünschte er sich einen kurzen Rock.

Später gingen wir zu dritt zum Essen, dazu konnten wir anziehen, was wir mochten, die einzige Bedingung war, dass wir die Nylons mit Strapsen trugen. Diesen Wunsch habe ich nicht komplett erfüllt, denn Nylonstrümpfe schmiegen sich nicht perfekt ans Bein, und so wollte ich nicht rausgehen. Das hat er akzeptiert. Kathrin machte es nichts aus, sie ließ die Strümpfe an.

Nach dem Essen sollten wir uns separat in ein Zimmer zurückziehen und uns umziehen. Ich schlüpfte wieder in die Nylons und zog dazu ein Abendkleid an, das ich mitgebracht hatte. Die anderen Accessoires, die ich tragen sollte, stellte er zur Verfügung. Er hatte lange schwarze Organza-Handschuhe besorgt, die über die Ellbogen reichten, dazu ausgefallenen Haarschmuck. Als ich derart elegant gekleidet zurück ins Wohnzimmer trat, staunte ich nicht schlecht. Kathrin saß mit demselben Haarschmuck und denselben Handschuhen, ebenfalls im Abendkleid, auf dem Sofa. Er selbst trug Krawatte und Anzug.

Ich nahm neben Kathrin auf dem Sofa Platz und bekam ein Glas eisgekühlten Champagner von ihm gereicht. Aus den

Musikboxen kam leise Klaviermusik und Kerzen brannten. Wir haben uns unterhalten, er bediente uns mit Snacks und durch diskrete Anspielungen seinerseits ließ er uns wissen, was er sich wünschte. Es war ein perfekt inszeniertes Rollenspiel.

Da Kathrin und ich sehr gut harmonierten, fanden wir schnell Gefallen daran und wurden sehr kreativ. Wir überraschten und reizten ihn, wir küssten und streichelten uns, auch ohne neue Stichworte von ihm. Wir haben ihm immer wieder kleine Kicks versetzt, bis ich schließlich Kathrin mit Dildos verwöhnte. Wir hatten beide keinen Sex mit ihm. Er beobachtete gerne, die Spiele drum herum waren ihm wichtig. Nach dem Date, das nachts um 1 Uhr endete, bin ich glücklich und zufrieden nach Hause gefahren.

Jedes Jahr fahre ich für zwei Wochen nach Rumänien. Meine ganze Familie lebt noch dort, ich bin damals der Liebe wegen nach Deutschland gegangen. Mein erster Mann verbrachte seinen Urlaub in Rumänien, später hat er mich gebeten, nach Deutschland zu kommen. Meine Familie weiß nichts von meiner erotischen Arbeit, bei uns war Sex immer ein Tabuthema. Sie würden auch nicht verstehen, wie Escort funktioniert, für sie wäre es Prostitution. Ich sehe das anders: Ich stehe nicht auf der Straße, ich habe kein Zimmer in einem Bordell, ich sitze in keinem Türrahmen und locke mit Reizwäsche Männer an. Das wäre für mich sehr entwürdigend.

Wenn ich mit einem Kunden telefoniere, werde ich schon mal gefragt, wo ich herkomme, denn ich habe einen schwachen Akzent. Aber das finden viele süß, es hat jedenfalls noch keinen Mann von einer Buchung abgehalten. Abgesehen davon spreche ich sehr gut deutsch. Umgekehrt hatte ich auch noch keinen Ausländer, der kaum deutsch sprach. Daran merkt man auch, dass Escort keine Prostitution ist. Denn bei der Prostitution kommt es nicht darauf an, dass du dich unterhalten kannst, und es ist wohl eher die Regel als die Ausnahme, dass Kunde und Frau sich nicht verstehen können, selbst wenn sie wollten.

Der Escort belastet mich nicht, ich komme sehr gut klar damit. Ich werde es mir nie vorwerfen, warum auch? Ich habe nichts verpasst, im Gegenteil, ich habe durch den Escort eine Menge erlebt.

Dennoch will ich irgendwann in das normale Leben zurückkehren, ich will Escort nicht machen, bis ich fünfzig bin. Auch wenn ich das Leben vermissen werde, aber es muss bald einen Einstieg in den Ausstieg geben. Der Absprung ist nicht leicht, viele hören auf und fangen doch wieder an. Klar, ich komme mit meinem Beruf nie auf das Geld, das ich derzeit im Monat zur Verfügung habe. Da müsste ich schon studiert haben, aber selbst ein Ingenieur verdient nicht so viel wie ich.

Meine Zukunftspläne sind recht realistisch und damit hoffentlich auch zu verwirklichen. Gemeinsam mit meiner Mutter baue ich ein Haus in Rumänien. Ich möchte nicht nach Rumänien zurück, ich sehe das Haus als eine Investition. Wir möchten es vermieten.

In Rumänien habe ich eine Ausbildung zur Stickerin gemacht, aber mit der konnte ich in Deutschland nichts anfangen. Da ich mich schon immer für dekorative Kosmetik, Parfüms und Gesichts- und Körperpflege interessiert habe, wollte ich lieber in diesem Bereich arbeiten. Schöne Produkte in einer attraktiven Umgebung zu verkaufen macht mir Spaß. Ich kann mich gut in die kleinen kosmetischen Sorgen und Nöte meiner Geschlechtsgenossinnen einfühlen und berate sie gern. In der Zwischenzeit habe ich ein gutes Fachwissen aufgebaut und hoffe, irgendwann Leiterin einer kleineren Filiale der Parfümeriekette werden zu können. Damit würde ich wieder Vollzeit arbeiten und den Escort einschränken.

Escort, das ausgefallene Geburtstagsgeschenk für Männer mit Geschmack

Tobias, 45, Oberstudienrat

»Ich bin 1,85 Meter groß, habe grau melierte Haare und trage schon immer eine Brille. Durch den vielen Schul- und auch Freizeitsport bin ich durchtrainiert und schlank. Ich rauche nicht und habe vor sechs Jahren zum zweiten Mal geheiratet. Ich habe keine Kinder. Neben der Arbeit gehört meine Leidenschaft dem Motorradfahren. Ich investiere außerdem sehr viel Zeit in meine Beziehung. Gemeinsame Erlebnisse mit meiner Partnerin, eine uneingeschränkte Offenheit und gegenseitige Toleranz sind mir wichtig.«

Gestern hatte ich ein Jubiläum: zehn Jahre Treffen mit Escort-Frauen. Ich kann mich deshalb so genau erinnern, weil die erste Escort-Dame, die ich traf, ein Geburtstagsgeschenk war, das ich mir selbst zu meinem fünfunddreißigsten Geburtstag gemacht habe. Ich war damals Single und auf der Suche nach Abenteuern und neuen Erlebnissen. Ich hatte keinerlei Erfahrung mit Prostitution. Während meiner Ehe war ich nie fremdgegangen. Natürlich fand ich andere Frauen attraktiv, interessant und anziehend. Und wenn das Interesse gegenseitig war, bin ich schon in Versuchung gekommen. Aber ich widerstand, neun Jahre lang. Gegenüber meiner Frau hatte ich nie erwähnt, dass ich auch andere Frauen erotisch fand und gern einmal Sex mit ihnen gehabt hätte. Es kam mir nie in den Sinn, das Thema anzusprechen oder gar heimlich mit einer anderen ins Bett zu gehen. Trotzdem war das Verlangen da.

Dann, mit Mitte dreißig, war ich wieder allein und brauchte nicht mehr zu widerstehen. Es gab keinen Grund, einen einmal geleisteten Treueeid zu halten. Also schenkte ich mir zum Geburtstag eine Escort-Frau. Damals war das Angebot übersichtlich. Ende der Neunziger gab es nur wenige Escort-Agenturen, die sich im Internet präsentierten. Heute brauche ich viele Stunden, um eine Frau auszuwählen. Das Angebot ist reichhaltig. Ich finde das gut. Ein großes Angebot an Escort-Services ist ein Zeichen dafür, dass unsere Gesellschaft auch in diesem Bereich langsam »erwachsener« und toleranter wird. Meiner Ansicht nach hat Escort nichts Anrüchiges. Es geht um menschliche Bedürfnisse, die auf legale Weise befriedigt werden.

Jedenfalls war die Wahl damals schnell getroffen: Aphrodite! Ihr Lächeln auf den Fotos und die hübschen Augen haben mich überzeugt. Gut, vielleicht war sie etwas zu klein. Ich bin 1,85 Meter und finde Frauen attraktiv, die mindestens 1,70 Meter groß sind. Aphrodite konnte mir höchstens bis zur Brust gehen. Auf den Fotos konnte ich ihren Körper nicht richtig erkennen. War sie zu dick? Egal. Die Augen und dieses Lächeln …

Meinen Freunden und Bekannten sagte ich, dass in diesem Jahr die Geburtstagsfeier ausfallen würde, es sollten keine Besuche und kein gemeinsames Essen geben. Zwei guten Freunden schickte ich per E-Mail Fotos von Aphrodite. Der eine fand die Idee großartig, der andere war pikiert. So genau wolle er dann doch nicht wissen, was ich an meinem Geburtstag mache, teilte er mir mit.

An meinem Geburtstag fuhr ich also zur Bank, um Bargeld für Aphrodites Honorar zu holen. Dann verbrachte ich den halben Nachmittag damit zu entscheiden, was ich zu dem Treffen anziehe. Trete ich eher formell auf, im Anzug vielleicht? Oder sportlich-elegant? Vielleicht einfach Jeans und ein Hemd? Unterwäsche oder keine Unterwäsche? Was würde Aphrodite gefallen?

Ich entschied mich schließlich für eine schwarze Hose, leichte Halbschuhe und einen dünnen, grauen Sommerpullover, kein Unterhemd oder T-Shirt darunter. Aphrodite trug ein langes, rotes Kleid und eine Brille. Das überraschte mich. Ich hatte keinerlei Wünsche geäußert. Das Rot stand ihr ausgezeichnet und der fließende Stoff betonte ihre weiblichen Rundungen, ein schöner Anblick.

Sie kam in meine Wohnung, als wäre sie schon oft zu Gast gewesen. Ihre kleine Tasche ließ sie wie selbstverständlich auf den Boden fallen und schaute aus dem Fenster über die Stadt. »Schöner Blick«, sagte sie, »hast du ein Glas Champagner?« »Natürlich. Sehr gern!«, murmelte ich und war froh, mit meiner Nervosität in der Küche verschwinden zu können. Als ich zurückkam, war sie im Bad. Das gab mir die Zeit, schnell das Honorar in einen Umschlag zu stecken und auf ihre Tasche zu legen. Im Bad rauschte das Wasser, es klang fast so, als würde Aphrodite duschen. Ich überlegte, ob ich einfach hineingehen sollte. Oder wäre das unangebracht? Oder ziehe ich mich gleich aus und lege mich auf die Couch? Nein, das wäre wohl zu schnell. So entschied ich mich, einfach am Fenster stehen zu bleiben und auf sie zu warten.

»Du bist ja noch angezogen«, flüsterte Aphrodite in mein Ohr, als sie von hinten an mich herantrat und ihre Hand gleichzeitig langsam unter meinen Pullover glitt. »Ist dir nicht viel zu warm?«

Ich drehte mich um und sah, dass sie meinen Bademantel trug. Ihre prallen Brüste blitzten aus dem viel zu großen Mantel. Man hätte meinen können, sie fänden darin kaum Platz, doch war der Anblick wohl eher geschickt kalkuliert.

Schnell begann ich, mich auszukleiden, und sie half mir dabei. Ohne Worte fielen wir übereinander her und irgendwie zauberte Aphrodite aus meinem Bademantel ein Kondom hervor. Die Couch blieb unbenutzt.

Als es vorbei war, überkam mich ein leichtes Bedauern. »Viel zu schnell«, keuchte ich und nahm Aphrodite in den Arm. Sie lachte nur und meinte: »Manchmal lässt sich die Lust nicht bremsen.« Und damit traf sie den Nagel auf den Kopf, ich hatte mich meiner Erregung hingegeben, einfach das Liebespiel genossen, ohne meine Sinne zu steuern und den Genuss damit in die Länge zu ziehen. Normalerweise habe ich mich besser »im Griff« und weiß, wie ich meine Gier bremse. Jetzt war ich enttäuscht, dass es so schnell vorbei war.

Als ich aus dem Bad kam, lag Aphrodite nackt auf dem Sofa. Sie nahm eine erotische Pose ein, wie die »Nackte Maja« auf dem Gemälde von Goya. In Szene setzen konnte sie sich, daran bestand kein Zweifel. Aber nicht nur das, sie hatte um sich herum diverse Sexspielzeuge verteilt.

»Keine Sorge«, meinte sie, »du kannst gleich wieder. Dafür sorge ich schon.« Und sie zeigte das aufreizende Lächeln, das ich schon von ihren Fotos kannte. Ich machte etwas Musik an und legte mich neben Aphrodite. Doch sie beachtete mich gar nicht, tat, als sei ich nicht da, und befasste sich mit sich selbst. Ich schaute ihr interessiert zu und meine Lust kehrte langsam zurück.

Zwei Stunden später lag ich ermattet auf der Couch. Die Musik war schon lange aus. Ich hatte mich ausgetobt, mich immer wieder von ihr mitreißen lassen. Erschöpft schloss ich die Augen und versank noch einmal in dem Strudel von Bewegungen und Geräuschen.

Aphrodites zarter Kuss holte mich zurück. Sie flüsterte: »Es war wunderbar.« Sie trug bereits wieder ihr rotes Kleid und wandte sich rasch ab, überraschend schnell verschwand sie.

Ich musste lange warten, um zu erfahren, zu welcher Lust Frauen fähig sind, dachte ich und schlief ein.

Escort-Frauen bemühen sich oft mehr um den Mann. Vielleicht weil sie es als Dienstleistung verstehen, als Job oder auch, weil ihnen Sex einfach Spaß macht. Aphrodite hat sich nicht einfach nach der »ersten Runde« zufriedengegeben. Sie hat durch eigene Aktionen meine Lust wieder angefacht, etwas, das meine Exfrau nie getan hat. Wenn ich meinen Höhepunkt gehabt hatte, war der Sex vorbei. Ich habe mit Aphrodite zum ersten Mal erlebt, dass es auch anders geht. Das fand ich anregend und sehr schön.

In meinem Job als Gymnasiallehrer komme ich nicht sehr viel herum. Aber natürlich gibt es Gelegenheiten, Frauen kennenzulernen. Sehr beliebt sind Konferenzen an angenehmen Orten. Gäbe es nicht die Fachvorträge, könnte man meinen, man befinde sich auf der Jahresversammlung einer Online-Single-Börse. All diese turtelnden Frauen und die balzenden Männer. Die meisten verheiratet, auf der Suche nach dem Kitzel. Ich war nie gut in diesem Spiel. Auf dem Jahrmarkt der Eitelkeiten kam ich selten zum Zug. Stundenlanger Small Talk an Hotelbars über Themen, die mich nicht interessieren, auf den Busen der Frau schielend, und ja nicht den richtigen Zeitpunkt verpassen für die entscheidende Frage.

Das Problem ist weniger, dass ich nicht mithalten könnte bei diesem Wettbewerb. Ich bin schlank, sportlich und, wenn ich will, halbwegs witzig und intelligent. Ich habe darauf nur keine Lust, denn ich misstraue der weiblichen Psyche, die ihrer Trägerin den sexuellen Kontakt nur mit einem Mann, der »interessant« ist, erlaubt. Warum denken die meisten Frauen, dass sie nur mit einem Mann ins Bett wollen, der auch als Person interessant ist? Und das auch dann, wenn sie zu Hause schon einen interessanten Menschen haben und sich der aktuelle Kontakt zu einem anderen Mann nur um Sex dreht? Frauen können so furchtbar kompliziert sein. Ich jedenfalls mag mich nicht vorher stundenlang präsentieren, wenn es doch nur um sexuelle Gelüste geht. Das schmälert meine Chancen auf dem Kopulationsmarkt, das weiß ich. Und auch deshalb liebe ich die Treffen mit Escort-Frauen. Die Situation mit denen ist klar. Ich muss nicht beweisen, wie toll ich bin, wie viel Geld ich verdiene oder welchen wichtigen Job ich ausübe. Man trifft sich, redet ein bisschen, findet sich sympathisch und geht ins Bett. Einfach, leicht und angenehm. Der Alltag bleibt draußen.

Beim Buchen wird man oft gefragt, ob man sich etwas Spezielles in Bezug auf die Bekleidung der Dame wünscht. Offensichtlich gibt es viele Männer, die in dieser Richtung bestimmte Wünsche haben. Ich war nie ein großer Fan von extravaganter Unterwäsche, Spitzenhöschen oder Netzstrümpfen. Natürlich, das Auge isst mit. Doch ich ergötze mich lieber an einem schönen Körper, gepflegter Haut und glänzendem Haar. Deshalb teile ich den Agenturen immer mit, dass die Dame des Abends die Kleider anziehen möge, in denen sie sich selbst am wohlsten fühlt.

Auch nehme ich die Dame nie zu einer Veranstaltung mit oder führe sie in die Oper, wo eventuell besondere Garderobe wünschenswert wäre. Diese Art gemeinsamer Erlebnisse möchte ich allein mit meiner Frau teilen. Ich bin inzwischen seit sechs Jahren wieder verheiratet. Und mit einer anderen Frau als meiner eigenen zu einer Kunstausstellung zu gehen oder gar einen Urlaub zu verbringen – das wäre mir zu intim. Wenn ich mich mit Escort-Damen treffe, dann geht es um Erotik, um sexuelle Erlebnisse. Ich möchte nicht die Person kennenlernen, und ich möchte mich selbst nicht mitteilen. Meistens treffe ich die Damen in einer Hotelbar. Wir reden ein bisschen, um uns näherzukommen, und gehen dann aufs Zimmer. Nach dem Sex gehen wir in ein schönes Restaurant essen oder vielleicht in einen Nachtclub zum Tanzen. Dort muss man auch nicht viel miteinander reden. Danach eventuell noch mal ins Hotel, oder wir trennen uns. Niemals buche ich eine Dame über Nacht, denn ich möchte allein schlafen. Ich liebe den Moment, wenn sich die Frau nach langem, erschöpfendem Sex verabschiedet und mich allein, zufrieden, gesättigt zurücklässt. Wenn die Bilder in meinem Kopf nachrauschen, die Schreie noch in der Luft hängen und ich mich am Leben erfreue.

Als ich vor sechs Jahren meine heutige Frau lieben lernte, stand ich vor einem Problem. Ich wusste inzwischen, dass mich viele verschiedene Frauen sexuell ansprechen. Es gibt keinen bestimmten Typ, etwa groß, blond, vollbusig, dem ich hinterherschaue. Mal sind es die Brüste, dann wieder der Gang und manchmal – ganz klassisch – die Augen einer Frau, die mein Verlangen entfachen. Dazu gibt es fremdartige Reize grundlegender Natur, dunkelhäutige oder asiatische Frauen, die mich locken.

Dabei ist es nicht so, dass der Sex mit Asiatinnen oder schwarzen Frauen irgendwie anders wäre. Nach meiner Erfahrung spielt es keine Rolle, woher die Frau kommt. Wenn sie Spaß am Sex hat, ihre eigene Erotik genießen kann und dazu noch weiß, wie sie einen Mann verführt, dann ist der Sex mit jeder Frau wunderbar. Doch dunkelhäutige Frauen haben eine andere Haut und riechen fremd, und Asiatinnen haben diese zierlichen, biegsamen, kleinen Körper. Darin besteht eine eigene Anziehungskraft für mich.

Doch gleichzeitig weiß ich, dass ich ein Beziehungsmensch bin. Die Nähe und Vertrautheit, die Freundschaft und Offenheit, die Partnerschaft und die Erotik einer festen Beziehung – darauf möchte ich nicht verzichten.

Was tun? Sexuelle Treue kam nicht infrage, heimliches Betrügen genauso wenig. Ich stehe auf dem Standpunkt, dass der

Mensch, den ich liebe und der versichert, mich zu lieben, alles über mich wissen sollte. Meine sexuellen Erlebnisse mit anderen Frauen sind selten. Ich treffe mich vielleicht einmal im Vierteljahr mit einer Escort-Frau. Doch diese seltenen Treffen sind ein wichtiger Teil meines Lebens, den ich nicht missen möchte. Ich möchte diesen Aspekt vor meiner Partnerin nicht geheim halten. Ich möchte die Erlebnisse teilen, indem ich sie erzähle. Meine sexuellen Wünsche und Vorlieben sind Teil meiner Persönlichkeit, wie auch mein Interesse an Motorrädern und die Lust am Skifahren. Für mich ist es nicht denkbar, das eine zu erzählen und das andere zu verschweigen. Die Frau, mit der ich lebe, soll mich komplett kennen. Nur dann kann sie mich lieben, so wie ich bin. Also habe ich mich gleich am Anfang der neuen Beziehung dazu durchgerungen zu erklären, dass ich sexuell nicht treu sein werde.

Meine Frau war natürlich überrascht von meiner Ankündigung, doch meine Offenheit und Ehrlichkeit fanden gleichzeitig ihre Anerkennung. Sie konnte schnell nachvollziehen, was mich an Frauen reizt, und auch akzeptieren, dass sie allein diese Bedürfnisse nicht stillen kann. Sie ist nun einmal keine Asiatin, sondern eine Deutsche.

Wir vereinbarten deshalb folgende Regeln: Die Freiheit, die ich mir nehme, gilt natürlich auch für sie.

Jedes Treffen mit einer anderen Frau wird erzählt.

Interessant dabei ist, dass ich manchmal noch Hemmungen habe, von den Treffen mit den anderen Frauen zu berichten. Doch meine Frau fragt nach und will die Details wissen. Daraus ergeben sich hin und wieder sehr lustige, auch spannende Gespräche, die unsere Beziehung bereichern. Und unsere Sexualität wird durch meine Erlebnisse mit anderen Frauen eindeutig bereichert. Wir haben uns auch schon gemeinsam mit einer Escort-Frau getroffen und das beide sehr genossen.

Unsere dritte Regel lautet: Wenn ich mich mit einer anderen Frau treffe, darf das keine Zeit und Energie aus unserer Beziehung stehlen. Die Beziehung hat immer Vorrang.

Diese drei Regeln sind Vereinbarungen, mit denen ich gut leben kann. Ich liebe meine Frau auch wegen ihrer Toleranz meinen Wünschen gegenüber.

Sedcard

Name: Heike

Alter: 42

Beruf: Inhaberin von Actrice Escort

Buchbar: Hamburg / Deutschland

Nationalität: deutsch

Sprachen: Englisch (Konversation)

Äusseres: modisch gekleidet, blaugraue Augen, dunkelbraune, halblange Haare, Pagenschnitt, 181 cm groß, 74 kg, Konfektionsgröße 40, BH-Größe 85 B, Körpermaße 95-74-102

Parfüm: Prada, Kenzo

Lieblingsblumen: Callas, Orchideen, Amaryllis

Lässt sich einladen zu: Prosecco, Champagner, Caipirinha

Bevorzugtes Abendessen: Deutsch, Indisch, Japanisch

Interessen: Kultur, Musical, Fitness, Flohmarkt

Erotische Vorlieben: leidenschaftliche Zungenküsse, französische Erotik natur, erotische Massagen, frivoles Ausgehen, Verbalerotik, Fußerotik, Swingerclubbesuche, NS aktiv, soft dominant oder devot, Fesselspiele, Toys, teilrasiert, bisexuell, Duo möglich

Honorar, Private Time: nicht mehr buchbar

Das Ziel des Escorts ist die prickelnde Erotik, aber alles ist freiwillig

Heike, 42, Inhaberin von Actrice Escort

»*Man sollte sich schon darüber im Klaren sein, dass man den Partner fürs Leben selten im Escort trifft. Man trifft für zwei oder mehr Stunden auf einen Menschen, den man sich nicht aussucht, man wird ausgesucht.*«

Einen Tag darf ich Heike Gaumer, Agenturchefin von Actrice Escort, begleiten. Sie ist gerade auf einer Reise durch Deutschland, um sich mit zukünftigen Mitarbeiterinnen zu treffen. Wir sind in der Lobby des Hyatt in Köln verabredet. Ich bin zu früh da, sitze in einem dieser bequemen Clubsessel und beobachte die Hotelgäste. Vor mir steht eine perfekt geschäumte Latte macchiato. Da entdecke ich Heike Gaumer nicht weit von mir, groß, modisch in schwarzer Hose und Pullikleid, kommt sie zögerlich auf mich zu. Erst da bemerke ich, dass sie telefoniert. Ihre halblangen, braunen Haare verdecken das Bluetooth-Headset am Ohr.

Ich beobachte die selbstsichere Unternehmerin, mit der ich die nächsten fünf Stunden im Auto verbringen werde. Bei der Fahrt nach München wird sie über ihre Arbeit, ihr Selbstverständnis und ihre Erfahrungen im Escort-Gewerbe erzählen. Ihre Stimme ist angenehm tief, ihr Ton freundlich und ihr Gesicht entspannt. Keiner würde vermuten, dass sie gerade dabei ist, eine Abendverabredung für einen Herrn und eine ihrer über sechzig Damen zu arrangieren.

Übergangslos streckt sie mir die Hand entgegen, ich habe gar nicht mitbekommen, dass das Gespräch schon zu Ende war. »Hallo, ich bin Heike. Wir nennen uns alle nur beim Vornamen.« Sie lacht. »Bei einem Gewerbe, das von der Diskretion lebt, gewöhnt man sich das schnell an. Du entschuldigst mich noch einen Moment? Ich muss noch eine SMS zur Bestätigung versenden.« Sie schaut auf ihre Armbanduhr. »Es ist gerade 10 Uhr und schon geht das Geschäft los. Ich habe es im Gefühl, dies wird ein turbulenter Montag. Kaum hatte ich mein Telefon angeschaltet, kam schon der erste Anruf von einem Herrn. Ich bin gleich für dich da.«

So beginnt unsere Fahrt mit einer kleinen Verspätung. Heike fährt selbst, dank der heutigen Technik stellt auch das kein Problem mehr dar, sie kann beim Fahren telefonieren. Denn Erreichbarkeit ist das A und O, damit sie für ihre Kunden, Mitarbeiterinnen und Mitarbeiter zur Verfügung stehen kann. Noch während wir in Köln Richtung Autobahn unterwegs sind, klingelt ihr Telefon. Ich verfolge ihren Dialog mit einem weiteren Kunden mit. Die Buchung kommt nicht zustande. Natürlich will ich wissen, warum.

Verabredungen, die weit nach 22 Uhr stattfinden sollen, nehme ich nur bedingt an, da geht es nicht mehr um den eigentlichen Escort, sondern meist um rein erotische Dates, manchmal auch nur für eine Stunde, die in meiner Agentur gar nicht angeboten werden. Dies sind reine Sexdates. Ich habe mich aber bewusst für die Führung einer Escort-Agentur entschieden.

Escort heißt Begleitung, gerne Begleitung rundum. Escort ist von der rechtlichen Lage her eine Begleitung auf Zeit. Der Kunde hat rein rechtlich nur auf die gebuchte Zeit Anspruch, nicht auf die erotische Leistung.

Sicher darf die Erwartungshaltung in diese Richtung gehen, aber wenn eine Dame Nein sagt, dann heißt das auch Nein. Auch der Kunde hat ein Recht, Nein zu sagen. Dann kann im erotischen Bereich eben nichts stattfinden.

Die erotischen Vorlieben, die die Mitarbeiter auf ihrer Sedcard nennen, sind eine Spielart, die in der vereinbarten Zeit stattfinden kann und meist auch stattfindet. Dennoch wird sicher nicht alles, was auf der Sedcard der Dame steht, nachher bei einem Kunden erfüllt. Man darf nicht vergessen, dass da zwei Menschen aufeinandertreffen, die sich kennenlernen müssen, um die Erotik nachher erleben zu können.

Der Unterschied zur Prostitution besteht zum einen in der Zeit, die man miteinander verbringt. Man lernt sich bei einem Cocktail an der Bar oder bei einem schönen Essen kennen. Idealerweise versteht man sich, und es kommt dann erst zur gemeinsamen Erotik.

Prostitution wird immer mit Erotik und Sex gleichgesetzt. Ich denke aber, dass sich die allermeisten Menschen in irgendeiner Form prostituieren, das heißt, eine Leistung anbieten, die honoriert wird, in diesem Fall ist es eben eine erotische Leistung.

Ein weiterer Unterschied zur Prostitution ist, dass der sexuelle Akt abgelehnt werden kann. Im Escort ist es ein Kann, kein Muss. Wenn die Dame sagt: Tut mir leid, ich kann mit dir keine Erotik erleben, dann kann das Date abgebrochen werden. Natürlich ist das frustrierend für den, der das Date gebucht hat, aber die Dame muss die erotische Leistung nicht erfüllen. Wenn das Date abgebrochen wird, bekommt die Dame kein Honorar, denn die vereinbarte Zeit wurde ja nicht eingehalten. Das finde ich besser, als wenn die Frau sich zu einer erotischen Leistung zwingt, nur um ihr Geld zu bekommen. Die erotischen Vorlieben sind sehr vielfältig, einen kleinen Einblick kann man bekommen, wenn man sich die Sedcards der Damen und Herren ansieht: Das geht vom leidenschaftlichen Küssen bis zur französischen Erotik.

Wenn man Erotikseiten im Internet präsentiert, darf man gewisse Schlagworte nicht verwenden, weil man sonst aus Gründen des Jugendschutzes nicht gelistet wird. Dafür gibt es dann spezielle Codes, die ich gerne verraten kann: Französische Erotik heißt Oralverkehr, Französisch 69 steht zwar nicht auf der Website, ist aber ein häufiger Wunsch, der oft von meinen Damen auch erfüllt wird.

Französische Erotik natur steht für Oralverkehr ohne Kondom, ohne Aufnahme in den Mund, ohne Schlucken. Diese Spielart steht fast bei jeder Mitarbeiterin auf der Sedcard.

Französische Erotik total ist mit Aufnahme. Wenn eine Dame dies offeriert, habe ich einen Zusatzvermerk in meiner Kartei hinterlegt. Nur wenn ein Kunde danach fragt, nenne ich ihm die Dame, es steht nicht auf ihrem Portfolio.

Swallowing steht für Schlucken, wird aber, genau wie die Aufnahme, äußerst selten praktiziert.

Aus gesundheitlichen Gründen geht der Trend bei den Damen immer mehr zur französischen Erotik mit Schutz. Auch wenn das Gefühl sicherlich nicht dasselbe ist wie bei Oralverkehr ohne Kondom, wäre es wünschenswert, wenn mehr an die beiderseitige Gesundheit gedacht werden würde und nicht nur an das Vergnügen.

Es heißt auch nicht Analverkehr, sondern griechische Erotik.

Viele Begriffe sind englisch, wie Rimming, das bedeutet, den Mann am Anus mit der Zunge zu befriedigen. So eine erotische Vorliebe steht ebenfalls nicht auf der Website, dies setzt absolute Hygiene voraus und kann nie im Vorfeld versprochen werden.

NS steht für Natursekt, also Verwendung von Urin im erotischen Kontext. Manche Begriffe erkläre ich auch auf meiner Internetseite, zum Beispiel bedeutet der Begriff »Duo« ein Treffen
mit entweder zwei Escort-Damen oder auch gerne einem Herrn
und einer Dame aus dem Escort.

Bizarre Erotik ist ein weites Feld mit vielen Spielarten. Es kann
schlicht ein Bekleidungsfetisch in Lack und Leder sein oder in
Richtung Fesselung gehen. Es kann auch ein dominantes oder
devotes Rollenspiel sein. Weitergehende Wünsche, die in Richtung Schmerz und Blut gehen, lehne ich ab. Diese Spielarten
haben im Escort nichts verloren, dafür ist eine Domina im Studio
besser ausgerüstet.

Eine Begleitung in einen Swingerclub wird auch öfter gebucht.
Das heißt: Die Dame ist Begleitung des Herrn, der bucht. Sie
kann bzw. sollte dort aber keinem anderen Herren zur Verfügung
gestellt werden.«

Heikes Handy klingelt, und da wir in der Zwischenzeit aus Köln
draußen sind und der Verkehr auf der Autobahn ruhig dahin-
fließt, kann ich das Gespräch gut mitverfolgen.

Offensichtlich möchte der Anrufer seine Verabredung früher
im Hotel treffen, denn Heike antwortet: »Das kann ich nicht
versprechen, ich muss erst mit Jenna Rücksprache halten, ob sie
früher Zeit hat. Ich melde mich gleich noch mal bei dir. Kann ich
ihr schon ein paar Wünsche von dir ausrichten?«

Schade, dass ich die Antwort nun verpasst habe, aber Heike
kann aus Gründen der Diskretion nicht auf Mithören stellen.

Schon ist das Gespräch zu Ende.

Heike bittet mich, kurz die Daten für das Date in ihrem Timer
nachzuschlagen. Dort hat sie sich vorsorglich die Adresse des
Hilton Hotels in Dortmund notiert.

Danach telefoniert sie mit ihrer Mitarbeiterin: »Hallo Jenna, kannst du gerade sprechen? Ja? Nur ganz kurz, der Kunde möchte, dass du eine Stunde früher im Hotel bist. Geht das? ...

Der Kunde wünscht sich einen kurzen Rock zu sehr hohen Schuhen und er hätte gerne, dass du eine Korsage trägst. Hast du eine? Erotische Wünsche hat er nicht geäußert. Nur dass ihr gemeinsam in den Pool und ins Dampfbad geht. Vergiss bitte deinen Bikini nicht. Über den Kunden kann ich dir leider nichts sagen, er hat sich nicht näher beschrieben. Hast du was zum Schreiben, ich habe dir die Adresse des Hilton rausgesucht ...

Ach, du weißt, wo das ist? Gut, die Zimmernummer ist 145. Ruf mich an, kurz bevor du da bist, der Kunde möchte dich in der Lobby abholen.«

Schon wählt Heike wieder. »Hallo Martin, eine halbe Stunde eher ist kein Problem, früher geht es nicht, Jenna möchte erst noch nach Hause und entsprechende Kleidung anziehen«, sagt sie freundlich. Der Kunde scheint einverstanden zu sein. »Super, danke, ich melde mich dann eine halbe Stunde vorher bei dir auf dem Zimmer.«

Sie bittet mich, kurz die geänderte Uhrzeit in ihren Timer einzutragen. Dann setzen wir unser Gespräch über Escort fort:

»Durch die Escort-Tätigkeit kann die Dame oder der Herr tolle Hotels kennenlernen, in denen man sich sonst nicht aufhalten würde. Jenna kann zum Beispiel heute den Wellnessbereich in einem First Class Hotel genießen. Ob das Vier Jahreszeiten in Hamburg, das Adlon in Berlin oder andere renommierte Hotels, viele davon kann man im Escort kennenlernen. Nicht jede Dame würde sich diese Hotels privat leisten können. In ein edles Restaurant ausgeführt zu werden, um dort ein Vier- oder Fünf-Gänge-Menü zu genießen, ist eine großartige Sache. Hinzu kommt die eine oder andere Reisebuchung, beispielsweise ein Wochenende auf Ibiza oder in einer anderen Stadt.

Da es immer wieder Kunden gibt, die ein kleines Geschenk mitbringen möchten, stehen das Lieblingsparfüm und Blumen mit auf der Sedcard. Wenn ein Kunde nicht nur zwei, drei Stunden mit der Dame genießen möchte, gehört zu dieser glücklichen, harmonischen Zeit meistens ein Geschenk dazu, um der Dame seine Hochachtung zu zeigen. Es muss ja nichts Übertriebenes sein, aber eine Kleinigkeit. Je länger die Buchung ist und je harmonischer der Kunde das Zusammensein empfinden möchte, desto spendabler ist er. Bei kürzeren Dates von zwei bis drei Stunden steht eher die Erotik im Vordergrund.

Ich habe schon eine Buchung gehabt, bei der sich der Herr einkleiden wollte, und ich denke, dass da auch für die Dame die eine oder andere Kleinigkeit abgefallen ist. Aber ich bitte jede Interessentin, in der Beziehung doch realistisch zu sein und nicht zu glauben, dass man im Escort-Service das Schlaraffenland findet. Es sind schöne Begebenheiten, wenn man für eine Reise gebucht wird, wenn man kleine Geschenke vorfindet, es kann auch mal die berühmte Handtasche dabei sein, aber erwarten darf man das nicht.

Es ist sehr unterschiedlich, in welches Hotel die Dame bestellt wird. Ausländische Kunden werden von ihren Firmen häufig in einem einfacheren Hotel untergebracht, weil sie sich in Deutschland nicht genügend auskennen. Was dem Kunden dann auch relativ unangenehm ist, wenn er einen Escort buchen möchte und mir erzählen muss, dass er in einem kleinen, sehr einfachen und günstigen Hotel übernachtet.

Aber es gibt auch den Kunden, der ein sehr schönes Hotel aussucht, weil er ungestört sein will und selbst den Service dort genießt. Was kann es Schöneres geben, als an einem Sonntagmorgen in so einem Luxushotel Frühstück aufs Zimmer zu bekommen? Das ist auch Luxus, den die Dame zu Hause sicher nicht hat, und kann ein zusätzlicher Anreiz sein.

Escort-Service bietet mir also schon zusätzlichen Komfort, zum einen durch die Restaurants und die Hotels, in die ich als Begleitung eingeladen werde, aber auch durch das zusätzliche Geld, das ich in der Zeit verdienen kann.

Und was den Glamour angeht, den bringen auf jeden Fall die Damen mit. Sie haben gute Umgangsformen und Manieren. Sie ziehen sich nach den Wünschen des Herrn an, äußert er keine Wünsche, dann ist das Standardprogramm: Rock, halterlose Strümpfe, BH mit passendem String. Selbstverständlich sind sie gerichtet, frisch rasiert und geduscht.

Auch wenn es für uns ein absolutes Muss ist, gepflegt beim Kunden zu erscheinen, treffen wir umgekehrt nicht immer auf dieselben Voraussetzungen. Der Kunde kommt vielleicht nach einem langen Meeting oder direkt nach einem Flug zum Termin oder Hygiene gehört generell nicht zu seinen Gepflogenheiten.

Es gibt keine Garantie für die Dame, immer auf gepflegte, attraktive Männer zu treffen. Sie trifft für zwei und mehr Stunden auf einen Menschen, den sie sich nicht aussucht, sie wird ausgesucht.«

Zum ersten Mal seit Antritt der Fahrt vor über einer Stunde schweigen wir. Heike checkt per Handy ihre E-Mails. Ja, wir wissen beide, dass dies während der Fahrt nicht erlaubt ist, aber ich bin erstaunt darüber, wie sicher sie Auto und Telefon im Griff hat, und bin tatsächlich entspannt. Erfreut bestätigt sie die Nachricht von Rainer aus Wien. Er möchte bereits heute für den Dienstag in zwei Wochen buchen, denn er weiß genau, wen er sich als Begleiterin wünscht und möchte sichergehen, dass die Dame auch Zeit für ihn hat. Heike erzählt mir:

»Der Großteil der Buchungen kommt von Geschäftsleuten, die sich beruflich an einem bestimmten Ort aufhalten und den Abend nicht allein verbringen möchten. Das ist meine wichtigste Zielgruppe. Andere sind verheiratet und erzählen, dass ihre Frau bestimmte Wünsche nicht erfüllen kann oder will. Aber es kann auch sein, dass der Mann mit seiner Frau erst gar nicht über seine Phantasien redet. Weil er sie aber trotzdem gern erleben möchte, bucht er Escort.

Die Geschäftskunden, die keine Partnerschaft haben, arbeiten oft sehr viel und sind ständig unterwegs. Sie haben einfach keine Zeit für ein Privatleben. Sie möchten Zärtlichkeit und Innigkeit genießen, aber hinterher nicht mit SMS wie ›Ach Liebling, wo bist du denn?‹ bombardiert werden. Sie gönnen sich ihr privates Vergnügen, aber ohne Verpflichtung.

Daneben gibt es den Mann, der einfach diesen Kick braucht und ständig neue Phantasien ausleben möchte.

Die meisten der Männer wollen nicht rhythmische Gymnastik oder 45 Stellungen in einer Stunde. Wichtig sind ihnen oft nicht die speziellen Praktiken, sondern die Zeit, die man sich für die Sexualität nimmt. Zu Hause dauert der Akt laut Statistik gerade mal 11 Minuten, inklusive Vorspiel.

Die Männer suchen Wärme, Zärtlichkeit und – ganz entscheidend – eine Frau, die lange Erotik genießt. Das ist es. Da zählt nicht unbedingt der spektakuläre Sex.

Wir unterscheiden zwischen Girlfrienderotik und Pornsex. Pornsex ist das, was sich Kunden aus einem Pornofilm in die Realität umgesetzt vorstellen. Übertrieben dargestellt etwa, dass die Dame nach der sechsunddreißigsten Stellung und diversen ausgeübten Praktiken das ganze Hotel zusammenschreit. Das steht selten für die Dauer des Dates im Vordergrund.

Pornsex steht nicht auf meiner Escort-Seite. Keiner möchte eine schüchterne Dame im Bett haben, aber es muss auch nicht pornomäßig sein, und dieses ›Oh ja, Baby, komm, gibs mir, fester, fester, fester, spritz mich an!‹ ist gleichfalls nicht nötig. Hier stellt sich für mich immer die Frage, wie viel davon wahrer Genuss ist. Doch das hängt natürlich von der Betrachtungsweise ab.

Das verzückte Gesicht einer Frau, kurz bevor sie kommt, und dann die Erlösung zu sehen ist doch schöner für einen Mann. Es gibt ganz, ganz viele Kunden, denen das Verwöhnen einer Frau wichtiger ist, als selbst zum Höhepunkt zu kommen. Der Kunde sagt oftmals explizit, dass er jemanden treffen möchte, der Spaß dabei hat. Aber man kann Spaß nicht bestellen, das funktioniert nicht, das geht nur aus dem Gefühl heraus.

Es gibt auch Kunden, die buchen ein Drei-Stunden-Date, gehen mit der Dame essen und verquatschen ihre Zeit. Sie sagen dann: ›Eigentlich müssten wir jetzt noch aufs Zimmer gehen, aber ich fand das toll so! Vielen Dank für den schönen Abend.‹

Es gibt auch Kunden, die anfragen, ob eine Dame auch nur für eine Stunde buchbar ist oder ob ein Apartment vorhanden ist. Diese Wünsche kann ich nicht bedienen, für mich ist das kein Escort-Thema.

Obwohl ich immer respektvoll von meinen Kunden spreche und sie auch sehr schätze, muss ich davor warnen, mit falschen Vorstellungen in den Escort zu gehen und den Idealmann zu erwarten. Den Partner fürs Leben trifft man selten im Escort.

Ich habe mir schon oft die Frage gestellt: Kann ich eine Kundenstruktur erarbeiten und daraus ein Buchungsverhalten ableiten?

Die Antwort ist ein klares Nein. Wir haben es ja nicht mit Produkten, sondern mit Persönlichkeiten zu tun, und Menschen im Sinne eines Produktes bewertbar zu machen, geht nicht und sollte man auch besser unterlassen.

Es liegt immer im Auge des Betrachters, was ihn anspricht. Es kann sein, dass eine Dame, schlank wie eine Gerte, wohnhaft in Hamburg, zigmal im Monat gebucht wird. Wenn diese Dame nach Köln zieht, kann es sein, dass sie kaum mehr gebucht wird.

Ich habe oft versucht, das zu durchschauen, und mich zum Beispiel gefragt, ob die Urlaubszeit oder Weihnachten Einfluss auf das Buchverhalten haben. An Weihnachten könnte ich mehr Dates vermitteln, als ich Damen habe.

Außerdem möchten die meisten Damen an Weihnachten auch nicht so gerne eine Verabredung haben. Da feiern sie lieber mit ihrer Familie.«

Es wird Zeit, eine kleine Pause einzulegen. Heike fährt einen Rasthof an, gerade als ich aussteigen möchte, klingelt ihr Handy.

Sitzen bleiben oder Getränke holen? Die ersten Sätze des Gesprächs sind so viel versprechend, dass ich mich für das Zuhören entscheide:

»Haben Sie sich schon auf meiner Website umgesehen? ... Sie haben sich schon für eine Dame entschieden? ... Wissen Sie schon, wann und wo Sie Svenja treffen möchten?«

Heike blättert in ihrem Timer und trägt die ersten Informationen beim entsprechenden Tag ein.

»Soll sie Sie auf dem Zimmer abholen oder möchten Sie sich lieber in der Hotellobby treffen? Ein Treffen in der Lobby ist etwas schwieriger, weil Svenja Sie noch nicht kennt. Es ist einfacher, wenn sie Sie im Hotelzimmer abholt. ... Nein, es ist kein Problem, dass Sie noch nicht wissen, in welchem Hotel Sie sein werden. Die Hoteladresse können Sie mir später noch geben. Ich werde Svenja gerne fragen, ob sie an diesem Tag Zeit hat. Geben Sie mir Ihre Handynummer, damit ich Sie gleich zurückrufen kann?«

Sie schreibt die Nummer zu den anderen Infos.

»Darf ich Svenja schon etwas über Sie mitteilen? ... Was ich gerne wissen würde? Zum Beispiel wie alt Sie sind, und gerne

auch Ihr Gewicht und die Größe. Sie haben Svenja schon auf der Website gesehen. Sie wissen also bereits, auf wen Sie vom äußeren Erscheinungsbild her treffen werden. Da sind Sie klar im Vorteil.«

Mit ihrem freundlichen Tonfall versucht sie eine Vertrauensbasis für ihre nächste, schon intimere Frage zu schaffen.

»Wie stellen Sie sich den Escort vor? Darf ich schon bestimmte Wünsche an Svenja weitergeben? Ihre erotischen Vorlieben haben Sie bereits gelesen.« ...

Beruhigend spricht sie weiter: »Ja, das wird sich ergeben. Ich rufe Sie gleich zurück, wenn ich die Buchung bestätigen kann. Vielen Dank, tschüss!«

Nachdem sie Svenja erreicht und eine Zusage für das Date hat, telefoniert sie noch einmal mit dem Kunden. Er hat wohl noch eine Frage, denn Heike sagt: »Das Honorar bekommt Svenja bitte bar gleich zu Beginn des Dates.«

Nachdem die Buchung abgeschlossen ist, erklärt sie mir das Telefonat.

»So versuche ich dem Kunden schon ein paar Anhaltspunkte zu entlocken. Die Dame oder der Herr, der begleitet, soll sich wohlfühlen. Aber in der Regel erzählt der Neukunde kaum etwas. Er ist meist überrascht, wenn er diese Fragen hört, und möchte sich nicht so über seine Gefühle äußern. Ich kann nur hoffen, dass er Vertrauen fasst und seine Wünsche äußert, damit ich sie entsprechend an die Dame weitergeben kann.

Es gibt auch Stammkunden, die nichts von sich verraten. Von denen ich nie den Nachnamen erfahre. Das ist auch nicht wichtig, solange ich für die Sicherheit der Dame garantieren kann. Wobei es nie eine hundertprozentige Sicherheit gibt, auch wenn ich sehr sorgfältig arbeite.«

Kaum sind wir aus dem Auto gestiegen, muss Heike schon wieder ans Telefon. »Guten Tag, Actrice Escort, mein Name ist Heike. Hallo Ramon, eine Buchung um 22 Uhr für heute? Ob das noch möglich ist? Das kommt darauf an, in welcher Stadt du bist und wen du gerne treffen möchtest. Später als 22 Uhr ist eigentlich nicht möglich ... Ja, das verstehe ich schon, dass du nicht weißt, wann dein Geschäftsessen zu Ende ist. Ich frage erst mal die Dame deiner Wahl an, ob sie überhaupt Zeit hat. Ich rufe dich gleich zurück.«

Sie verhandelt mit einer ihrer Mitarbeiterinnen. »Ja, ich weiß, das ist blöd. Drei Stunden vorher solltest du Bescheid wissen. Ich gebe das mal so weiter.«

»Hallo Ramon, ja, Dana hätte Zeit, sie sollte drei Stunden vorher wissen, ob das Date stattfinden wird. Ich sollte dich auch auf deinem Zimmer erreichen können, bevor Dana losfährt. Kannst du nicht vor dem Essen kurz bei mir anrufen? Ich rufe dich dann auf dem Zimmer zurück und sage Dana Bescheid, dass es klappt. ... Du kommst vorher nicht auf dein Zimmer? Das macht die Buchung schwierig. Kann ich in dem Hotel anrufen und mir deine Zimmerbuchung bestätigen lassen? ... Gut, so machen wir das. Du rufst an, wenn du das Date definitiv haben möchtest, und ich rufe dann das Hotel an. Vielen Dank, bis später.«

»Dana, tut mir leid, der Kunde sagt erst gegen 18 Uhr Bescheid, ob das Date klappen wird. Willst du es trotzdem annehmen, auch auf das Risiko hin, dass es nicht klappt? Ja, super, du bist ein Schatz. Ich melde mich bei dir um 18 Uhr.«

Als ich Heike darauf anspreche, dass das alles sehr kompliziert klingt, legt sie sofort los und erklärt mir ihr Sicherheitskonzept.

»Es gibt verschiedene Methoden, um die Sicherheit der Damen zu gewährleisten. Der Kunde gibt mir seine Zimmernummer, unmittelbar danach rufe ich ihn auf dem Zimmer zurück. Dadurch kenne ich zwar den Namen des Kunden nicht, aber ich kann davon ausgehen, dass dem Hotel die Daten vorliegen.

Wenn das nicht geht, weil der Kunde selbst noch nicht im Hotel eingetroffen ist, frage ich an der Rezeption nach, ob die Zimmerbuchung für Herrn XY geklappt hat. Findet die Rezeption den Namen nicht, weiß ich schon mal, dass der Kunde bei mir nicht unter seinem richtigen Namen gebucht hat.

Ich habe gerade wieder so einen Fall gehabt, wo der Kunde nicht rechtzeitig im Hotel sein konnte, um dieses Prozedere durchzuführen. Da habe ich ihn gefragt, ob er mir die Reservierungsbestätigung vom Hotel faxen könne. Da der Kunde sich bei mir nur mit Vornamen gemeldet hatte, dachte ich mir schon, dass er es nicht machen würde. So war es auch, er fand das alles sehr kompliziert und sprang ab.

Natürlich bekommen meine Kunden schon einen Vertrauensvorschuss, aber in diesem Fall war eine längere Zeit gebucht und die Anzahlung, die dafür notwendig gewesen wäre, war noch nicht eingegangen.

Meine Erfahrung im Escort zeigt mir immer wieder, dass sich viele einen Scherz daraus machen, eine Dame zu bestellen und dann selbst nicht zu erscheinen. Neben den Scherzanrufen gibt es Männer, die mich in einen langen zeitaufwendigen E-Mail-Verkehr verwickeln, obwohl sie an keiner Buchung interessiert sind. Oder auch Anrufe, die unter die Gürtellinie gehen. Was das für Anrufe sind? Nun, zum Beispiel: ›Tach, ich will 'ne Nutte, die sich so richtig durchf... lässt und der ich alles ins Gesicht spritzen kann. Die muss echt alles mitmachen.‹

Meine Reaktion ist dann zwar immer noch freundlich, aber ich bitte mit Nachdruck um einen respektvollen Ton und erinnere den Kunden daran, dass er bei einer Escort-Agentur anruft. Wenn er solch eine Dame buchen möchte, gibt es viele andere Möglichkeiten, aber leider nicht in meiner Agentur.

Findet das Date statt, erwarte ich von der Mitarbeiterin, dass sie mir eine SMS schickt, wenn sie in dem Hotel eingetroffen ist, und eine zweite, wenn sie den Kunden wieder verlässt oder die Zeit verlängert. Selbst wenn das Ende des Dates nachts um zwei ist, will ich diese SMS. Ich stelle mir den Wecker und sehe nach, ob die SMS gekommen ist. Ist das nicht der Fall, muss ich überprüfen, ob alles in Ordnung ist. Als Erstes würde ich die Dame anrufen, dann den Herrn im Hotelzimmer. Würde ich beide nicht erreichen können, müsste ich das Hotelpersonal bitten, nach dem Rechten zu schauen, was äußerst peinlich sein könnte, wenn beide zusammen eingeschlafen sind und einfach die Zeit vergessen haben.

Wenn eine Dame öfters vergisst, diese SMS zu schicken, bin ich zum einen verärgert, da ich mir unnötig Sorgen mache. Zum anderen werde ich misstrauisch, ob die Dame mich um meine Provision betrügen will, denn die SMS dient auch der Abrechnung. Wenn ich mir schon diese Verantwortung auferlege, dann möchte ich für die vielen Unterbrechungen in der Nacht selbstverständlich auch meinen Obolus bekommen.

Zusätzlich gibt es eine Notfallnummer, die außerhalb der Geschäftszeiten angerufen werden kann.

Möchte eine Dame oder auch der Kunde ein Date abbrechen, ruft mich die Dame im Beisein des Kunden an. Ich will immer wissen, warum ein Date abgebrochen werden soll. Es kann sein, dass der Kunde nun Wünsche äußert, die er mir vorher nicht genannt hat und die auch überhaupt nicht zu dem Portfolio der Dame passen.

Ein Beispiel: Der Kunde steht auf Fesselspiele und möchte die Dame so fesseln, dass sie ihm völlig ausgeliefert ist. Diese Vorliebe wird aber nicht von der Dame geteilt. Da sagt die Dame natürlich: ›Sorry, das mache ich nicht, wir kennen uns noch nicht. Das nötige Vertrauen ist noch nicht vorhanden.‹

Als Kompromiss bietet sie ihm an, sich die Augen verbinden zu lassen. Anstelle einer totalen Auslieferung würde sie sich nur die Hände oder nur die Füße fesseln lassen.

Wenn der Kunde aber auf einer Totalfesselung besteht, dann spreche ich mit ihm und sage: ›Tut mir leid, das Date wird abgebrochen.‹

Escort ist freiwillig, es besteht kein Zwang, etwas zu tun, was man nicht möchte. Dazu stehe ich, auch wenn die Konsequenz der Agentur negativ angelastet werden kann. Aber da sollte man einfach ehrlich sein.

Es kann schon mal vorkommen, dass ich einer Dame Details von dem Kunden mitgeteilt habe, die sie unbedingt wissen sollte. Sie nimmt das Date an, weil es sich interessant anhört, und stellt dann fest, dass es doch nicht geht. Zum Beispiel gibt es Kunden, die besondere Kleidung beim Sex tragen möchten, etwa eine Volllatexhose, oder sehr ausgefallenes Sexspielzeug, vielleicht sogar selbst gebastelte Toys benutzen möchten. Wenn eine Dame diese Vorliebe nicht teilen kann oder Schwierigkeiten mit der Umsetzung hat, und der Kunde darauf besteht, dann ist es besser, ein Date abzubrechen. Das ist schon passiert, aber insgesamt kommen Abbrüche selten vor.

Dass Dates abgebrochen werden, weil einfach die Chemie nicht stimmt, das gibt es so gut wie gar nicht, denn ich versuche den Kunden im Vorfeld einzuschätzen, feinfühlig auf seine Wünsche zu achten und zwischen den Zeilen zu lesen. Genauso muss ich die Persönlichkeit einer Dame achten. Ich muss wissen, ob sie zu dem Kunden passt oder nicht. Wenn es dann doch mal schiefgeht, sollen meine Mitarbeiter wissen, dass sie ein Date abbrechen können. Und aufgrund von Äußerlichkeiten wurde bei mir noch nie ein Date abgebrochen.

Ich kümmere mich anschließend darum, dass sowohl die Dame als auch der Kunde trotzdem mit einem relativ guten Gefühl nach Hause gehen. Ich bin auch ohne Ausbildung sowohl für Mitarbeiterinnen als auch für Kunden oft eine Art Therapeutin für die Seele.

Der Kunde kann ein Date genauso abbrechen wie eine Dame. Dieses Risiko versuche ich von vornherein auszuschließen. Dazu gehört, dass die Bilder meiner Damen und Herren auf der Website immer aktuell sind. Sie sind nie älter als ein halbes Jahr; wenn die Dame sich verändert und das Bild nicht mehr der Realität entspricht, muss ein neues Foto gemacht werden. Denn der Kunde möchte schon, dass die Dame, die er sich im Internet aussucht, auch später so vor seiner Tür steht. Dies setzt natürlich voraus, dass ich über äußerliche Veränderungen auch informiert werde, da ich die Damen und Herren nicht ständig treffe.

Die Fotos werden auch nicht retuschiert, denn was würde das nutzen? Spätestens wenn der Kunde die Dame trifft, sieht er die Realität. Und ist es nicht frustrierend, wenn eine Dame weggeschickt wird, weil sie nicht so aussieht wie auf dem Bild?

Werden Hausbesuche nachgefragt, kann ich diese nicht sofort zusagen, denn dort ist die Dame auf sich allein gestellt. Ich muss prüfen, wie der Kunde oder die Kundin dort zu erreichen ist. Vor allem Frauen möchten sich eher in ihren privaten Räumen aufhalten. Aber in einer fremden Stadt kann ich nicht sagen, ob der Kunde jetzt in einer annehmbaren Gegend wohnt oder eher in einer Ecke, wo ich die Damen nicht hinschicken möchte. Ich kenne mich in Hamburg aus, aber von Köln oder München kann ich das natürlich nicht wissen.

Wenn ich die Adresse des Kunden nicht im Telefonbuch finden kann, erwarte ich eine Kopie vom Personalausweis per Fax oder E-Mail. Geht das nicht, empfehle ich dem Kunden ein Hotel.

Wenn jemand kein Hotel buchen möchte, dann liegt es nicht unbedingt daran, dass er Kosten sparen möchte. Möglicherweise würde ein Hotel seine Unsicherheit verstärken. Männer, die Escort buchen, sind genauso aufgeregt wie die Damen, wenn sie nicht gerade häufiger buchen. Aber oft buchen sie ja nicht immer dieselbe Dame, sodass zumindest ein Teil der Aufregung bestehen bleibt.

Ich lehne Hausbesuche also nicht von vornherein ab. Ich weiß, dass manche Escort-Agenturen das anders handhaben. Es gibt auch Damen in meiner Agentur, die keine Hausbesuche machen wollen, in dem Fall muss ich das Date für die Dame leider ablehnen.

Wenn der Kunde sich kein Hotel leisten kann, dann kommt er wohl für den Escort auch nicht infrage. Er kann ins Rotlichtmilieu gehen, wo er den Abend anders und gegebenenfalls auch wesentlich günstiger gestalten kann.«

In der Zwischenzeit sind wir schon auf der Höhe von Würzburg. Bei so einem spannenden Thema vergeht die Zeit schnell. Ich merke kaum, dass wir schon fast drei Stunden im Auto unterwegs sind. Heike ist topfit. Sie kann mir nur im Moment keine Fragen beantworten, denn sie ist komplett gefordert.

Ein Kunde will anscheinend über das Honorar verhandeln. Heike erklärt ihm geduldig, dass die Honorare dem Markt angepasst seien. Dass es egal sei, wie alt die Frau ist, unabhängig vom Alter koste jede Begleitung gleich viel. Ja, ein Duo koste das Doppelte, denn es kämen auch zwei Frauen, einen Mengenrabatt gebe es nicht.

Nach dem Telefonat kann sie sich doch die Bemerkung nicht verkneifen: »Sind wir auf einem Basar oder sind wir vielleicht ein Discounter? Darüber lasse ich nicht mit mir verhandeln.«

Dann ruft Jenna an, um Bescheid zu sagen, dass sie sich doch fünf Minuten bei dem Kunden verspäten wird. Heike sagt, dass dies kein Problem sei, da sie den Kunden eh anrufen müsse, um zu überprüfen, ob er auf dem Hotelzimmer erreichbar ist, und dann würde sie ihm gleich die Verspätung mitteilen.

Der Kunde ist auf dem Zimmer.

Als Jenna eintrifft, gibt sie Heike gleich Bescheid, die wiederum sofort den Kunden informiert, dass Jenna in der Lobby wartet. Dies alles macht ihr sichtlich Spaß.

»Ich optimiere gerne Abläufe, ich bin selbst ein sehr strukturiert arbeitender Mensch, es freut mich einfach, wenn etwas klappt. Danach muss ich sofort die nächste Herausforderung angehen.

Im letzten Unternehmen, in dem ich sechs Jahre tätig war, wurde mein Leistungspotential nicht richtig anerkannt. Ich habe mir dann gesagt, dass es besser ist, etwas Eigenes aufzubauen. Warum sich nicht im Escort-Bereich selbstständig machen?

Ich habe schon viele verschiedene Dinge in meinem Leben gemacht. Ich bin ein Typ, der in die Welt hinausgeht. Schon als kleines Mädchen war ich so. Wenn meine Mutter mich in den Sandkasten gesetzt hat, war ich schon weg, bevor sie sich richtig umgedreht hatte.

Ich brauche immer neuen Input, mag mich nicht in Routine verstricken, bin aber gleichzeitig ein sehr empfindsamer Mensch, der auf Familie ausgerichtet ist.

Das heißt, ich brauche zum einen meine kleine heile Welt, mein Zuhause, muss aber gleichzeitig ständig Neues entdecken.

Das zieht sich durch mein Leben, auch was meine Berufe anbelangt. Ich habe Krankenschwester gelernt, musste den Beruf aber wegen Allergien aufgeben, habe mich danach dem Kaufmännischen verschrieben, aber eher so rumgejobbt. Denn eigentlich wollte ich immer Familie haben. Deshalb habe ich auch sehr früh geheiratet, aber das hat nicht so geklappt, wie ich mir das vorgestellt habe.

Erst mit 31 habe ich mir gesagt: So, jetzt gib aber Gas, Heike. Ich habe mich von meinem Ehemann getrennt und bin nach Hamburg gezogen. Ich habe als Industriekauffrau in verschiedenen Unternehmen gearbeitet und schnell gemerkt, dass ich gerne organisiere. Organisieren kann ich jetzt eine Menge, zum Beispiel diese Reise. Erst habe ich meine Eltern in Köln besucht, parallel dazu habe ich ein paar Mitarbeiterinnen getroffen, die schon länger für mich arbeiten. In München treffe ich neue Damen, die sich bei mir beworben haben. Während der Fahrt gebe ich dir ein Interview und telefoniere mit meinen Kunden, so fühle ich mich sehr lebendig.

Neue Mitarbeiterinnen gewinne ich übrigens über meine Website. Dort steht ein Formular für die Bewerbung bereit. Für den Erstkontakt reichen mir ein paar Angaben zu Alter, Größe, Gewicht und Interessen. Außerdem bitte ich um aussagekräftige Fotos, wobei ich mich selten nur deshalb gegen eine Frau entscheide.

Ich rufe die Bewerberinnen meist alle an und frage sie aus: Warum Escort-Service? Gibt es schon Erfahrung mit Escort? Warum meine Agentur?

Anhand der paar Fragen merke ich schon, wie ernsthaft sie sich mit dem Thema Escort beschäftigt haben.

Man muss sich im Klaren darüber sein, dass man auf viele verschiedene Menschen trifft, die man sich nicht aussucht – der Kunde wählt aus. Im Escort-Service muss man Niveau haben, wenn man das nicht mitbringt, dann ist man da verkehrt. Außerdem muss eine Dame feinfühlig sein, denn es buchen auch Männer mit Erektionsproblemen, mit körperlichen Behinderungen oder sehr einsame Männer eine Begleitung. Die Einstellung, da mal schnell ein bisschen Geld zu verdienen, ist nicht die richtige.

In diesem ersten Telefongespräch spüre ich, ob ich einen Draht zu der Bewerberin habe, wenn nicht, wird die Zusammenarbeit schwierig.

Immer wieder stelle ich fest, dass bei den jüngeren Damen das Erscheinungsbild der Haut oft schlechter ist als bei einer Dame Mitte dreißig, Anfang vierzig. Diese Damen treiben oft viel mehr Sport, geben wesentlich besser auf sich Acht und pflegen sich besonders. Ich habe sehr gute Erfahrungen mit Frauen in dem Alter gemacht. Vom Auftreten her sind das ganz andere Persönlichkeiten. Sie können sich sehr gut auf jemand anderen einstellen, auch im Erotischen.

Bei der Auswahl ist mir wichtig, dass die Dame eine natürliche Erscheinung hat. Nicht jeder Mann mag das Überkandidelte. Komplexe wäre das falsche Wort, aber manche Männer würde es stören, wenn die Dame so auffällig wäre, dass sich ständig alle nach ihr umdrehen.

Ich habe Damen, die sind etwas fülliger, manche sind richtig mollig. Auch für diese Damen habe ich Buchungen, weil es Männer gibt, die einfach dieses Füllige lieben.

Jeder hat einen anderen Geschmack, deshalb versuche ich den Service möglichst breit gefächert anzubieten, meine Frauen sollten nicht alle gleich aussehen. Wenn ich mir die Seiten von manchen Mitbewerbern ansehe, sind die Damen alle von einem Typ, das möchte ich nicht. Männer haben sehr unterschiedliche Vorlieben.

Ein gutes Körpergefühl, gute Umgangsformen und eine gewisse Allgemeinbildung sind mir viel wichtiger. Manche meiner Damen sind vielleicht einfacher gestrickt, sie können aber trotzdem sehr gut unterhalten. Meine Kunst ist es, den Kunden die jeweils passende Dame zu vermitteln.

Ich brauche keine Modepüppchen, die bilden sich oft ein, ihnen würde die Welt zu Füßen liegen, und das ist bei Weitem nicht so. Es reicht nicht aus, in einem möglichst edlen Fummel einfach anwesend zu sein und beim Essen nur über das Wetter reden zu können. Man muss im Escort sehr, sehr sensibel sein, sich ganz auf sein Gegenüber konzentrieren und sich über die verschiedensten Themen austauschen können.

Ich höre bei den Bewerbungsgesprächen schon genau heraus, warum die Frauen in den Escort möchten. Viele haben ein Faible dafür und genießen sicher den besonderen Reiz, etwas auszuleben, was den Geschmack des Verbotenen hat. Sie testen aus, wie begehrt sie sind, wie gut sie ankommen.

Viele Kunden fragen mich, ob die Dame auch Spaß dabei hat. Die Dame macht es schon, um Spaß dabei zu haben. Ob sie mit dem jeweiligen Kunden auch Spaß hat, liegt an der Chemie zwischen den beiden.

Frauen, die im Escort arbeiten, tun es nicht nur wegen des Geldes. Es ist eine Mischung aus der Vorstellung, die eigene Sexualität ausleben zu können, und dem natürlich auch nicht unwichtigen Aspekt, dafür auch noch einen Obolus zu bekommen. So kann man das Angenehme mit dem Nützlichen verbinden.

Die ersten Dates entscheiden darüber, ob eine Frau dabeibleibt. Ich kann zwar im Gespräch viel von meinen Erfahrungen berichten, werde auch bei den ersten Dates eine gewisse Fürsorge zeigen und bespreche auch gerne hinterher noch, wie das Date lief. Aber es ist nicht so, dass ich für das erste Mal einen besonderen Kunden für die Dame auswähle. Ich werde ganz bestimmt nicht die Dame am Anfang nur für bestimmte Kunden reservieren. Ich würde dem Kunden nicht die Dame vorgeben.

Es ist wichtig, dass die Damen offen und ehrlich sind und recht zügig wieder aussteigen, wenn sie merken, dass der Escort nicht ihren Vorstellungen entspricht. Der Kunde spürt nämlich, wenn eine Dame keine Freude daran hat.

Für mich als Agenturchefin ist es sehr interessant, mit Frauen zu arbeiten, die nicht von dem Geld abhängig sind, das sie im Escort verdienen. Denn das sind die Frauen, die sich sexuell ausleben, die für ihre sexuelle Befriedigung verschiedene erotische Kontakte wünschen.

Außerdem ist die Bindung zu den Frauen, die selbst einen verantwortungsvollen Job haben, eine andere. Sie wissen, wie wichtig es ist, sich an Termine und Vereinbarungen zu halten, zurückzurufen, immer einen Zettel zur Hand zu haben, um Adressen und Uhrzeiten aufzuschreiben.

Bin ich an einer Bewerberin interessiert, bekommt sie den Castingbogen, der nicht auf meiner Website steht. Dieser bildet die vertragliche Grundlage. In dem Bogen geben die Frauen an, wie sie buchbar sind, zu welchen Uhrzeiten sie zur Verfügung stehen und was ihre erotischen Vorlieben sind. Kommt der Castingbogen zurück, telefoniere ich mit der Bewerberin.

Wenn dann alle Fragen und Details mit ihr besprochen worden sind, vereinbaren wir ein persönliches Kennenlernen in Hamburg, meistens in Verbindung mit einem Fotoshooting, da ich immer aktuelle Fotos auf der Website zeigen möchte.

Die Dame kann entweder Fotos schicken oder sie kommt nach Hamburg für ein Fotoshooting. Die Entscheidung liegt bei ihr. Es gibt allerdings immer Vorgaben, wie die Fotos aussehen sollten, denn es müssen schon professionelle Aufnahmen sein.

Mir ist es lieber, die Dame kommt nach Hamburg. Oft ist das der Moment, in dem ich die Damen persönlich kennenlerne. Wenn es geht, hole ich sie vom Bahnhof oder vom Flughafen ab und begleite sie während des gesamten Shootings. Dabei lerne ich viel über sie. Was hat sie für einen Körper? Wie bewegt sie sich? Ist sie unbeholfen oder schüchtern? Dann ist sie nichts für einen Kunden, der eine extrovertierte Frau sucht. Die Vermittlung, also den Kundenwunsch und die Möglichkeiten der Damen zusammenbringen, das ist meine Aufgabe, die ich sehr ernst nehme.

Da fällt mir ein, ich muss noch Aimee anrufen, sie kommt demnächst zu einem Fotoshooting nach Hamburg, und sie hatte noch ein paar Fragen zum Ablauf. Das mache ich am besten gleich.«

»*Hallo Aimee, ich bin gerade auf dem Weg nach München und habe ein paar Minuten Zeit, um mit dir das Shooting zu bespre-chen. Für die Fotos hätte ich gerne folgende Kleidungsstücke: Businesskostüm – Kleid, das kleine Schwarze – Hosenanzug, passende Pumps und High Heels – Dessous in Schwarz und Weiß oder champagnerfarben, das heißt BH oder Korsett und passen-den String, gerne auch mit Strapsgürtel – halterlose Strümpfe in Schwarz und naturfarben und ebenfalls als Nylons für den Straps-gürtel. Schöne Handtasche, ein Tuch und Schmuck wären auch gut.*

Wenn dir noch etwas anderes besonders gefällt, was du auf den Fotos sehen möchtest, dann bring es einfach mit! Wichtig ist nur, dass du dir Gedanken machst, wie du dich dem Kunden am besten präsentierst. Bilder sind im Escort-Bereich für die Kon-taktaufnahme entscheidend. ...

Nein, du solltest nur eigene Sachen mitbringen. Es ist schon wichtig, dass du hauptsächlich das zeigst, was du nachher beim Kunden tragen kannst. Es sollte vor allem zu deinem Typ passen ...

Das Make-up mache ich dir, da ich einige Erfahrung habe, wie viel du vor der Kamera benötigst. ...

Bring auf jeden Fall viele verschiedene Sachen mit, ich helfe dir gern bei der Auswahl. Es ist wichtig, wie du dich auf der Website darstellst. Je nachdem, wo du die Prioritäten setzt, wirst du auch gebucht. ...

Wenn du dich in Lack und Leder präsentierst, stellst du die erotische Komponente der Verabredung in den Vordergrund und signalisierst, dass du das auch sexuell ausleben möchtest. Die Lack-und-Leder-Show geht allerdings nicht über sechs Stunden, sie ist für den Moment reizvoll. ...

13 Fotos davon kommen auf die Website. Ich arbeite sehr fix, bereits einen Tag nach der Fotosession werden deine Bilder online stehen. Das geht so schnell, weil die Bilder nicht retuschiert werden. ...

Willst du dein Gesicht unscharf machen lassen? Das finde ich schade, weil der Kunde schon sehen möchte, wen er bucht, und du möchtest ja nicht nur wegen deines Körpers gebucht werden, oder? ...

Du hast trotzdem Angst vor Repressalien? Schade, du weißt, die Fotos sind ausschlaggebend für die Häufigkeit der Buchung. Ich bin gespannt, ob man deine Persönlichkeit so transportieren kann. ...

Ja, super, ich rufe gleich beim Fotografen an und sage dir wieder Bescheid, wann er Zeit hat, und dann stimmen wir die Termine miteinander ab.«

»So wie Aimee sich alles für das Shooting erklären lässt, so haben die Damen insgesamt viele unterschiedliche Fragen zur Tätigkeit im Escort. Wir reden dabei auch über kleine Tricks, zum Beispiel, dass man durchaus ein Dusch- oder Badespiel anbieten kann, etwa wenn der Kunde gerade von geschäftlichen Terminen kommt oder eben erst anreist. So kann man auch ihm erst einmal ein gutes Gefühl geben, damit er sich entspannen kann.

Auch gebe ich Tipps, wie man seine Privatsphäre schützen kann. Selbstverständlich sollte man seine Handtasche nicht unbeaufsichtigt stehen lassen. Wenn man sich ins Bad zurückzieht, nimmt man sie mit. Ich will keinem Kunden etwas unterstellen, aber letztendlich kennt die Dame ihn nicht. Und wenn ein Kunde sich in die Dame verliebt hat, ist die Versuchung doch groß, sich Informationen zu beschaffen, indem er einen Blick auf den Personalausweis wirft, der sich in der Tasche befindet.

Trotz all dieser Vorgespräche und Treffen kann es vorkommen, dass ich eine Dame wieder von meiner Website nehmen muss. Dies kann vielfältige Gründe haben. Zum Beispiel, wenn auf der Sedcard »frivoles Ausgehen« steht und der Kunde sich wünscht, dass die Dame beim Restaurantbesuch kein Höschen trägt. Stellt der Kunde dann im Hotel fest, dass sie doch eines anhatte, beschwert er sich zu Recht bei mir. Wenn diese Ignoranz gegenüber zumutbaren Wünschen wiederholt auftritt, trenne ich mich von der Dame.

Das tue ich auch, wenn die Dame nicht angibt, dass sie für mehrere Agenturen arbeitet. Ich versuche, dem Kunden eine gewisse Exklusivität zu bieten und nach Möglichkeit eine Dame ausschließlich in meiner Agentur zu präsentieren. Erscheint die Dame auf vielen unterschiedlichen Agenturseiten, entsteht schnell der Eindruck, dass es sich doch eher um einen professionellen Auftritt handelt. Wenn sie dann ihre Begleitung auch noch zu sehr unterschiedlichen Honoraren anbietet, passt das einfach nicht mehr zu meinen Vorstellungen.

Was ich auf keinen Fall dulde, ist, dass eine Dame Geschlechtsverkehr ohne Kondom praktiziert, nur weil der Kunde dafür mehr Geld auf den Tisch legt. Sonst denkt er, dass das andere Damen auch machen, das geht aber gar nicht.

Was ich auch nicht dulden kann, ist, dass die Dame eine erotische Leistung, die nicht in ihrem Portfolio steht, gegen Extrabezahlung anbietet – das nennt man nachkobern. Dieses Verhalten, mehr Geld zu bekommen, indem man die Männer im Moment ihrer Lust ausnutzt, kommt aus dem Rotlichtmilieu und hat einen schlechten Ruf. Unter den Kunden würde sich das schnell herumsprechen. Erfahre ich davon, führt das zum Ausschluss aus meiner Agentur.

Im Allgemeinen setze ich sehr auf Loyalität, Zuverlässigkeit, Ehrlichkeit und eine langfristige Zusammenarbeit.

Ich persönlich finde, dass für diese Nebentätigkeit genau die gleichen Voraussetzungen gelten wie für jeden anderen Beruf auch. Das fängt bei der Bewerbung an und hört bei dem Auftreten beim Kunden auf.«

Wir sind kurz vor München, die meisten Fragen sind beantwortet. Mich interessiert nach dem kleinen Exkurs über optimale Darstellung von Persönlichkeiten auf Fotos noch eines: Wie viel psychologische Fähigkeiten braucht eine Agenturchefin?

»Die Damen suchen schon den Austausch mit mir, die einen mehr, die anderen weniger. Sie erzählen auch viel über Privates, Probleme mit dem Ex, mit den Kindern, soziale Probleme. Eine Dame hat mich angerufen und gesagt, ihre Mutter sei sehr krank, zwei oder drei Tage später ruft sie mich wieder an, um mir zu sagen, dass ihre Mutter verstorben sei. Das ging mir so nahe, dass ich richtig geheult habe.

Diese Dame hatte eigentlich ein Date und ich musste dem Kunden natürlich absagen. Da ich ihn nicht erreicht habe, sprach ich ihm mit tränenerstickter Stimme auf Band, dass es einen Todesfall in der Familie gegeben habe. In dieser Situation hatte ich mich emotional nicht richtig im Griff. Der Kunde rief mich dann zurück, sprach sein Beileid aus und äußerte Verständnis für die Absage. Plötzlich war eine Situation entstanden, die mit Escort nichts mehr zu tun hatte, sondern absolut persönlich war. Auch der Kunde hat dies so empfunden, obwohl er die Dame nicht kannte.

In der Zwischenzeit hat sich die Dame wieder einigermaßen gefangen, aber ich frage sie bei jeder Vermittlung, ob sie sich in der Lage fühlt, dieses Date anzunehmen. Es muss hier, auch in diesem emotionalen Ausnahmezustand, eine klare Trennung zwischen Privatem und Escort geben. Ich weise sie darauf hin, dass sie ihre persönliche Situation hintenanstellen muss. Sie darf dem Kunden, den sie trifft, diese Situation nicht schildern, das gehört nicht in den Escort. Dies bei der Absage zu erwähnen, war eine Ausnahme. Das ist selbstverständlich nicht einfach, aber notwendig, sonst können keine Aufträge vermittelt werden. Ich fühle mich dabei immer hin und her gerissen, weil ich mir nicht im Entferntesten vorstellen mag, wie es mir gehen würde, wenn ich meine Mutter oder meinen Vater verlieren würde.

Eine andere Dame hat durch die Trennung vom Partner riesige Probleme gehabt. Diese Dame versuchte ich in Gesprächen zu unterstützen. Ich habe sie kurzfristig von der Seite genommen, damit sie zur Ruhe kommt, und sie wieder daraufgesetzt, als es ihr besser ging. Es lief eine Zeitlang wieder gut, aber dann kam sie mit neuen Problemen und wollte sofort aussteigen, wozu die Damen immer das Recht haben. Aber sie hatte schon drei Buchungen zugesagt. Dann geht das eigentlich nicht, denn das ist geschäftsschädigend.

Das hat mich persönlich enttäuscht und mir gezeigt, dass ich mich nur bis zu einem gewissen Grad engagieren darf. Denn obwohl ich für die Dame da war, war sie es umgekehrt für mich nicht. Ich führe ein Unternehmen und normalerweise hätte ich ihr die entgangenen Buchungen in Rechnung stellen müssen. Das habe ich nicht gemacht, aber ich habe mich sehr geärgert. Ich musste die drei Kunden anrufen und sie fragen, ob eine andere Dame die Begleitung übernehmen darf. Die Kunden mussten sich wieder auf der Seite umsehen, welche Dame noch infrage kommt. Das ist alles schon ein wenig mit Komplikationen verbunden, die der Kunde im Escort nicht wünscht.

Einige Mitarbeiterinnen sind auch manchmal mit ihren Gedanken ganz woanders, da muss ich einfach sagen: »Melde dich, wenn du in der Lage bist, Informationen aufzunehmen.« Dass man natürlich nicht immer für seine Nebentätigkeit präsent sein kann, vor allem während seiner Arbeitszeit, dafür habe ich Verständnis. Aber wenn ich mich für den Escort begeistere und dort auch tätig sein will, dann muss ich gewisse Gepflogenheiten einhalten können. Es ist eine Nebentätigkeit, die Rechte und Pflichten mit sich bringt, wie jeder andere Job auch. Das versuche ich im Bewerbungsgespräch klarzumachen. Aber am Anfang sind es oft zu viele Informationen. Ich erkläre dasselbe gern auch mehrmals, bis es verinnerlicht wurde, weil es mir wichtig ist, dass es funktioniert, damit die Kunden zufrieden sind. Wobei Zufriedenheit für mich nicht die Erfüllung jeglicher sexueller Ansprüche heißt, sondern einfach einen guten Escort zu haben.

Die meisten psychologischen Ratschläge gebe ich in Sachen Liebe: ›Wenn ein Kunde sich verliebt und du dieses Gefühl nicht erwidern kannst, dann sei offen und ehrlich zu dem Kunden. Sage ihm, dass du ihn gern triffst, aber nicht auf dieser privaten Schiene. Sollten deine Gefühle aber in diese Richtung gehen, dann solltest du ihn nicht mehr als Kunden treffen. Wenn du einen Kunden privat triffst, musst du mich informieren, denn wenn dann Probleme auftreten, ist die Agentur außen vor und kann dir auch nur noch bedingt zur Seite stehen.

Willst du den Kunden weiter sowohl geschäftlich treffen als auch privat, kommt es zu unheilvollen Konflikten. Spätestens nach dem zweiten oder dritten Treffen hörst du bestimmt, dass du ja nun keine Provision mehr an die Agentur abgeben musst, weil du ihn ja schon selbst kennst. Davon will er natürlich profitieren und weniger zahlen. Beim vierten, fünften Treffen ist es schon so, dass der Kunde sagt, wir verstehen uns so gut, lass uns mal essen gehen, was danach passiert, sehen wir ja. Es passiert was, aber es fließt kein Geld mehr.‹

Ich sage meinen Damen immer: ›Ihr sollt euch nach Möglichkeit nicht privat treffen. Die Sicherheit fehlt, was immer zu Problemen führt.‹

Es war bisher immer so, dass die Damen, die ihre Nummer rausgegeben haben, hinterher Probleme hatten. Ich habe es noch nicht einmal erlebt, dass sich das auf die Dauer positiv gestaltet hat. Das sind Erfahrungen, die sich im Laufe der Zeit manifestieren. Der berühmte Ritter auf dem weißen Pferd ist nie dabei gewesen.

Wenn ein Date mal nicht so gut gelaufen ist, versuche ich die Damen hinterher aufzufangen. Sie haben manchmal schon ein schlechtes Gefühl und sagen: ›Oh, ich weiß nicht, ob der Kunde wirklich zufrieden war mit der Zeit, die wir miteinander verbracht haben.‹ Da kann ich nur sagen: ›Bleib mal entspannt, es kann nicht jedes Date optimal laufen.‹

Sowohl ich als auch jede meiner Mitarbeiterinnen brauchen viel psychologisches Geschick und Einfühlungsvermögen bei der Begleitung eines Kunden mit einer körperlichen Behinderung. Diese Männer wünschen sich ebenso ihre Begleitung, auch in erotischer Hinsicht. Solche Kunden sind nicht unüblich im Escort, denn sie finden auch privat nicht unbedingt den Anschluss, den sie sich vorstellen.

Deshalb frage ich meine Damen immer, wer sich vorstellen kann, auch einen behinderten Menschen im Escort zu begleiten. Die Damen sollen sich da prüfen und aufgeschlossen sein. Es gibt genügend Anfragen von behinderten Menschen, die Zuneigung und Zärtlichkeit suchen, wie jeder andere Mensch auch.

Eine schöne Geschichte kann ich selbst erzählen. Der Kunde war 22 Jahre und hat bei mir sein erstes Mal erlebt. Er ist Spastiker, verursacht durch Sauerstoffmangel bei der Geburt. Von seiner Art ist er ein sehr zärtlicher, liebevoller Mensch und hochintelligent. Er hat sich bewusst eine Frau ausgesucht, die älter war als er, weil er von ihrer Erfahrung profitieren wollte. Für mich als ehemalige Krankenschwester stellte seine Behinderung kein Problem dar.

Natürlich war er wahnsinnig aufgeregt und bei manchen Reaktionen musste ich genau beobachten, ob es ihm auch wirklich gut ging. Gerade in der Phase der Leidenschaft war ich mir manchmal nicht so sicher. Man sagt nicht umsonst, der Orgasmus ist ein kleiner Tod. Aber er sollte danach schon wieder aufstehen.

Er war sehr intensiv dabei, dennoch hatte er sich das erste Mal von der Gefühlsintensität anders vorgestellt. Aber wir haben alle unser erstes Mal auf eine bestimmte Weise erlebt und das heißt noch lange nicht, dass der Sex immer so bleiben wird. Eine Sexualität entwickelt sich ja erst, auch bei ihm. Er hat in der Zwischenzeit auch eine andere Dame gebucht. Das habe ich ihm empfohlen, denn es trat bei ihm ein Verliebtheitsgefühl ein. Da musste ich sagen: ›Ich habe für vieles Verständnis, aber privat ist einfach nichts drin.‹

Wir haben nach wie vor E-Mail-Kontakt und telefonieren ab und zu. Denn er ist mir als Mensch wichtig, nicht nur als Kunde.

Es ist schon eine besondere Erfahrung, jemanden beim Escort zu entjungfern. Die Verantwortung ist groß und man muss damit behutsam umgehen.

Ich fand das toll, dass gerade ich ihm die Möglichkeit bieten konnte. Solche Erfahrungen sind natürlich nicht besonders glamourös, aber es sind sehr persönliche Erfahrungen.

Patrizia, eine meiner jüngsten Mitarbeiterinnen, wollte gerne aufgeschlossen sein und hatte ein Date mit einem Mann, der im Rollstuhl sitzt, angenommen. Obwohl sie vorbereitet war, konnte sie das Date doch nicht umsetzen, denn die Behinderungen des Kunden waren für sie doch nicht so annehmbar und die Erotik war dahin. In dem Moment war Patrizia der Sache in ihrem jungen Alter eben nicht gewachsen. Der Kunde war natürlich aufgebracht und enttäuscht, weil er uns ja vorher informiert hatte.

Aber man kann nicht über seinen Schatten springen, und wenn in dem Moment die Erotik weg ist, ist da nichts zu machen.«

Nach über sechs Stunden sind wir in München angekommen und fahren die halbrund angelegte Zufahrt zum Dorint Sofitel entlang. Das ehemalige Königliche Hauptpostamt wurde zu einem Fünf-Sterne-Hotel der besonderen Art umgebaut.

Sofort kommen zwei Hotelangestellte herbeigeeilt, halten uns die Wagentüren auf und nehmen unser Gepäck aus dem Kofferraum. Heike ist bereits wieder in ein Telefongespräch vertieft, sodass ich mich darum kümmere.

Die Eingangshalle ist lichtdurchflutet und sofort werde ich, wie wohl jeder Gast, der Alltagswelt enthoben und in eine besondere Welt entführt. Ich kann mir vorstellen, wie beeindruckt ihre neuen Mitarbeiterinnen sein werden, wenn sie sich hier mit Heike treffen. Sicher wird dabei der Wunsch entstehen, selbst einmal in diesem luxuriösen Haus Gast zu sein. Ich begleite Heike auf ihr Zimmer und warte, bis sie ihr mobiles Büro installiert hat.

»Der Job ist sehr anstrengend, denn ich bin als Agenturchefin von Montag bis Freitag von 11 bis 20 Uhr und Samstag bis Sonntag von 12 bis 16 Uhr telefonisch erreichbar. Aber mein eigentlicher Arbeitstag beginnt nicht erst um 11 Uhr morgens und ist abends um 20 Uhr noch lange nicht zu Ende. Denn ich bin auch für die Sicherheit zuständig. Die Notfallnummer gilt die ganze Nacht. Die eingehenden SMS für ein Date-Ende müssen geprüft werden.

Ich weiß jetzt zum Beispiel nicht, wann das letzte Gespräch heute Abend mit den Bewerberinnen zu Ende sein wird. Es dauert, bis ich ihnen alles erklärt und all ihre Fragen beantwortet habe, wie eine Agentur funktioniert und was ich von ihnen erwarte.

Die Damen und Herren sind selbstständig und die Agentur ist für die Vermittlung zuständig. Sie bietet die Internetplattform, auf der sich die Menschen präsentieren können. Die Agentur betreibt Werbung und versucht sich in die beste Listung zu bringen, also zum Beispiel auch bei Google als eines der vorderen Suchergebnisse platziert zu sein. Ich rede immer von der Agentur, aber letztendlich bin das ich.

Ich übernehme die komplette Vermittlung, ein direkter Kontakt zwischen Escort-Dame und Kunde findet nicht statt. Ich organisiere alles mit dem Hotel, in dem die Dame eintreffen soll. Ich schicke E-Mails, damit die Mitarbeiter die Kundenwünsche noch einmal nachlesen können. Denn alle haben ihren Beruf, sie sitzen ja nicht am Telefon und warten auf Anrufe. Aber die Damen und Herren müssen erreichbar sein, denn es ist ein schnelles Geschäft. Wenn ich nicht rechtzeitig auf Anrufe oder E-Mails reagiere, dann schaut sich der Kunde woanders um.

Es gibt Escort-Agenturen wie Sand am Meer, ich kann mich nur abheben, indem ich Service biete, indem ich auch gerne zurückrufe, E-Mails sofort beantworte, immer gleich den direkten Kontakt suche. In Notsituationen rufe ich den Kunden an, zum Beispiel, wenn ich schon weiß, dass eine Dame zu spät kommen wird. Da warte ich natürlich nicht, bis der Kunde anruft und fragt, wo die Dame denn bliebe. Das gehört einfach zu einem guten Service dazu. Obwohl ich so einen Aufwand betreibe und sehr sorgfältig arbeite, werden 25 Prozent der Buchungen vom Kunden abgesagt.

Die Damen müssen da also mitziehen und meine Anfragen so schnell wie möglich bearbeiten und nicht erst zwei Tage später. So was kann ich nicht gebrauchen und der Kunde will das auch nicht. Der will eine klare Ansage haben, ob das Date klappt oder nicht, es ist seine Freizeit, für die er eine Begleitung sucht. Er gibt nur vor, was er gerne hätte, der Rest muss über mich funktionieren. Ich hoffe, eine gute Hand bei meinen Mitarbeiterinnen zu haben. Die Damen können mit ihrer Mitarbeit die Agentur voranbringen.

Warum sich gerade so viele Frauen bei mir bewerben, kann ich nur vermuten. Das Thema Escort ist in vielen Köpfen präsent. Und ich bin am Markt gut platziert: Gibt man »Escort« bei Google ein, stehe ich mit meiner Agentur Actrice Escort sehr weit oben und meine Website ist ansprechend und gut strukturiert.

Ich werde von neuen Bewerberinnen immer gefragt, wie oft man gebucht wird. Das ist sehr unterschiedlich. Natürlich informiere ich über meine Website, wenn es eine neue Dame gibt. Wer meinen E-Mail-Dienst abonniert hat, wird darüber sehr schnell informiert. Es entsteht aber kein Run auf neue Damen. Da muss so viel passen, der Kunde muss in der Stadt sein, in der man die Dame buchen kann, die Dame muss dann auch gerade frei sein. Klar kann es sein, dass die Dame, kaum dass sie auf der Seite steht, eine Buchung hat. Aber die Vorstellung von Laien, dass der Kunde eine neue Dame sofort bucht und von Hamburg nach München fliegen lässt, weil er sie so toll findet, hat nichts mit der Wirklichkeit zu tun.

Zurzeit habe ich sehr gute Buchungen für sechs Stunden, zwölf Stunden, zwei Tage, drei Tage. Die Anzahl der Aufträge ist in diesem Monat etwas geringer, aber die Dates sind länger. Bei mir ist es tatsächlich so, dass die Zwei-Stunden-Buchungen rückläufig sind. Vor allem Kunden, die das zweite Mal buchen, buchen oft drei, vier oder sechs Stunden oder sogar über Nacht.

Ich finde, man sollte sich auch im Escort an ein gewisses Geschäftsgebaren halten. Ich finde es nicht vertrauensvoll, wenn ich eine Dame irgendwohin schicke und nicht weiß, mit wem ich es zu tun habe. Ich brauche keinen Lebenslauf von einem Kunden. Aber ich glaube, dass ich mich in der Zwischenzeit so gut im Markt etabliert habe und auch in Foren gutes Feedback bekomme, dass ich schon Vertrauen verdient habe. Ich kann auch nicht einfach ein Auto kaufen, wenn ich sage, ich bin der G. H. aus M.

Bekomme ich positives Feedback, stelle ich das in meinen Blog. Bei negativer Resonanz versuche ich das nächste Date besser verlaufen zu lassen. Etwa indem ich noch mal mit dem Kunden darüber spreche, was er sich wirklich wünscht. Für mich ist es wichtig, dass ein Kunde dauerhaft mit der Agentur verwächst und sich gut aufgehoben fühlt.«

Heike Gaumer lässt es sich nicht nehmen, mich hinunter in die Hotellobby zu begleiten und mir einen der satt-grünen Äpfel mitzugeben, die dekorativ in großen Glasschalen an der Rezeption liegen. Durch die große Drehtür verlasse ich das Hotel und die damit verbundenen Träume von Abenteuer, Glamour und unbeschwertem Luxusleben.

SEDCARD

NAME: Patrizia

ALTER: 22

BERUF: Studentin der Ingenieurwissenschaft

BUCHBAR: Düsseldorf, Dortmund / Deutschland

NATIONALITÄT: deutsch

SPRACHEN: Englisch (Konversation)

ÄUSSERES: damenhaft gekleidet, blaue Augen, taillen-lange Haare, 170 cm groß, 74 kg, Konfektionsgröße 40–42, BH-Größe 85 C, Körpermaße 98-78-105

PARFÜM: Chanel Mademoiselle

LIEBLINGSBLUMEN: weiße und rote Rosen

LÄSST SICH EINLADEN ZU: Champagner, Cocktails, Weißwein

BEVORZUGTES ABENDESSEN: Deutsch, Italienisch, Mexikanisch

INTERESSEN: Reiten, Joggen, Musicals, Theater, Motor-sport, Reisen, Wellness

EROTISCHE VORLIEBEN: leidenschaftliche Zungenküsse, Girlfrienderotik, französische Erotik natur, erotische Massagen, Verbalerotik, Begleitung mit zwei oder mehr Herren, Toys, glattrasiert

HONORAR, PRIVATE TIME: 2 Stunden, 350 Euro
24 Stunden, 1.500 Euro

Die Übernachtung im Luxushotel und das teure Essen gehören zur Belohnung

Patrizia, 22, Studentin der Ingenieurwissenschaft

»Der Escort hat mich in vielerlei Hinsicht verändert. Das Selbstwertgefühl steigt, denn es gibt Männer, die zahlen Geld, viel Geld dafür, dass sie mich haben können.«

Bevor ich eine junge Escort-Lady wurde, habe ich, wie viele andere Studentinnen, in einer hippen Bar gekellnert. Dabei lernt man natürlich viele Männer kennen. Einer, der mich besonders faszinierte, fragte mich, als die Gespräche persönlicher wurden, ziemlich direkt, ob ich mir ein Leben mit ihm vorstellen könne. Aber als Zweitfrau, denn eine Familie habe er schon. Er wohne 300 Kilometer von mir entfernt, was aber kein Problem sei, weil er geschäftlich sehr viel unterwegs sei und wir so immer ungestört unsere Zweisamkeit genießen könnten. Als Gegenleistung würde er mir einen bestimmten Betrag dafür zahlen, dass wir uns vier, fünf, sechs Mal im Monat sehen würden. Dabei werde aber wohl keine Regelmäßigkeit, geschweige denn eine Verpflichtung aufkommen. Naiv wie ich war, habe ich gesagt: »Alles was ich mache, mache ich gern, aber nicht wegen des Geldes.«

Das war ihm natürlich auch recht. Denn er hatte schon öfter Escort gebucht und das geht ja bekanntlich ins Geld. Ich kannte das Wort »Escort« nicht einmal, für mich gab es bis zu diesem Zeitpunkt nur Prostitution. Wenn er bei mir in der Gegend war, haben wir uns getroffen und in einem Hotel die Nacht miteinander verbracht. Fast schon wie bei einem Escort-Date, nur ohne Bezahlung. Einmal habe ich ihn in seiner Heimatstadt besucht, da war ich auch in einem sehr schönen Hotel untergebracht. Aber da hatte er wenig Zeit für mich. Tagsüber kam er kurz mal aus dem Büro vorbei und nachts musste er zu seiner Familie heim. Als er da war, wollte er natürlich möglichst unkomplizierten Sex, und danach ging er wieder. Ich blieb zurück. Nachts war ich nun allein. Ich kam mir schon ziemlich ausgenutzt vor. Am anderen Tag, als ich mit dem Zug zurückgefahren bin, dachte ich: Mensch, bist du blöd, du könntest jetzt Geld in der Tasche haben und dir was Schönes gönnen.

Das war erst einmal nur so dahingesagt, weil ich sauer und enttäuscht war. Aber der Gedanke hat mich nicht mehr losgelassen. Wie jede ordentliche Studentin recherchierte ich erst mal im Internet. Google spuckte bei der Anfrage nach »Escort« Tausende von Suchergebnissen aus. Wie willst du dich da entscheiden? Du kannst niemanden fragen, denn es redet ja keiner darüber.

Ich entschied mich einfach für eine Agentur, die ziemlich weit oben gelistet war, und für eine von den Anzeigen am seitlichen Rand. Da ich mir dachte, dass es Unterschiede geben müsse, zum Beispiel bei der Vermittlungsprovision oder bei der Betreuung, habe ich mich bei beiden beworben.

Bei der einen Agentur habe ich die Chefin persönlich kennengelernt. Wir haben uns sehr nett unterhalten, und ich dachte, die Agentur sei super. Aber das hat sich als Irrtum herausgestellt. Da war eben nicht alles freiwillig, da musste man Hausbesuche machen, auch wenn man das nicht wollte. Da unterscheiden sich die Agenturen sehr, bei manchen werden gar keine Hausbesuche angenommen, bei Actrice Escort kann ich selbst bestimmen, ob ich das machen möchte. Heute mache ich nur noch Hotelbegleitung.

Ein Date abzubrechen kam für die Geschäftspolitik dieser ersten Agentur nicht infrage, das hatte die Chefin mir in dem Gespräch vorab erklärt. Sie sagte, sobald ich eine Anfrage annähme, müsse ich das Date auch durchziehen. Was das unter Umständen bedeuten kann, musste ich leidvoll erfahren, als ich eine Begleitung abbrechen wollte, nachdem ich den Typ gesehen hatte. Er war schmierig und behandelte mich wie eine billige Nutte. Er wollte mir auch das Geld nicht vorher geben. Aber darauf habe ich zum Glück bestanden. Zähneknirschend hat er mich an irgendeiner Straßenecke abgestellt und meinte, er würde zum Automaten gehen und Geld holen. In der Zeit habe ich die Agenturchefin angerufen und gefragt: »Darf ich wieder heim? Ich kann nicht, das geht nicht.«

Aber sie meinte: »Ich habe dir gesagt, du musst da durch. Wenn du schon da bist, machst du das jetzt auch. Geh doch morgen von dem Honorar shoppen, dann geht es dir besser.«

Ich hatte leider keine Ahnung, dass es in der Branche nicht üblich ist, etwas machen zu müssen. Ich habe erst im Laufe der Zeit erfahren, dass bei vielen anderen Agenturen alles auf freiwilliger Basis läuft. Aber ich war unerfahren und in dieser Situation total schockiert, ich habe geweint. Natürlich hätte ich etwas vorspielen können, jede, die in diesem Job ist, kann sich ein Stück weit verstellen. Ich hätte einfach ohne Gefühl meinen Körper hingeben müssen. Aber Escort verspricht doch gerade dieses Gefühl des Geborgenseins, dieses Miteinander. Doch bei diesem Kunden wäre das nicht gegangen. Gott sei Dank kam er nicht wieder. Er hatte wohl nur eine schnelle Nummer im Park schieben wollen.

So bin ich auf meinen Fahrtkosten sitzen geblieben, denn es stellte sich heraus, dass die Adresse des Kunden nicht stimmte. Die Agentur hatte sie nicht überprüft.

Natürlich habe ich dort sofort gekündigt, obwohl ich dadurch das Einstiegshonorar, das nicht fällig wird, wenn man vier Monate dabeibleibt, bezahlen musste. Diese Gebühr fällt an für die Werbung, die die Agentur macht, und das Erstellen der Sedcard. Aber lieber mit 300 Euro Verlust aussteigen, als jemanden im Rücken zu haben, der so wenig Verständnis zeigt und mich zwingen wollte, etwas zu machen, das gegen mein Gefühl ging. Das konnte ich nicht mit mir selbst vereinbaren.

Nach Monaten klickte ich die Seiten noch mal an und musste feststellen, dass die Agentur zwar die Sedcard entfernt hatte, aber dass ein paar meiner Bilder noch auf der Startseite zu finden waren. Das fand ich nicht so toll. Es hätte ja auch sein können, dass ich nach dieser wirklich schlechten Erfahrung gleich ganz aufgehört hätte, und dann hätte ich natürlich auch nirgendwo mehr in diesem Bereich zu finden sein wollen. Erst nach zwei Anrufen von mir wurden die Bilder entfernt.

Die Agenturleiterin der zweiten Agentur meiner Wahl war am Telefon eher ein bisschen kühl und sehr geschäftsmäßig, aber trotzdem höflich. Es dauerte vier Wochen, bis die erste Buchung hereinkam. Die Anfrage und die Bestätigung kamen nur per SMS. Der Umgangston war geschäftlich, aber nicht unfreundlich. Ich war total nervös, als das Date anstand. Was ist, wenn es wieder so ein Desaster wird? Wenn der Mann wieder so ein schmieriger Typ ist?

Die Verabredung sollte gleich zwölf Stunden dauern. Aufgeregt stand ich mit meiner Tasche in der Lobby des Hotels am Münchener Flughafen. Ich bin auf und ab gelaufen, ich wollte mich nicht hinsetzen aus Angst, er könne mich vielleicht nicht sehen. Zu allem Überfluss hatte der Flieger Verspätung. Irgendwann kam ein klassischer Geschäftsmann, vielleicht Mitte dreißig, sehr zielstrebig auf mich zu, lächelte freundlich und das Eis war gebrochen.

In der Suite stellte er mir einen Bausatz mit Boxen für seinen iPod hin, ich sollte die kleine Anlage zusammenbauen. Wahrscheinlich dachte er, die ist jung – ich war gerade 21 Jahre alt geworden –, die kann das, oder vielleicht wollte er mich auch ärgern, weil er dachte, ich könne das nicht. Er war jedenfalls ziemlich erstaunt, als nach zehn Minuten tatsächlich Musik aus den Boxen kam. Ich sagte nur: »Ich bin gar nicht so blond, wie du denkst!«, und habe gelacht.

Er mochte meine lustigen Sprüche. Ich merkte gleich, dass ich mich nicht zu verstellen brauchte. Als wir Cocktails an der Bar tranken, alberten wir herum, sogar der Kellner machte mit, es war witzig und locker. Die Unterhaltung war nicht schleppend, eher wie mit einem guten Freund. Zurück auf dem Hotelzimmer war es erst mal komisch, wie würde es jetzt weitergehen?

Er hat die Führung übernommen und romantische Musik angemacht. Zusammen standen wir am Fenster und blickten auf den Flughafen. Da haben wir uns umarmt und der Rest hat sich von allein ergeben. Am anderen Morgen habe ich ihn nach einem riesigen Frühstück zum Eincheckschalter gebracht, das hatte er sich gewünscht. Den Umschlag mit dem Geld hatte er mir am Abend vorher schon gegeben, 800 Euro für zwölf Stunden, das war viel Geld. Als ich im Auto saß, habe ich es noch mal nachgezählt und dachte glücklich: Das ging jetzt aber schnell, für dasselbe Geld müsste ich lange kellnern.

Es war ein superschönes Date, der Mann war charmant, der Sex hat gestimmt, wir haben viel gelacht. So hatte ich mir Escort vorgestellt. Das war doch genau das Richtige für mich. Wenn die Dates so viel Spaß machen, ist es leicht verdientes Geld.

Das Geld gleich bar zu haben ist ein tolles Gefühl. Als Erstes bin ich davon tatsächlich shoppen gegangen. Schöne Unterwäsche, Strümpfe, einen Blazer, ich habe richtig viele Sachen gekauft. Da kam die junge Frau in mir durch.

Leider kam kurz vor Weihnachten eine Mail, dass die Agentur schließt. Da war ich erst mal geschockt, zum einen über die unpersönliche Art der Mitteilung und zum anderen hieß das, dass ich eine neue Agentur suchen musste. Independent, also ohne Agentur, kommt für mich nicht infrage, allein schon wegen der Sicherheit. Bei einer Agentur weiß ich, dass jemand da ist, der sich um mich und meine Sicherheit kümmert. Die Seite von Actrice Escort hat mir gut gefallen, weil sie schön schlicht ist und alle Informationen übersichtlich darstellt. Außerdem fand ich es sympathisch, dass die Chefin selbst Erfahrungen im Escort hat. Ich denke, sie weiß dadurch, was in der Praxis alles möglich ist, und kann uns viel besser verstehen. Am Weihnachtsmorgen habe ich den Bewerbungsbogen im Netz ausgefüllt, via Mail losgeschickt, und schon am ersten Weihnachtsfeiertag bekam ich einen Anruf von Heike, der Chefin. Das Gespräch war offen und herzlich. Heike hat klar gesagt, was sie erwartet und was ich erwarten darf.

Als ich ihr von dem Date erzählt habe, das ich nicht abbrechen durfte, erklärte sie mir, dass sie eine andere Philosophie verfolge: »Mir ist ein abgebrochenes Date lieber, als dass du aufgrund einer schlechten Erfahrung aussteigst. Es ist wichtig, dass du dir treu bleibst, sonst kannst du den Job nicht lange machen.«

Jedes Mal, wenn eine Buchung kommt, ruft sie an, es geht nicht alles nur über SMS. Natürlich weiß ich, dass sie Geschäfte machen will, aber dieses Persönliche ist etwas Besonderes in dem Gewerbe und ich bin froh, dass ich bei ihr gelistet bin.

Mit Jungs in meinem Alter kann ich nicht viel anfangen. Die sind wunderbar, um ein Bier zu trinken oder für das Studium zu lernen. Ich studiere Wirtschaftsingenieurwesen, ein typisches Männerstudium; dementsprechend bin ich von vielen Jungs umgeben, die mich aber privat nicht interessieren, schon gar nicht sexuell. Ich mochte schon immer ältere Männer. Mein erster Freund war acht Jahre älter. Nachdem diese große Liebe vorbei war, bin ich auch kein Kind von Traurigkeit gewesen. Ich habe schnell jemand kennengelernt und bin mit ihm ins Hotel, ohne mir groß Gedanken zu machen. Schon in der Zeit haben mich Männer interessiert, die geschäftlich unterwegs waren und in Hotels wohnten. Mit denen mitzugehen hat mich fasziniert. Insofern kann ich meine eigenen sexuellen Vorlieben mit Escort verbinden, denn das habe ich jetzt ja auch wieder.

Die Freude am Escort machen für mich auch die Orte aus, an die ich als Studentin nicht kommen würde. Ich kann es mir normalerweise nicht leisten, im Sofitel in München zu übernachten. Das Drumherum ist ein Teil der Belohnung: das schöne Essengehen oder auch mal eine Flasche exzellenten Wein genießen. So komme ich in tolle Restaurants, der Mantel wird mir abgenommen, die Kellner sind zuvorkommend.

Ein Kunde hat mich gefragt, ob ich lieber schick essen oder ins Musical gehen möchte. Ich entschied mich für das Musical. Wir waren zusammen in *Aida* im Deutschen Theater. Wie selbstverständlich saßen wir in der ersten Kategorie, tranken Champagner in der Pause, hinterher bekam ich sogar die CD geschenkt. Auf dem Rückweg sind wir noch was an der Hotelbar trinken gegangen. Das ist alles schon recht sorglos. Wenn ich heute die Musik höre, denke ich an das Date, das ist doch schön.

Es ist immer wieder was Neues dabei. Kein Date ist gleich und Männer können so kreativ sein, wenn es nicht um die eigene Frau geht. Ich bin natürlich auch sehr jung und Männer so um die 33 oder 35 haben schon noch einige Flausen im Kopf, und das ist genau meine Wellenlänge. Die ungewöhnlichste Location, an die ich entführt wurde, war eine Stretch-Limousine. Ein Unternehmensberater, der im ArabellaSheraton Grand Hotel München abgestiegen war, hatte mich für 15 Stunden gebucht. Ich holte ihn auf seinem Zimmer ab, damit wir an der Bar was trinken und uns kennenlernen konnten. Nach einer Stunde sagte der Kunde zu mir: »Weißt du was, ich sag dir jetzt mal was.«

Genauso hat er sich ausgedrückt.

»Wir gehen jetzt raus.«

»Okay, wohin willst du?«

»Nur vor die Tür.«

Ich dachte dabei an alles Mögliche, Sex im Freien vielleicht, nur nicht an das, was ich dann sah: eine riesig lange Stretch-Limousine in Schwarz. Wir sind auf dieses Auto zugelaufen, und da hielt der Chauffeur mir tatsächlich die Tür auf. Wir fuhren durch die Münchener Innenstadt, an den schönsten Plätzen vorbei, die Maximilianstraße entlang. Wir haben das Schiebedach aufgemacht und wie im Film rausgewunken. Die Nachtschwärmer haben alle neugierig geguckt. Da kam das kleine Mädchen in mir raus, damit hat er mich richtig um den Finger gewickelt. An der Oper blieb die Limo kurz stehen und wir beobachteten die Leute draußen. Zu Beginn hatte Robert, so hatte er sich mir vorgestellt, eine Flasche Champagner geköpft. Mittlerweile spürte man auch den Alkohol schon ein wenig, unserer Privatparty fehlte nur noch eines, und so küssten wir uns einfach. Es kribbelte gleich doppelt. Zum einen, weil die Chemie zwischen uns einfach stimmte und es richtig knisterte, zum anderen war es ein tolles Gefühl zu wissen, dass draußen Leute vorbeilaufen, die uns aber nicht sehen können, wir sie aber schon.

Dann fuhren wir wieder weiter. Die Trennscheibe zum Chauffeur war natürlich oben und sie war zum Glück blickdicht. Es wurde immer leidenschaftlicher. Wir nahmen zwischendurch immer wieder einen Schluck Champagner und ohne zu schlucken küssten wir einander damit. Robert fing an, mich auszuziehen, erst meinen schwarzen Blazer, dann knöpfte er meine Bluse auf, öffnete meinen BH. Es dauerte nicht mehr lange, dann war der Rock auch aus und ich saß nur noch mit Slip, halterlosen Strümpfen in Schwarz und meinen Pumps da. Nun fing ich an, ihn auszuziehen. Erst streifte ich ihm das Sakko von den Schultern, knöpfte das Hemd auf und küsste ihn dabei auf seine Brust. Mir gefiel dieser Anblick, ein Mann in einer Stoffhose mit Gürtel und aufgeknöpftem Hemd. Er hatte einen tollen Körper. Wir spielten auch wieder mit dem Champagner. Er ließ ihn über meine Brüste und meinen Bauch tröpfeln und leckte ihn genüsslich auf. Ich bei ihm genauso. Er küsste und berührte mich überall sehr zärtlich, aber dennoch wusste er genau, was er wollte und auch, was ich wollte. Ich hatte nun richtig Lust auf ihn, machte seine Hose auf und liebkoste seinen Penis mit meinem Mund. Klar genoss er das! So eine Limo ist überraschend geräumig, ich legte mich auf die Sitzbank, ein Bein stellte ich auf den Boden und mit dem anderen stützte ich mich am Autodach ab. Er schob meinen Slip zur Seite und fing an, mich zu verwöhnen. Es dauerte nicht lange, dann wollte ich ihn und er mich auch. Ich kniete mich nun auf die Sitzbank, sodass ich raussehen konnte und alle Leute, die draußen herumliefen, beobachten konnte. Er nahm mich von hinten. Wow, das war ein tolles Gefühl … es war richtig geil!

Robert hatte wohl schon darauf gesetzt, dass in der Limousine was passieren würde. Er hat mir imponieren wollen, mich erobern, wie wenn man sich in jemanden verliebt hat und sich darum bemüht, etwas Besonderes zu bieten. Nur dass er natürlich nicht verliebt war. Aber die Stimmung war bestens, ich habe ihn in der kurzen Zeit richtig liebgewonnen. Die Fahrt in der Limousine war die Erfüllung eines Mädchentraumes.

An meiner Sedcard kann man unschwer erkennen, dass ich nicht so schlank wie die meisten Frauen im Escort-Gewerbe bin. Dafür sind die Infos ja auch da. Bei 74 Kilo und BH-Größe 85 C gibt es nichts zu verstecken. Ich hatte noch nie Probleme,

Männer kennenzulernen. Deshalb hatte ich keine Scheu, mich bei einer Escort-Agentur zu bewerben. Natürlich mögen nicht alle Männer meine Figur, aber es mögen auch nicht alle spindeldürre Frauen. Es gibt eine Menge Männer, die auf Frauen mit Busen und Arsch stehen. Das sagte mein letzter Kunde, als er mich ausgezogen hatte: »Du hast wenigstens einen Arsch!«

Die Chefin der Agentur hat mir jedoch klar gesagt, dass sie mit einer so üppigen Frau keine Erfahrung habe. Aber bei mir machen meine Haare und mein Gesicht viel wett. Deswegen verstecke ich auch mein Gesicht nicht hinter den Haaren oder verschleiere es.

Ich habe das Gefühl, dass manche Männer, die bisher nur schlanke Frauen hatten, es einfach mal ausprobieren wollen, wie es mit einer fülligen Frau ist. Einer sagte mitten im Liebesspiel, als ich obenauf saß: »Patrizia, ich muss dir jetzt was sagen: Ich hätte nie gedacht, dass ich eine Frau mit so vielen Kurven so erotisch finden kann.« Der hat es gewagt und war begeistert.

Ich bin mit der Anzahl meiner Buchungen zufrieden. Manchmal sind es drei, vier Verabredungen im Monat, manchmal auch weniger, mehr als fünf Dates fände ich zu viel, außer in den Semesterferien, wenn ich viel Zeit habe.

Natürlich gibt es auch Abende, an denen ich dasitze und denke: Jetzt könnte Heike anrufen, heute wäre ein Date wunderbar. Dann kommt wieder eine Anfrage rein, wenn ich nicht so viel Lust habe, aber spätestens, wenn ich dann dusche und mich anziehe, kommt die Freude schon von allein.

Gut ist auch, dass ich nicht abhängig von dem Geld bin, meine Miete und die Handyrechnungen kann ich auch ohne eine Buchung im Monat bezahlen. Sonst wäre es anstrengend, denn die Anfragen kommen nicht kontinuierlich. Man kann sich nicht darauf verlassen. Vor allem in den Sommermonaten waren es viel weniger.

Privatleben und Escort kann ich nicht miteinander verbinden, das sind zwei völlig verschiedene Welten. Niemand weiß davon, und es soll auch niemand wissen. Selbst meiner besten Freundin habe ich es nicht erzählt. Dadurch würde ich die Freundschaft aufs Spiel setzen, deshalb tue ich es lieber nicht. Ich selbst habe keine moralischen Bedenken – wenn man die hätte, wäre man da nicht richtig.

Um all die neu gekauften Sachen zu rechtfertigen und auch immer eine Begründung parat zu haben, wenn ich eine private Verabredung nicht einhalten kann, weil ein Date dazwischenkommt, habe ich einen Mann in meinem Leben erfunden. Ich könnte sonst nie begründen, wo das ganze Geld herkommt, da meine Eltern ja wissen, wie viel ich im Monat zur Verfügung habe.

Mein Schattenmann ist 31 Jahre alt, 1,85 Meter groß, hat kurze, blonde Haare und fährt einen 7er BMW. Er trägt gerne Anzüge. Als Geschäftsmann reist er viel und hat wenig Zeit. Er verdient sehr gut und macht mir viele schöne Geschenke. Mitbringen kann ich ihn leider nicht, denn er ist nicht der Mann fürs Leben, deshalb stelle ich ihn erst gar nicht vor.

Manchmal glaube ich schon selbst an ihn, so überzeugend bin ich in meiner Rolle.

Apropos Rollenspiel, manchmal spiele ich einem Mann schon was vor. Viele Männer legen Wert darauf, dass der Sex auch mir Lust bereitet, aber ich komme eben nicht so leicht. Wenn ein Mann nachfragt, sage ich ihm das auch. Für mich ist der Orgasmus nicht so wichtig, auch nicht in meinem Privatleben. Der Weg ist viel wichtiger. Ich mag es, wenn man mich verwöhnt, dieses ganze Drumherum. Das »In-Grund-und-Boden-Rammeln«, nur damit ich komme, das will ich nicht. Ein schönes, harmonisches Liebesspiel, bei dem es auch mal heftiger zur Sache gehen darf, ist mir lieber. Ich will nicht, dass ein Mann es nur auf meinen Orgasmus anlegt.

Wenn er aber Wert darauf legt, dass ich komme, biete ich ihm an, dass ich es mir selbst mache und er zuschauen darf. Das funktioniert immer.

Wenn der Mann aber Rücksicht auf mich nehmen möchte, dann finde ich es wichtig, dass es mir auch tatsächlich gefällt. Ich würde ihn nicht einfach machen lassen und nur so tun, als ob es mir Spaß macht. Ich bin dann für klare Ansagen und äußere auch ganz offen meine Wünsche.

Ich würde nie zu einem Mann etwas sagen, was ich nicht wirklich denke. Wenn ich sage: »Du bist attraktiv« oder »Du bist witzig« oder »Es ist toll, was du mit mir im Bett gerade machst«, denken viele Männer, das würde ich nur sagen, weil ich Geld dafür bekomme. Aber so ist es nicht. Ich würde nie so etwas sagen, wenn ich es nicht denken würde. Eine kleine Lüge geht schon, aber eine große Lüge nicht. Lieber bin ich still und sage einfach gar nichts, ich kann in einem gewissen Rahmen schon Kompromisse eingehen.

Es gibt Männer, denen ist es egal, ob ich auch Spaß habe. Das sagen sie natürlich nicht so direkt, aber man merkt ihre Haltung: »Ich habe dafür bezahlt, also will ich meinen Spaß.« Das ist aber auch okay, denn wenn der Mann richtig scharf wird, dann macht mich das auch an.

Das sind die Sonnenseiten, die Schattenseiten sind, dass man auf einen Menschen treffen kann, der nicht so sympathisch ist, oder sexuelle Unstimmigkeiten über die Art, wie man den Geschlechtsverkehr vollzieht, da sind.

Wenn einer so gar nicht verwöhnt werden will und sich auch nicht groß anfassen lassen mag, sondern nur so eine Rein-raus-Nummer durchzieht, denke ich, dass er das doch auch billiger haben könnte.

Einer war dabei, der wollte nicht küssen und fragte mich dauernd nach Aids. Als ich ihn fragte, warum er einen Escort bucht, wenn er sich so vor Krankheiten fürchten würde, erzählte er mir, dass er den geilsten Sex seines Lebens mit einer Patrizia gehabt hätte. Deshalb habe er mich gebucht.

Natürlich hat man oft Geschlechtsverkehr, deshalb ist der Schutz besonders wichtig. Schon aus eigenem Interesse gehe ich regelmäßig zum Frauenarzt, ich bin gesund und will es auch bleiben. Deshalb gibt es bei mir – und soviel ich weiß, ist das die generelle Geschäftspolitik von Actrice Escort – grundsätzlich keinen Verkehr ohne Schutz. Egal wie viel Geld ein Kunde mir für ungeschützten Verkehr anbieten würde, das kommt nicht infrage.

Mit der Sympathie ist das so eine Sache. Wenn mir einer für ein Zwei-Stunden-Date nicht so sympathisch ist, ist das kein Problem. Da kann ich mich schon ein Stück weit verstellen und mich darauf einlassen. Das ist zumindest meine Einstellung. Aber natürlich geht das auch nicht immer.

Bei einem Sechs-Stunden-Date, womöglich mit der Option für eine Verlängerung auf zwölf Stunden, kann man eine halbe Stunde warten, ob sich die Sympathien noch entwickeln. Manchmal gibt es da wirklich Überraschungen. Zum Beispiel war ich mit Hans verabredet, mehr als der Name und die Zimmernummer vom Bayrischen Hof waren mir nicht bekannt. Als er mir die Tür öffnete, schätzte ich ihn auf Anfang sechzig.

Ich war skeptisch, ob das bei einem Altersunterschied von fast vierzig Jahren funktionieren kann. Zu meiner großen Freude überreichte er mir ein Eau de Parfum von Chanel, Coco Mademoiselle, mit der passenden Körperlotion dazu. Er hatte auf meiner Sedcard nachgelesen, dass dies mein Duft ist. Er war insgesamt einfach charmant. Er gab mir sofort das Geld für zwölf Stunden. Bis wir nach dem Essen im Bayrischen Hof an der Bar landeten, hatte ich vergessen, dass er sechzig war. Er war auch lustig und erzählte viele Witze.

Natürlich gibt es bei so einer langen Buchung auch viel Zeit für ernste Gespräche, aber ich finde Humor sehr wichtig und versuche auch, dass dieser bei einem Date nicht zu kurz kommt. Natürlich kann ich mich auch benehmen, in einem guten Restaurant werfe ich schon nicht mit Knödeln. An diesem Abend habe ich viel gelacht, denn Hans hatte witzige Einfälle.

Männer, die jüngere Frauen buchen, wollen oft ulkig sein, sich nicht immer nur seriös und ihrem Alter entsprechend benehmen. Auf dem Zimmer hat er sich im Schrank versteckt und meinte, ich solle ihn suchen.

Da habe ich ihn halt gesucht. Es war einfach witzig, ich glaube nicht, dass da ein sexueller Kick dahintersteckte. Wir haben rumgealbert, es war einfach spontan von ihm. Als ich dann die Schranktüre aufgemacht habe, mussten wir erst beide richtig lange und laut lachen. Dann kam der Moment, in dem wir uns tief in die Augen blickten und uns küssten. Er kam raus aus dem Schrank, schloss die Tür hinter sich, lehnte sich am Schrank an, und wir küssten uns weiter. Irgendwann ging ich vor ihm auf die Knie, alles ging ungekünstelt ineinander über.

Ich verstelle mich nur ein Stück weit, nie so viel, dass ich mich selbst nicht mehr erkenne. Wenn ich so bin, wie ich bin, komme ich gut an. Am Ende hat er auf mein Honorar noch was draufgelegt.

Am Anfang habe ich schon darüber nachgedacht, was die anderen wohl denken, wenn sie mich mit einem deutlich älteren Herrn ins Restaurant kommen sehen. Aber mit der Zeit machte es mich richtig stolz, eine gekaufte Frau zu sein. Ein Mann bezahlt Geld für mich, er bezahlt dafür, dass er mit mir zum Essen geht. Er könnte ja auch nur im Hotelzimmer bleiben und Sex haben. Aber das macht er nicht.

Der Escort hat mich in vielerlei Hinsicht verändert. Das Selbstwertgefühl steigt, denn es gibt Männer, die zahlen Geld, viel Geld dafür, dass sie mich haben können. Für die Männer, die im

Nachtleben auf mich zukommen, ist das ein Nachteil. Die kann ich teilweise nicht mehr richtig ernst nehmen. In der Zwischenzeit habe ich höhere Ansprüche an Männer. Ich lasse mich nicht mehr so einfach in der Disco abschleppen, weil ich die privaten Abenteuer weniger brauche. Außerdem bekomme ich bei meinen Escort-Abenteuern auch noch Geld dafür. Gefällt der Mann mir aber richtig, fange ich schon noch was mit dem an. Wenn ich dann merke, das passt nicht so im Bett, dann gehe ich einfach wieder. Das hätte ich früher nicht gemacht.

Im Bett war ich natürlich auch nicht so aufgeschlossen wie heute. Ich war ja erst 21, als ich anfing, hatte nur eine längere Beziehung, ein paar One-Night-Stands, bei denen die Männer meistens nur an sich dachten, und diese eine Affäre.

So war ich froh, dass viele Männer Girlfrienderotik suchen und sich meist mit einer Stellung zufriedengeben. Mit der Zeit habe ich mich verändert, ich wurde experimentierfreudiger und wünschte mir andere Stellungen. Die Männer finden das gut. Wie ich überhaupt mehr den Mund aufmache und Anweisungen gebe wie: »Mach doch mal oral weiter, 69 finde ich ganz toll, so haben wir gleichzeitig unseren Spaß.«

Schön ist auch, wenn ich es mir selbst mache und mein Gegenüber muss so lange mit dem Kommen warten, bis ich gekommen bin. Er sieht mir dabei zu und wird noch schärfer, kann sich kaum noch zusammenreißen, das macht mich richtig an.

Meine Lieblingsstellung ist, wenn ich auf allen vieren vor ihm knie und er mich von hinten nimmt, ich mag aber auch gerne klassisch Missionar, weil man hier den Partner sehr innig fühlt, ihm nah ist, Girlfriendsex vom Feinsten ist das. Manchmal vergnügt man sich auch im Whirlpool oder in der Badewanne, das ist auch eine sehr schöne Sache, das kommt gut an.

69, also sich gegenseitig oral verwöhnen, das habe ich zum ersten Mal bei einem Escort gemacht, das wird übrigens oft gewünscht. Aber es gibt auch so Wünsche wie »Setz dich auf mein Gesicht!« oder »Zieh an meinen Nippeln, fester!«.

Einer wollte, dass ich es mir auf dem Bett selbst mache, während er auf dem Sessel saß und nur zugesehen hat. Er war komplett angezogen und ich in Dessous. Danach gingen wir essen, seinen Spaß wollte er erst danach! Dann gab es auch mal einen, der mir beim Duschen zusehen wollte. Es hat ihn richtig angemacht, wie ich meinen Körper eingeseift habe. Ohne mir noch Zeit zum Abtrocknen zu lassen, hat er mich auf dem Bett genommen, das war auch richtig geil!

Das mache ich alles gerne mit, weil ich mittlerweile auch sehr viel Spaß am Ausprobieren habe. Einem anderen Kunden habe ich mal die Augen verbunden und gesagt, er solle stehen bleiben. Ich hab dann eine Spur aus meinen Kleidern einschließlich Strümpfen, BH und Slip gelegt. Er hatte eine Suite gebucht, es war also genügend Platz da. Zuletzt in der Reihe lag der Slip am Boden und da stand auch ich – nackt. Er verfolgte die Spur und fand mich dann am Ende! Das sind so Spielereien, die einfach Spaß machen, wenn sie zur Situation passen.

Bei einer Aktion von einem Kunden dachte ich auch erst: »Ups, was ist denn das?« Ich lag auf dem Rücken, meine Füße lagen ihm auf der Schulter und er war gut dabei. Plötzlich riss er mir die Pumps runter, schmiss sie nach hinten, zog mit einem Ratsch die halterlosen Strümpfe runter, leckte genüsslich an meinen Füßen und steckte sie in den Mund. Ich war überrascht, fand es aber nicht unangenehm. Vor allem zeigte mir das: Ich muss ja toll sein, wenn der mir sogar an die Füße will.

So bekommt man mit der Zeit ein anderes Bild von der Sexualität der Menschen und wird viel toleranter. Klar sind auch Sachen dabei, die ich nicht mit jedem machen würde. Es kommt sehr auf den Herrn an und wie er seine Wünsche vermittelt. Wenn er toll ist, macht man vieles gerne mit. Aber zum Beispiel Fußerotik biete ich nicht generell auf der Sedcard mit an, obwohl es bei einem Date stattfand und für dieses Date auch gepasst hat. Ich habe im letzten Jahr durch den Escort einen Grundkurs in Sachen Sex gemacht, mit den Basics bin ich nun gut ausgestattet.

Wenn einer nicht so gut im Bett ist, dann denke ich an keinen anderen Mann. Stattdessen mache ich die Augen zu, versuche mich fallen zu lassen und zu genießen, wie er mich verwöhnt. Die Männer sind ja nicht so schlimm, dass man sie nicht anschauen könnte, aber es ist beim Escort halt nicht immer der Typ Mann, den ich privat bevorzugen würde.

Manchmal ist es auch nicht so schön, vor allem bei den Sex-Sportlern, die buchen ein Vier-Stunden-Date und kaum bin ich auf dem Zimmer, bin ich schon nackt. Wenn ich Glück habe, bekomme ich noch ein Glas Sprudel hingestellt. Da weiß ich gleich, was diese Herren wollen, und lasse ich mich darauf ein, kann das natürlich schon auch Spaß machen. Aber wenn die so sind, lasse ich mir das nicht einfach stundenlang gefallen. Dann habe ich auch meine Forderungen. Wer mich sexuell fordert, der muss auch was bieten. Da hat noch keiner widersprochen.

Die Genießer unter den Männern, die das Rundumprogramm schön finden, sind mit ein- oder zweimal Sex, der ein bisschen ausgiebiger sein darf, meistens zufrieden.

Meine Einstiegsrituale in die Begegnungen sind eher schlicht. Ich fange ungefähr zwei Stunden, bevor ich losfahren muss, mit den Vorbereitungen an. Ich gehe duschen, rasiere mich frisch, auch wenn ich es an diesem Morgen schon mal gemacht habe. Ich laufe in meinem Morgenmantel rum, wasche mir die Haare, schminke mich, suche die Wäsche raus. Nicht für jeden Tag gefällt mir jede Wäsche.

Dann trinke ich ein Gläschen Sekt und fahre los. Vor dem Hotel durchfährt mich jedes Mal ein Adrenalinstoß.

Einmal saß ich in der Hotelbar und wartete, denn ich war fünfzehn Minuten zu früh. Ein Typ, der an der Bar saß, beobachtete mich, auf einmal stand er auf und ging an mir vorbei. Ich dachte: Was für ein attraktiver Mann. Hoffentlich spricht er mich nicht an, denn wenn in diesem Moment mein Kunde kommt, macht das keinen guten Eindruck. Der Typ kam zurück und setzte sich wieder auf seinen Platz. Unter seinen beobachtenden Blicken traute ich mich kaum zu trinken. Endlich zahlte er, aber anstatt davonzugehen, kam er grinsend auf mich zu und sagte: »Hey, ich bin dein Date.« Da war der Adrenalinspiegel wirklich hoch. Der Reiz des Unbekannten, dieser Kick, der sich da aufbaut, der macht süchtig.

Auf die Idee, dass der Typ meine Verabredung sein könnte, war ich überhaupt nicht gekommen. Ich kenne den Kunden ja nicht, während er schon Fotos von mir gesehen hat; so ist er klar im Vorteil.

Das Treffen in der Bar oder Hotellobby ist also anders, als wenn man jemanden auf dem Zimmer abholt. Die Aufregung baut sich da nicht so lange auf. Der Moment zwischen dem Klopfen an der Hotelzimmertür bis zum Öffnen dauert nur fünf Sekunden. Wenn man in der Lobby rumsteht mit hundert anderen Menschen, und man erkennt den Mann gleich, weil er herübergrinst, das ist schon 'ne tolle Sache. Aber je länger die Suche dauert, umso mehr steigt die Spannung in mir.

Wenn der Mann gar nicht meinen Erwartungen entspricht, ist es nicht so schön, aber man sucht sich die positiven Seiten aus und hält sie sich vor Augen. Die meisten Männer sind nett und höflich, positive Eigenschaften findet man immer. Rein optisch gefällt natürlich nicht jedem jeder, aber solange die Männer gepflegt sind, ist alles okay.

Ich habe mich schon oft gefragt, was wohl passieren würde, wenn ich einen Mann kennenlernen würde, mit dem ich mir tatsächlich eine Zukunft vorstellen könnte. Bislang habe ich zwar immer gesagt, dass ich aufhöre, wenn ich mich verliebe. Aber je länger ich dabei bin, desto mehr Spaß macht es mir, und mittlerweile bin ich mir gar nicht mehr so sicher, ob ich einfach aufhören könnte.

Eines ist sicher: Mein Traummann müsste selbst viele erotische Wünsche haben und sehr aufgeschlossen im Bett sein. Damit er auch in den Genuss meiner Erfahrungen kommen kann und ich mit ihm all die schönen Dinge teilen darf, die ich bisher nur mit fremden Männern hatte. Am liebsten wäre mir, ich könnte ihm von meiner Escort-Tätigkeit erzählen und dies würde ihn anturnen, weil es zu einer seiner Phantasien passen würde. Ich stelle mir dann vor, dass er es scharf findet, mich zu lieben, nachdem ein anderer Mann mich hatte. So hätten wir beide etwas davon.

Escort ist ein Abenteuer, die Suche nach der besonderen Frau macht den Reiz aus

Alex, 46, Projektmanager

»*Ich trage nicht nur tagsüber gerne Anzug und weißes Hemd, sondern auch am Abend zu meinen Verabredungen. Ich habe kein Gramm zu viel, eher im Gegenteil, für meine Größe von 1,82 Meter könnten es ein paar Kilo mehr sein. Die ersten grauen Strähnen in dem dunklen, kurz geschnittenen Haar stören meine jugendliche Ausstrahlung keineswegs. Ich küsse sehr gerne und lache viel, außerdem interessiere ich mich sehr für die Lebensgeschichte der Begleitung, die ich gewählt habe.*«

Für meine Karriere als Projektmanager bei einer großen Firma bin ich durch die ganze Welt gereist, bis ich als Preuße in München gelandet bin. Heute bin ich sesshafter geworden und hauptsächlich in Deutschland im Einsatz. Für den bundesdeutschen Durchschnitt habe ich vielleicht früh geheiratet, aber in Ostdeutschland tickten die Uhren anders: Man heiratete bereits zwischen 20 und 24. Meine Tochter ist schon 19.

Ich buche seit zehn Jahren Escort, Auslöser waren die langen, einsamen Abende während meiner Dienstreisen und Abenteuerlust. Dabei geht es mir nicht um schnellen Sex, ich suche mehr. Ich interessiere mich für die Persönlichkeit der Frau, die ich buche, und die lerne ich nicht auf dem Zimmer im Bett kennen. Vielleicht hat das damit zu tun, dass ich relativ dynamisch aufgewachsen bin, nicht so statisch wie viele meiner Kollegen und Freunde, die vom Kindergarten bis zum Abitur mit den gleichen Leuten zusammen waren. Denn schon mit meinen Eltern bin ich kreuz und quer durch Ostdeutschland gezogen, sodass ich fast wie ein Zigeuner aufgewachsen bin.

Mein Vater wie auch mein Onkel waren hohe Offiziere. Um seine Karriere voranzutreiben, hat mein Vater alle paar Jahre ein neues Kommando übernommen. Es gab im Vier-Jahres-Rhythmus einen von den Frauen organisierten, »generalstabsmäßigen« Umzug in die nächste Stadt, die nächste Schule.

Mich faszinieren immer wieder Lebensgeschichten, ob sie nun wahr sind oder nicht. Viele der Erlebnisse, die von den Frauen erzählt werden, sind phantastisch und anders als die Geschichten, die ich sonst so höre. Daran teilzuhaben finde ich faszinierend, das ist mir übrigens bei jedem Menschen wichtig, den ich kennenlerne. Ich höre den Frauen gerne zu, sei es nun beim Essen oder an der Bar. Der Sex ist oft sekundär und nicht das entscheidende Kriterium dafür, ob ich den Abend als gelungen empfinde.

Eine meiner Lieblingserinnerungen ist ein Treffen mit einer Germanistikstudentin, Catherine, aus Südfrankreich. Wir waren zusammen eine Kleinigkeit essen, dabei unterhielt sie mich phantastisch. Sie war begeistert von Klaus Kinski und seiner Art, mit der deutschen Sprache zu spielen, und trug mir Beispiele von der CD *Ich bin so wild nach deinem Erdbeermund* vor. Sie wusste mehr von ihm als ich, erzählte mir, dass er nicht nur Schauspieler, sondern auch ein großer Rezitator war. Sie hat versucht, mir ihren Blick auf die deutsche Sprache zu vermitteln. Wie faszinierend unsere Sprache für sie sei, welche Möglichkeiten man habe, mit den Worten durch unterschiedliche Intonation und wechselnde Betonungen etwas ganz anderes zu meinen, als man sagt.

Das sind Unterhaltungen, die kriegt man höchstens in Filmen geboten, wenn sich zwei Herren um die Siebzig zum Schachspiel treffen und ihre Welt Revue passieren lassen.

Im Alltag sind wir in unseren Unterhaltungen zu amerikanisch, zu oberflächlich geworden. Keiner nimmt heute noch eine eigene Position ein, die kontrovers wäre und bei der anderen Seite Widerstand hervorrufen würde. Wir sind konformistisch und austauschbar in unseren Äußerungen und unserer Erlebniswelt.

Aber die Frauen, denen ich im Escort begegne, sind in der Lage, mit Geschichten zu fesseln, trauen sich zu provozieren. Da spielen sicher mehrere Faktoren bei diesen Unterhaltungen zusammen. Zum einen die Erfahrung der Frauen in der Kommunikation mit Fremden. Auf der anderen Seite haben sie manchmal etwas von den Geschichtenerzählern des Orients und wissen, wie sie den Zuhörer mit einer schönen Geschichte einfangen. Dieser Facettenreichtum vor dem Sex ist faszinierend, das ist für mich das schönste Vorspiel.

Wenn ich mich geirrt habe und die Frau kaum etwas zu erzählen hat, dann konzentriere ich mich mehr auf das Bett, was soll ich sonst machen. Damit mir das nicht zu oft passiert und ich mich nachher ärgere, investiere ich relativ viel Zeit in die Auswahl meiner Begleitung.

Wenn ich weiß, ich fahre in zwei Wochen nach Hamburg, dann schaue ich im Vorfeld, welche Agenturen es dort gibt. Ich buche stets Mädels, die aus der betreffenden Stadt sind. Ich lasse keine Frau über Hunderte von Kilometern anreisen, das ist mir zu kompliziert. Denn bei Anreise muss ich auch Vorkasse zahlen, und das möchte ich lieber vermeiden.

Bei einer neuen Agentur prüfe ich im Internet, welchen Service ich erwarten kann und wie das Ranking der Agentur ist. Es gibt doch Unterschiede, und diese versuche ich im Vorfeld heraus-zufinden. Ich bin in vielen Foren unterwegs, das gilt sowohl für meine Hobbys als auch für den Escort, ich denke, das passt ein-fach in unsere Zeit.

Im Forum hinterlassen wir regelrechte Fingerabdrücke. Das merken manche gar nicht. Andere Frauen spielen aber auch ganz gern Verstecken, es ist diese Semiöffentlichkeit im Internet, die sie dazu verführt, einige Informationen rauszugeben, andere zurück-zuhalten oder zu verfälschen. Auf dem Gebiet gibt es wahre Meis-terinnen. Das ist ein Geben und Nehmen, sie liefert ein bisschen was, ich liefere was. So ist das auch bei einem Escort-Treffen.

Das Problem für mich ist, dass viele Berichte von Männern geschrieben sind, die sich von den Mädels vor allem bestimmte sexuelle Praktiken wünschen. Sie sind dann voll des Lobes, wenn diese ausgeführt wurden. Aber das ist nicht das, was ich suche, das ist zwar wichtig, aber, wie bereits erwähnt, nicht das Ent-scheidende.

Nachdem ich mich in den Foren erkundigt habe, rufe ich bei der Agentur an. Im Telefongespräch merke ich an der Reakti-on auf meine Wünsche, mit was für einer Agentur ich es zu tun habe. Wenn ich erzähle, dass ich zum Beispiel gerne vier Stunden buchen würde, und ich dann zu hören bekomme »Vier Stunden, halten Sie das überhaupt durch?«, dann denke ich: Ah, das ist jetzt wieder eine von den Agenturen, die reinen Outcall-Service anbietet, aber keinen Escort.

Ich weiß nicht, ob der Begriff »Outcall-Service« – »Ruf nach draußen« – richtig ist. Ich will damit nur zwischen dem Escort, den ich suche, und der reinen sexuellen Dienstleistung, die teil-weise fälschlicherweise unter dem Begriff »Escort« angeboten wird, differenzieren.

Viele Agenturen leben gut und effizient davon, ihre Mädels für sexuelle Dienstleistungen zum Kunden zu fahren. Mein Eindruck ist, dass viele Agenturen, die Outcall-Sex angeboten haben, sich nach den positiven Berichten in den Medien einfach in Escort umbenannt haben, um diese Klientel mit abzuschöpfen. Der Begriff »Escort« hört sich nach Premium-Marke an, damit kann man sein Preisgefüge entsprechend nach oben anpassen. Deswegen lässt der Preis allein kaum Rückschlüsse auf den Service zu, da hilft nur ein persönliches Gespräch mit der Agenturleitung.

Gerade im Frankfurter Raum habe ich öfter Pech gehabt. Die Agenturen haben kein Verständnis dafür, wenn man ein paar andere Sachen will. Die sind erstaunt, wenn ich eine Dame zum Essen ausführen will oder wenn ich vom Flughafen abgeholt werden möchte. Diesen Service gibt es aber, und das finde ich schön. Die Agenturen, die nur ihre Mädels verschicken, verstehen häufig nicht einmal, was ich will. Da prallen zwei Welten aufeinander.

Ich weiß nicht, ob die Berichterstattung in den Medien die Ursache für die Veränderungen ist, mein Eindruck ist auf jeden Fall, dass es immer mehr Agenturen gibt, die auch immer größer werden.

Ich glaube, die Agenturen sind so groß geworden, weil es für die Frauen angenehmer ist, auf Abruf irgendwohin gefahren zu werden, als irgendwo an der Straße zu stehen. Anders kann ich mir das nicht erklären, das kann nicht nur auf der Basis des klassischen Escorts funktionieren.

Vor knapp zehn Jahren waren die Agenturen im Internet noch nicht so stark verbreitet, und es war nicht einfach, Angebote zu finden, auch die erste Kontaktaufnahme war schwieriger. Heute ist das anders, der erste Kontakt ist einfach, aber es ist schwerer, etwas anderes als nur Sex angeboten zu bekommen. In der Regel ist Sex billiger zu haben als Escort, wie er für meinen Geschmack sein soll. Das ist bitter, aber es ist so.

Im Internet wird viel angeboten, aber es fällt schwer, die Unterschiede zu evaluieren. Die besondere Frau zu finden ist viel schwieriger geworden. Das ist neben der Selbstdarstellung ein weiterer Grund, die Foren zu besuchen. Dort bekommt man eine gewisse Vorselektion.

Neben dem Escort habe ich auch andere Formen der käuflichen Liebe ausprobiert. Ich war in Berlin schon auf der Oranienburger Straße unterwegs, da stehen sehr junge und unglaublich hübsche Mädels, die sehen phantastisch aus und das Auge isst ja bekanntlich mit. Aber außer Sex ist da nichts zu holen, mir hat da was gefehlt.

Das Laufhaus ist für mich der schlimmste Ort für käufliche Liebe. In dem einen, das ich besucht hatte, stank es in den Fluren extrem nach Urin. In dem ganzen Viertel sah man Junkies, das ist schon bitter. Ich war schon in vielen Ländern, aber das war heftig, wie sie mitten in Deutschland über U-Bahn-Schächten sitzend ihre Drogen über einer Cola-Büchse warm gemacht haben. Man wird so hart mit dem Elend konfrontiert. Da schwanke ich hin und her zwischen der Machtlosigkeit, nicht helfen zu können, und Angewidertsein.

Escort dagegen ist ein Abenteuer, das ist wie ein Urlaub und oft sehr schön.

Was ich nicht machen würde, und da bin ich ganz rigoros, ist, mir eine Freundin zuzulegen, das finde ich unehrlich. Escort dagegen ist eine saubere Sache. Ob meine Frau das auch so sieht, weiß ich natürlich nicht. Es ist mein Geheimnis, das ich nie mit ihr teilen würde. Im Escort gibt es ein Agreement auf beiden Seiten. Da muss ich nicht heucheln, von wegen ich liebe dich, so wie das bei einer Freundin wäre. Das ist für viele vielleicht nicht nachvollziehbar, aber das ist nicht mein Weg.

Das Thema Paysex und Escort ist durch das Internet öffentlich geworden, es war früher fast unmöglich, darüber Informationen zu bekommen. Heute kann ich sogar mit zwei Arbeitskollegen über das Thema diskutieren. Der eine treibt es wirklich wild, er ist alleinstehend, und als Externer hat er ein sehr hohes Einkommen.

Seit der sexuellen Revolution von 1968 ist die Moral nicht mehr so streng, es wird weniger schlecht über die Frauen geredet, die in der Sexbranche arbeiten. Das trifft zwar gerade in Bayern noch längst nicht überall zu, aber es ist auch hier deutlich lockerer geworden, und ich staune immer wieder, dass die Mädels im Forum sagen, ihre Bekannten wüssten Bescheid. Es wird anders damit umgegangen. Dadurch hat sich auch die Klientel der Frauen, die im Escort unterwegs sind, positiv verändert.

Ich habe schon Ärztinnen getroffen, Unternehmerinnen, viele Studentinnen, die damit ihr Studium finanzieren, die Bandbreite ist groß. Da ist ein Wechsel in der Gesellschaft passiert, vor allem der gehobene Mittelstand geht relativ locker mit dem Thema um. Viele der Frauen kommen aus dem Mittelstand. Das wäre vor zwanzig Jahren wohl völlig undenkbar gewesen. Das macht für mich den Escort so interessant, denn ich habe es mit einem intelligenten Menschen zu tun und nicht mit einem Stück Fleisch, um es mal ganz platt zu sagen.

Die Frauen sind nicht doof, das ist der Unterschied zwischen Paysex und Escort, etliche Agenturen schaffen es, einem eine gestandene Persönlichkeit zu vermitteln. Eine arbeitete tatsächlich auf dem Finanzamt. Ich kann mir nicht vorstellen, dass sie das nur erzählt hat. Finanzbeamtin ist einfach zu ungewöhnlich, selbst wenn man sich eine zweite Identität aufbauen möchte.

Die Mädels, die im Escort arbeiten, sind alle ungeheuer selbstbewusst. Das ist gut für mich, denn mich faszinieren selbstbewusste Frauen. Das sind Frauen, die klar kommunizieren, was sie wollen, die eine Richtung vorgeben können, das sind keine Mäuschen. Die können was steuern, und das fasziniert mich. Es gefällt mir auch, wenn Männer eine klare Vorstellung haben und die auch durchsetzen können. Ich brauche Menschen der Tat um mich herum, und das finde ich sehr oft bei den Escort-Girls, wenn ich richtig und gut gewählt habe. Sind sie vielleicht auch in ihrem Leben vor dem Escort oft mit was anderem gescheitert, stehen sie heute meist mit beiden Beinen fest im Leben.

Die Suche nach der richtigen Begleitung übt auf mich einen besonderen Reiz aus. Ich genieße die Suche und die Auswahl und den Gedanken an das, was kommen kann, ich buche nicht nebenbei. Das wäre so, als würde ich zu McDonald's gehen, nein, schon die Suche soll etwas Besonderes sein. Da gehe ich nicht schnell und klar ran, wie das als Projektmanager normalerweise meine Art wäre, sondern die Suche dauert oft viele Stunden. Erst schaue ich auf den Escort-Seiten, dann gehe ich in die Foren, vergleiche und informiere mich. Manchmal schimpfe ich mich selbst einen Idioten und frage mich: »Warum rufst du nicht einfach an, machst das Date klar und verlässt dich auf deinen gesunden Menschenverstand? Warum investierst du die viele Zeit?«

Die Antwort gebe ich mir gleich mit: »Ich versuche die Person und ihre Geschichte in dem Bild zu erkennen.«

Habe ich gut gewählt, werde ich belohnt und erfahre interessante Lebenswege. Viele Frauen erzählen überraschend offen auch familiäre Details, zum Beispiel ob sie verheiratet sind oder ein Kind haben.

Allerdings muss ich zugeben, dass ich nicht nur aufgrund der Informationen auf den Sedcards zu Beruf und Hobbys entscheide. Wir sind doch alle recht einfach gestrickt, und der optische Reiz ist nicht zu unterschätzen, er hat eine sehr starke Wirkung. Was mich abstößt, sind Fettringe, das will ich bei mir nicht sehen und dementsprechend würde es mich bei der Frau sehr stören.

Eine Intimrasur ist Pflicht, denn ich liebe es, oral zu verwöhnen. Der Geruch ist sehr individuell, von nussig bis salzig. Wenn sich eine Frau hingibt, scheint sie verletzlich, jeder Körper reagiert sehr verschieden, das finde ich spannend.

Auch die Maße der Frauen schaue ich mir an. Ich bevorzuge schlanke, sportliche und große Frauen. Große Frauen haben eine ungeheure Ausstrahlung, vor allem wenn sie selbstbewusst zu ihrer Größe stehen. Je größer, desto besser. Kleine Frauen reizen mich weniger. Schade finde ich, dass viele Frauen sich durch gängige Schönheitsideale vorschreiben lassen, wie groß ihr Busen zu sein hat. Oft hatte die Natur eine gute Hand, und die Operationen führen nur dazu, dass der Busen nicht mehr harmonisch zum Rest der Figur passt.

Worauf ich nicht achte, und das klingt vielleicht komisch, weil das für andere ein entscheidendes Kriterium sein kann, ist das Alter. Das Spektrum, das ich buche, ist recht weit und davon abhängig, was ich an dem Abend vorhabe.

Das Wort »parkettsicher«, das früher oft geschrieben wurde, findet man fast nicht mehr in den Angaben. Das ist schade, denn ich finde es sehr faszinierend, mit einem Escort-Girl in der Semiöffentlichkeit aufzutreten, also nicht gleich beim Firmenfest, aber auf jeden Fall auch außerhalb des Hotels.

Mich interessieren dabei die Reaktionen der anderen Leute. Das setzt aber eine gewisse Parkettsicherheit und ungeheure Kommunikationsfähigkeit bei der Dame voraus.

Sie muss erkennen, was sie spielen kann. Jungen Menschen fehlt noch die Fähigkeit zu erkennen: Wo bin ich unterwegs? Welche Auswirkung hat das, was ich gerade erzähle, für den Mann, den ich begleite? Für mich ist es extrem wichtig, mit der Frau unterwegs zu sein. Ich möchte mich mit ihr sehen lassen, ich will sie nicht verstecken, und das beziehe ich nicht nur auf das Aussehen, sondern auch auf das Auftreten und die Zielsicherheit. Lebenserfahrung gehört dazu. Eine Zwanzigjährige bringt das nicht mit.

Außerdem suche ich bewusst Frauen, die aus der Mittelschicht kommen, denn diese können mit solchen Situationen besser umgehen. Sie wissen eher, wie sie reagieren dürfen. Wann kann ich in der Öffentlichkeit offensiv agieren? Wo ist es eher angebracht, mich zurückzuhalten? Das ist ein Spiel von beiden Seiten, das muss man genießen können.

Wenn sich die Frau nur mit einem leisen Klopfen ankündigt und sich während des kompletten Dates im Hotelzimmer verstecken möchte, ist das nicht mein Ding. Ich gehe bewusst mit den Frauen aus, treffe Bekannte, wobei ich nicht in München buche. Wenn mich Arbeitskollegen in einer andern Stadt mit einer Dame vom Escort sehen, macht mir das keine Probleme. Im Gegenteil, da habe ich eine leicht exhibitionistische Ader. Die könnte auch dafür verantwortlich sein, dass ich bei diesem Buch mitmache, es ist die Chance für den Exhibitionisten in mir. Der kommt ab und an zum Vorschein. Einmal hatte ich zum Beispiel eine Besprechung mit anschließender Stadtrundfahrt. Ich bekam einen Anruf von der Escort-Agentur, die Terminbestätigung, und wurde gefragt, ob ich bestimmte Wünsche bezüglich des Auftretens der Dame hätte. Da habe ich mir schwarze Spitzenunterwäsche gewünscht. Alle wurden aufmerksam, und ich habe das genossen.

Meist sind alle Kollegen, die an einem bestimmten Meeting teilnehmen, im selben Hotel untergebracht. Ist es ein großes Hotel mit einer angenehmen Bar, gehe ich durchaus mit meinem für den Abend gebuchten Escort dort was trinken. Da ist es natürlich möglich, dass wir einem Kollegen über den Weg laufen. Als Vielreisender könnte es doch sein, dass ich zufällig eine Bekannte getroffen habe. Viele Kollegen werden sich sicher was anderes denken. Es ist ein taktisches Spiel, das heißt: »Ich denke, ich weiß, was da läuft, aber ich sage es nicht.«

Der eine oder andere Kollege mag sich schon fragen: »Wie gehe ich jetzt mit der Situation um?« Die meisten ignorieren aber das Offensichtliche.

Das Spielchen ist natürlich erweiterbar, indem ich zum Beispiel sage: »Lass uns doch noch gemeinsam was trinken.«

Das ist ein witziges Spiel, es gibt viele Frauen, die das sehr gut können. Ob ich es der Frau konkret zutraue, entscheide ich, nachdem ich einen kurzen Eindruck von ihr gewonnen habe. Denn dass ein Treffen so richtig schiefgeht, will ich doch nicht riskieren.

Den Punkt *Erotische Vorlieben* auf der Sedcard schaue ich natürlich auch an. Küssen ist für mich sehr wichtig, und der Sex sollte eine gewisse Dynamik beinhalten. Ich möchte keine Anweisungen geben, zum Beispiel bezüglich der Stellungen oder Ähnliches, das wäre mir zu technisch. Ich will auch keine Liste abarbeiten. Beide sollten aktiv agieren. Küssen im normalen Escort ist eigentlich Standard, nur bei denen, die puren Sex verkaufen, höre ich häufiger, dass sie nicht küssen möchten. Das kommt sicher aus diesen alten Moralvorstellungen, was eine Hure macht, und das macht sie eben nicht.

Manchmal habe ich keine Lust auf meine Ausgehspielchen, sondern will wirklich nur Sex, vielleicht weil ich wenig Zeit habe und mir trotzdem den herrlichen Duft der Frau auf dem Kissen gönnen möchte, der ist einfach zum Einschlafen sehr schön. Ich rieche ihn noch lange danach, denn ich habe eine sehr feine Nase.

Wenn ich mich endlich für eine Frau entschieden habe, geht die Terminschieberei los. Fange ich an, Meetings zu verlegen, weiß einer meiner Kollegen schon, was los ist. Ich lege das Date so geschickt zwischen meine Besprechungen, dass ich lange Spaß daran habe. Ein Beispiel: Während ich einmal geschäftlich in Frankfurt war, habe ich zwischen zwei Projektbesprechungen eine Domina besucht. Bei dem zweiten Meeting taten mir bei jedem Zurücklehnen die Brustwarzen weh. So wurde diese Besprechung ein interessantes Erlebnis. Ich wurde durch einen süßen Schmerz immer wieder an meine Session erinnert. Es war für die anderen sicher schwierig, damit klarzukommen, dass ich oft sehr süffisant vor mich hin gegrinst habe.

Meiner Einschätzung nach wächst der SM-Bereich genauso wie der Escort-Bereich, mit ähnlichen Folgen. Die Grenzen und das Angebot verwässern. Die unberührbare Domina mit der Peitsche in der Hand wird zurückgedrängt, genauso wie der klassische Escort, in dem die Frauen sich noch auf ihr Gegenüber einstellen konnten. Ich glaube nicht, dass die Damen, die über die reinen Paysex-Agenturen vermittelt werden, noch meine psychologischen Spielchen – Öffentlichkeit, Bekannte treffen und so etwas – mitspielen könnten.

Genauso ändert sich der SM-Bereich, es geht immer mehr in Richtung bizarre Erotik. Die klassische Domina ist vielleicht nicht seltener geworden, aber die anderen werden immer mehr. Das heißt, das Verhältnis hat sich in den letzten fünf Jahren sehr deutlich geändert. Jeder sucht neue Betätigungsfelder, nun versuchen sich auch Dominas im Escort-Bereich. Aber da was zu buchen habe ich mich noch nicht getraut, obwohl es mich schon reizen würde. Es ist ein sehr schwieriges Thema. Viele denken dabei nur an eine Peitsche oder einen Stock. Aber das ist es nicht, es geht ja nicht um Gewalt, sondern darum, in dem anderen lesen zu können. Ich habe schon erlebt, wie faszinierend das sein kann. Zwischen der Domina und mir muss eine sehr große Vertrauensbasis bestehen und zwar nicht auf der Ebene: »Wir geben deine Daten nicht weiter.« Ich gebe die Kontrolle ab, sie übernimmt und testet meine Grenzen aus, welche mir oft selbst nicht genau klar sind.

SM-Escort steht auf meiner Wunschliste ganz oben, das möchte ich gern ausprobieren. SM-Escort, das bedeutet für mich, der Macht einer Frau unterworfen zu werden. Ich habe gehört, dass manche Frauen eine Entführung anbieten, wenn du bereit bist, ihnen deinen Tagesablauf zu schildern.

Der Punkt *Frivoles Ausgehen* auf der Sedcard bekommt dann eine ganz andere Bedeutung, die Domina könnte dann mit Elektroschocker unterwegs sein und mich, wenn ich mich nicht benehmen würde, damit disziplinieren.

Der bizarre Escort ist ein Spiel von Macht und Unterwerfung, Kontrolle und Kontrollverlust, um Schlagtechniken geht es dabei weniger.

Dadurch, dass ich seit zehn Jahren im Escort unterwegs bin, hat sich an meiner Sexualität, die ich zu Hause pflege, nichts geändert. Denn ich war ja nicht unzufrieden mit unserem Sexualleben, weder fand ich den Sex mit meiner Frau unbefriedigend, noch war es mir zu wenig.

Aber meine Denkweise und Kommunikationsfähigkeit hat sich verändert. Da ich mit den Mädels nicht von Minute eins bis zum Ende im Bett rumhänge, sondern Gespräche pflege, etwas mit ihnen unternehme, bin ich lockerer geworden. So konnte ich letztes Jahr zu meiner Frau sagen: »Du, im SM-Bereich würde mich einiges interessieren.« Sie hat sich daraufhin auch eine Lederkorsage gekauft. Das hätte ich wahrscheinlich früher nie gesagt, aber sonst hat sich definitiv nichts verändert.

Wenn ich mich mit einer Frau treffe, ist es meist sehr schön. Man befindet sich in dieser Zeit in einer heilen Welt, es ist eigentlich eine Parallelwelt. Probleme bleiben außen vor. Ich kaufe für eine bestimmte Zeit Entertainment, wie wenn ich ins Theater gehe. Das meine ich den Frauen gegenüber nicht abwertend.

Wir vergessen manchmal, wo wir herkommen, das wichtigste Belohnungszentrum im Menschen ist der Sex. Beim Sex vergessen wir, dass wir Hunger haben, vergessen sogar den Überlebensinstinkt. Das ist wie in der Tierwelt, manche Männchen lassen sich danach sogar fressen, denn Reproduzieren ist wichtiger. Wir Menschen bilden uns ein, mit unserem Verstand alles kontrollieren zu können, aber irgendwann kommt der Urinstinkt wieder durch.

Ich bin nicht nach diesen Treffen süchtig, ich setze mir ein Budget, und das versuche ich einzuhalten. Ich bin generell nicht suchtgefährdet, ich trinke auch kaum Alkohol. Aber ich denke, es ist besser, sich Versuchungen in Maßen hinzugeben, als ihnen völlig zu entsagen. So hat man sie, sei es nun Alkohol oder Sex, unter Kontrolle, sie können einen nicht beherrschen. Manchmal lasse ich mich auch treiben und überschreite mein festgesetztes Budget. Das bereue ich hinterher nicht.

Was ich irre finde, ist erst ein Quickie auf dem Zimmer, dann auszugehen und später noch mal Sex zu haben. Den Geruch der Frau, ihr Parfüm die ganze Zeit dabeizuhaben, ist faszinierend, das ist, als ob ich die ganze Zeit unter Drogen hin und her schwimme. Ich liebe ein irres Parfüm. Ich weiß dann, welche Unterwäsche sie trägt und für die Zeit dazwischen ist eine gewisse Intimität aufgebaut, das Knistern ist intensiver, denn ich habe sie schon kennengelernt. Das funktioniert nicht mit allen Mädels, am besten klappt das mit Frauen, die ich schon mal getroffen habe.

Da ich die gebuchte Zeit nicht durchplane, kann es schon vorkommen, dass ich dann nur noch eine halbe Stunde für den Sex habe. Im Vorfeld weiß ich nie, ob ich 20, 50 oder 80 Prozent der Zeit Sex haben werde. Das wäre ja schrecklich, jede Spontaneität würde fehlen.

Ich möchte die Frau nicht wie ein Stück Fleisch behandeln. Deshalb gehört der Flirt für beide Seiten dazu. Für mich ist es schön und für die Frauen ist es angenehmer, als so einem Stockfisch gegenüberzusitzen oder einem zu begegnen, der sofort, nachdem sie im Hotelzimmer ist, sagt: »Jetzt aber hopp, komm aus den Klamotten.«

Diese Behandlung finde ich unwürdig, der Mensch wird dadurch reduziert. Deshalb passen mir auch viele der Agenturen nicht. Die Damen, die von den Paysex-Agenturen kommen, wissen nicht, was da jetzt läuft, denen muss ich dann eine Ansage machen. Dabei will ich ein Knistern in der Luft halten. Die Frau nur als käufliche Ware zu betrachten, das möchte ich nicht, das stört die Harmonie.

Mit einem Flirt außerhalb des Escorts bin ich sehr vorsichtig, das mache ich nicht, vor allem nicht am Arbeitsplatz. Obwohl ich immer und überall von Frauen fasziniert bin, von ihrem Gang, ihrem Anblick, von vielen Details. Das steuert mein biologisches Programm im Hintergrund, mein süßes Belohnungszentrum.

Overnight mache ich nicht, das reizt mich nicht wirklich. Ich mag es gerne, wenn die Frauen wieder gehen. Ich will auch eine Grenze setzen, denn ich war doch schon das eine oder andere Mal knapp davor, mich zu verlieben. Wenn die Frauen so offen mit ihren Erlebnissen und ihrem Leben umgehen, ist ein gewisses Risiko vorhanden, dass das passiert. Dann käme ich doch in Versuchung, und es würde sich ein geliebtenähnliches Verhältnis entwickeln, etwas, das ich auf keinen Fall will.

In Catherine, die französische Germanistikstudentin, hätte ich mich verlieben können. Es war einfach diese lockere und offene Atmosphäre, die sie schaffen konnte. Sie war gar nicht mal so mein Typ, es war eher die Chemie zwischen uns.

Sie hat es verstanden, außerhalb des Sex zu überzeugen, ich habe mich bei ihr sehr wohl gefühlt. Mir war gar nicht bewusst, wie schnell die Zeit verging. Ich habe nie das Gefühl gehabt, dass es gekünstelt war. Sie war nicht die Traumfrau, und dennoch war ich in jeder Hinsicht fasziniert von ihr. Ich habe sogar ihre Telefonnummer bekommen, aber ich habe es nicht weiterverfolgt.

Die Frauen, in die ich mich verlieben könnte, buche ich kein zweites Mal. Da bin ich vorsichtig, lieber Finger weg, das ist ein Selbstschutz.

Im Prinzip ist es nicht wichtig, dass die Frauen ihren Beruf noch aktiv ausüben. Viele Frauen machen Escort hauptberuflich, denn es ist schwer, mit einem anderen Beruf auf dieses Einkommenslevel zu kommen. Es ist wichtig, dass sie einen Beruf gehabt haben, denn dies formt den Charakter mit. Da ich mir oft Businesskleidung für die Treffen wünsche, sollte sie es gewohnt sein, solche Kleidung zu tragen. Nur so kann sie der Kleidung auch einen Charakter geben und sieht nicht wie verkleidet aus. Wenn sich die Frau darin wohlfühlt, macht es das gesamte Date schlüssiger. Ich reduziere das Auftreten eben nicht auf die zweieinhalb Minuten von der Tür bis zum Bett. Die Frauen sollen den Raum mit ihrer Anwesenheit dominieren, das ist der Bogen zum SM.

Bei meinem ersten Date war ich schon sehr nervös, auch in Bezug auf meine Wünsche. Ich hatte keine konkrete Vorstellung, aber diese Frau hat mich damals an die Hand genommen und mir gezeigt, was alles möglich ist, auch außerhalb des Betts. Heute bin ich immer noch kribblig, das Suchen ist immer noch aufregend. Mich faszinieren auch die Terminschiebereien, die ich mache, um das Date unterzubringen. Die interessanten Geschichten vergesse ich auch nicht so schnell, von denen zehre ich lange. Ich erinnere mich später nicht an die Größe des Busens oder daran, was wir gemacht haben, sondern an die Erzählungen. Frauen ohne diese Geschichten habe ich schnell vergessen. Ich gebe die Storys auch zu Hause zum Besten. Ich sage einfach, eine Kollegin hätte mir das erzählt.

Ich schätze mich eher als außergewöhnlichen Menschen ein, ich bin immer in Extremen unterwegs, in Weiß und Schwarz. Die Mittelmäßigkeit ist bei mir nicht sehr stark ausgeprägt, das bilde ich mir zumindest ein. Als Projektmanager habe ich die Zügel fest in der Hand, als Privatmann im Escort gebe ich ganz gerne die Kontrolle ab. Die Frauen sind manchmal sensibel dafür, fangen die Signale auf und übernehmen die Führung. Diese Erwartungen erfüllen die Frauen, die bei den großen Agenturen gelistet sind, oft nicht mehr, sie setzen für mein Empfinden zu stark auf Sex. Ich versuche nun mehr auf Independent umzusteigen.

Wichtig wäre mir noch, eine klare Botschaft zu senden: Es gibt eine Homepage, die heißt *stoppt-zwangsprostitution.de*, jeder Mann, der sich im Bereich »käuflicher Sex« bewegt, sollte sich darüber bewusst sein, dass es da verdammt viel Elend gibt, das man nicht direkt oder indirekt unterstützen sollte. Wenn also jemand einen Verdacht hegt, sollte er auf die Seite gehen und sich informieren. Dies klingt jetzt wieder seltsam, das von mir zu hören, wo ich doch gerne Escort buche, aber dies ist wirklich etwas Grundverschiedenes.

Sedcard

Name: Jessica

Alter: 34

Beruf: kaufmännische Angestellte

Buchbar: Bonn, Köln / Deutschland

Nationalität: deutsch

Sprachen: Englisch (Konversation)

Äusseres: aktuelle sportliche Mode, blaue Augen, blonder Pagenschnitt, 170 cm groß, 64 kg, Konfektionsgröße 38, BH-Größe 80 D, Körpermaße 112-72-97

Parfüm: Miss Dior Chérie

Lieblingsblumen: Lilien

Lässt sich einladen zu: Weißwein, Prosecco

Bevorzugtes Abendessen: Italienisch, Japanisch, Thailändisch

Interessen: Reisen, rund ums Essen, Fitness, Literatur, Kino, Musical

Erotische Vorlieben: leidenschaftliche Zungenküsse, Girlfrienderotik, französische Erotik mit Schutz, erotische Massagen, frivoles Ausgehen, Swingerclub-Besuche, soft dominant oder soft devot, Pärchenbegleitung, Toys, glatt rasiert

Honorar, Private Time: 2 Stunden, 350 Euro
24 Stunden, 1.500 Euro

Escort bedeutet immer wieder eine neue Rolle zu spielen

Jessica, 34, kaufmännische Angestellte

»Mich haben Männer immer nur Zeit und Nerven gekostet, sie haben mich schon so oft belogen. Escort dagegen ist total ehrlich. Ich muss dem Mann nichts erzählen, und er muss mir nichts vormachen. Ich bin sehr zufrieden, wie es im Augenblick in meinem Leben läuft.«

Eigentlich bin ich Unternehmerin, ich habe ein Kosmetikstudio mit medizinischer Fußpflege. Aber das klingt immer so doof und Kosmetikbranche auch, deshalb steht auf der Sedcard *kaufmännische Angestellte*. Diesen kleinen Schwindel finde ich okay, denn kaufmännisches Geschick brauche ich als Unternehmerin auf jeden Fall. Das Studio muss sich rechnen und Geld abwerfen, es wird meine berufliche Zukunft werden.

Dieses kleine, aber feine Studio betreibe ich sehr ambitioniert, ich versuche mich von der Konkurrenz zu unterscheiden, indem ich es individuell eingerichtet habe und Zusatzleistungen anbiete, wie professionelles Make-up bei der Kundin zu Hause, Hausbesuche bei älteren Damen für die Fußpflege oder eine Sitzecke im Studio zum Kaffetrinken und für die Beratung. Meine Kundinnen sollen sich wohlfühlen. Wenn ich bei einem Date gefragt werde, erzähle ich schon, dass ich frischgebackene Inhaberin eines Kosmetikstudios bin, und bisher haben die Männer darauf nicht ablehnend reagiert.

Die Motivation, als Escort zu arbeiten, hat sich im Lauf der Zeit geändert. Am Anfang war es sicher reine Neugierde. Sandra, eine Freundin von mir, hatte vor mehr als neun Jahren eine Escort-Agentur gegründet und erzählte immer mal wieder davon. Als ihr eine Frau ausfiel, die schon fest von einem Stammkunden gebucht war, sprach sie mich direkt an, ob ich nicht einspringen könnte. Es wäre ein älterer Herr, der nicht auf der Suche nach Sex sei, sondern nur einer schönen Frau beim Duschen zuschauen wolle.

Damals waren die Preise für High Class Escort sehr hoch und sie bot mir 800 Euro für zwei Stunden an. Ich bin generell offen für vieles und so sagte ich zu. Vielleicht war es auch nur ein Trick von Sandra, sie hatte schon öfter versucht, mich zum Mitmachen zu verführen. Aber es war nicht das Wahre, ich fand es sehr anstrengend. Auch wenn ich das viele Geld gut hätte gebrauchen können, ich war zu dem Zeitpunkt schon allein erziehende Mutter von zwei Kindern.

Ich hatte durch die frühe Schwangerschaft meine ursprünglich angefangene Ausbildung zur Kindergärtnerin nicht zu Ende gemacht, das zweite Kind kam in rascher Folge auf das erste, und dann ging meine Ehe kaputt. Nun stand Geldverdienen an erster Stelle. So fing ich mit dem Tanzen an. Für das Tanzen habe ich einfach eine natürliche Begabung, die ich mit Workshops und Choreografie-Training weiter ausgebaut habe. Ich stand für Musikprojekte auf der Bühne, tanzte im Background von Bands, auch bei der Popkomm, der Messe für Musik und Unterhaltung, die viele Jahre in Köln stattfand.

So hatte ich durch meine Tanzjobs andere Möglichkeiten, meinen Lebensunterhalt zu verdienen, ohne dabei angefasst zu werden. Ich habe auch als Gogo-Tänzerin gearbeitet, als eine Freundin meinte: »Stell dich doch im Dollhouse vor.« Aber als Gogo-Tänzerin ist man keine Stripperin, das darf man nicht verwechseln. Als Gogo-Tänzerin tanzte ich in Discos auf dem Lautsprecher oder auf kleinen Podesten zwischen all den normalen Discobesuchern, um die Stimmung anzuheizen, nicht um mich auszuziehen. Aber ich bin hin, denn im Dollhouse zu tanzen, galt als Auszeichnung und nicht als anrüchig. Ich denke, heute ist das nicht mehr so; wenn ich die Berichte über die Reeperbahn im Fernsehen sehe, scheint mir der Glanz doch wieder vorbei zu sein.

Aber wie gesagt, damals wollte ich da hin und habe dafür auch geschwindelt, indem ich behauptet habe, dass ich bereits Erfahrungen im erotischen Tanz hätte. Sie haben mir geglaubt und mich sofort als Table-Dancerin für erotische Shows engagiert.

Die Reeperbahn erlebte gerade eine Renaissance und wandelte sich vom schmuddligen Rotlichtviertel zum hippen Szenetreff. Die Meile arbeitete schwer an ihrem Image und zeigte sich großstädtisch schick.

Das Dollhouse galt als was Besonderes. Die Shows hatten eine Choreografie und versprachen Erotik auf hohem Niveau. Jeder Hamburger, egal ob Geschäftsmann oder Künstler, ob Mann oder Frau, ging dort zum Feiern und Trinken hin. Wir Tänzerinnen verdienten unheimlich viel an diesen Dollhouse Dollars, die die Gäste uns ins Strumpfband steckten. Später hat das nachgelassen, aber in den Anfängen konnte man sein Geld auch ohne Animation der Gäste und ohne Körperkontakt verdienen. Ich war alle vierzehn Tage von Donnerstag bis Sonntag dort. Am Sonntagmorgen bin ich wieder abgereist.

Je bekannter das Dollhouse wurde, desto mehr kamen die Touristen, an denen war aber kein Geld mehr zu verdienen. Die Besucher haben den ganzen Abend mit ihrem einen Dollar gewedelt, den sie für ihr Eintrittsgeld bekommen hatten, und damit war die gute Zeit vorbei.

Außerdem schlauchte das Nachtleben mit der Zeit ganz schön. Ich kam von den Auftritten zurück, und das Familienleben begann. Als mein Sohn in die Schule kam, hat das nicht mehr zusammengepasst. Für diese Art von Tanz war es nötig, über eine längere Zeit in eine andere Rolle zu schlüpfen. Kam ich wieder, musste ich Hausaufgaben mit meinem Jungen machen. Diese ständigen Rollenwechsel zwischen dem Glamour im Dollhouse und dem bürgerlichen Familienleben habe ich nicht mehr hingekriegt.

Das ist beim Escort anders. Ich mache wenige Übernachtungen und die Vier- oder Zwei-Stunden-Dates bringe ich zeitlich gut unter. Auf dem Weg zum Treffen im Hotel bereite ich mich darauf vor, die verführerische, liebeshungrige Frau zu sein, auf dem Weg nach Hause schalte ich wieder um. Ich schlüpfe gern in andere Rollen und komme, da es sich nur um wenige Stunden handelt, gut wieder raus. Nach ein paar Stunden Kuscheln, Unterhalten und Liebemachen bin ich weder körperlich noch geistig ausgepowert, während man nach einer durchtanzten Nacht den ganzen Körper spürt.

Von der spannenden Zeit zehre ich heute noch. Gerade wenn ich viel arbeite und mein Leben manchmal als langweilig empfinde, denke ich gern daran zurück. Andererseits habe ich dabei natürlich auch gesehen, dass nicht alles Gold ist, was glänzt.

Escort fing wieder an, ein Thema zu werden, als das Geld nie reichte. Das ewige Kämpfen zehrte an meinen Kräften. Eine weitere gescheiterte Liebe nagte sehr an meinem Selbstbewusstsein und auch beruflich bekam ich nach der Tanzerei nichts mehr auf die Reihe. Hinzu kam die Verantwortung für die Kinder.

Sandra, die Freundin mit der Escort-Agentur, hatte diese mittlerweile aufgegeben, arbeitete aber weiterhin selbst als Escort für andere Agenturen. Sie hatte also viel Erfahrung und vermittelte mich an eine als seriös geltende Agentur in Hamburg. Dort war eine Frau Geschäftsführerin, mit der ich mich sofort gut verstanden habe. Auf den Bildern war ich leider nicht verschleiert und wurde nach wenigen Monaten entdeckt.

Ein langjähriger Freund hat mir das gesteckt, als wir zusammen was trinken waren. Spät am Abend fragte er mich unvermittelt: »Kann es sein, dass du auf den Seiten einer Escort-Agentur unter dem Namen Chantal zu sehen bist?«

Da ist mir die Kinnlade runtergeklappt. Aus meiner Reaktion hat sich die Antwort von allein ergeben. Ich habe gedacht: »Mein Gott, das ging wohl in meinem Wohngebiet rum.«

Er versicherte mir, dass nicht er mich entdeckt habe, wollte mir aber auch nicht sagen, wer es dann war, er fände es nur wichtig, dass ich es weiß. Das fand ich nicht so toll und so habe ich wieder mit Escort aufgehört, obwohl es gerade sehr gut lief.

Ich selbst kann dazu stehen, weil ich weiß, dass der Escort mich weitergebracht hat. Aber ich will nicht, dass meine Kinder darauf angesprochen werden, denn das machte ja in dem Wohngebiet die Runde, in dem ich aufgewachsen bin und heute noch wohne und wo meine Kinder Freunde haben.

Ich denke, von meinen Freunden und Bekannten haben das einige erfahren, aber ich habe nichts unternommen, um nähere Details herauszufinden. Direkt nach diesem Kneipenabend war ich auf einem kleinen Fest eingeladen, ohne auch nur zu ahnen, wer von den anderen Gästen es wusste und wer nicht. Da bin ich hin und verhielt mich einfach wie immer. Ich werde mich auf keinen Fall geduckten Hauptes zurückziehen und mich schämen, auch nicht, wenn heute das Gerücht wieder aufkäme, weil ich erneut entdeckt werden würde.

Keiner von denen, die am meisten tratschen, kümmert sich um mich, wenn es mir schlecht geht, oder interessiert sich dafür, wie ich meine Miete bezahle oder mein Kosmetikinstitut aufgebaut habe. Es sind nicht meine engsten Freunde, die sich darüber den Mund zerreißen, sondern die weitere Nachbarschaft, die eher kleinkariert denkt. Während ich damals im Dollhouse gearbeitet habe, war ich natürlich ein bisschen bunter und peppiger als andere angezogen und habe alles etwas lockerer gesehen, das ist nur natürlich, wenn man in so einer Welt lebt. Da wurde auch schon geredet, und als ich auch noch auf einer Escort-Seite entdeckt wurde, haben sich einige bestätigt gefühlt in dem, was sie schon immer über mich gedacht haben. Dieses Selbstbewusstsein, mich darüber zu erheben, hatte ich schon früh: Wer im Dollhouse tanzt und sich auf der Bühne präsentiert, bringt das mit.

Aber zwischendurch war das Selbstvertrauen auch mal weg. Erst war da eine sehr unglückliche Liebe, über die ich lange nicht weggekommen bin, und außerdem habe ich, seitdem ich mit dem Tanzen aufgehört habe, acht Kilo zugenommen. Während der Tanzerei betreibt man einen ungeheuren Körperkult, man wird bewundert und verwechselt manchmal auch Bewunderung mit Liebe.

Aber ich habe weiterhin die Entwicklung der Branche im Internet verfolgt. Dabei stellte ich fest, dass es immer mehr Agenturen gibt und darunter wiederum welche, die die Frauen förmlich verramschen. Einige Frauen werden als Sonderangebote, zum Beispiel als *Monatsspecial* oder *Sonderpreise bei Veronika*, angeboten. Frauen auf dem Wühltisch, das ist doch grässlich.

Als ich aber wieder eine Agentur unter weiblicher Leitung entdeckte, bei der das anders schien, fasste ich noch mal Mut. Diesmal habe ich darauf bestanden, dass die Fotos verfremdet werden. Wenn der Gesichtsbereich auf den Fotos leicht unscharf dargestellt wird, fühle ich mich sicherer. Es ist eine Gratwanderung: Erkennt der Kunde das Gesicht nicht, wird man weniger gebucht, ist man auf Fotos relativ gut zu erkennen, steigt das Risiko der

Entdeckung. Klar muss ich auch heute damit rechnen, dass mich wieder jemand sieht, der mich kennt, obwohl Jessica natürlich ein Künstlername ist und so niemand gezielt nach mir suchen kann. Wenn man entdeckt wird, dann wohl eher durch einen Zufall. Ich dachte, es würde schon deshalb nie rauskommen, weil derjenige, der einen entdeckt, sich umgekehrt vielleicht auch nicht outen will, dass er auf diesen Seiten unterwegs ist. Aber wie mein Beispiel zeigt, kann es doch passieren.

Für die Männer scheint es immer salonfähiger zu werden, Escort zu buchen. Derjenige, der mein Geheimnis zum ersten Mal ausplauderte, hatte offensichtlich kein Problem damit, sich fragen zu lassen, warum er auf den Seiten surfte. Ein Zeichen für mich, dass mit zweierlei Maß gemessen wird. Der Mann wird nicht schief angesehen, aber die Frau, die sich buchen lässt, schon.

Es ist mir wichtig, dass die Agentur von einer Frau geleitet wird, die mir sympathisch ist und die auch Rücksicht auf mich und meine Ängste nimmt. Außerdem glaube ich, dass eine Frau, die schon selbst Escort gemacht hat, die Kunden besser einschätzen kann und nicht jeden annehmen wird. Bei dieser Agentur ist es trotz der Größe sehr familiär, zumindest was das Verhältnis zur Chefin angeht, untereinander kennen wir uns nicht.

Die Agentur nimmt mir viel ab, wenn ich zum Beispiel einen Kunden nicht mehr wiedersehen möchte, dann sage ich das, und weitere Buchungen werden an Kolleginnen vermittelt.

Ich erfahre, ob mein Date ein Stammkunde ist, dann kann ich eher Vertrauen haben, nicht nur in Sachen Finanzen, sondern auch was den Ablauf betrifft. In der Regel bekomme ich am Anfang mein Honorar, manchmal aber auch erst am Ende, das ist Vertrauenssache. Aber die Kunden, die öfter buchen, sind sehr professionell, die legen zu Anfang einen Umschlag mit Geld auf die Tasche und fertig.

Klar ist das kein alltäglicher Job, und ich habe öfter das Bedürfnis, mit jemandem darüber zu sprechen, und das geht nun mal nicht mit jeder Freundin. Aber mit meiner Chefin und mit Sandra, die weiterhin im Escort arbeitet, kann ich mich gut austauschen. Sandra ist allerdings ein anderer Typ als ich. Sie arbeitet bei einer Agentur, bei der mehr Honorar bezahlt wird und eine andere Klientel bucht. Sie hat viele Übernachtungen und Dates im Ausland, das ginge bei mir gar nicht.

In letzter Zeit hatte ich gute Kunden, es war kaum ein Stoffel dabei. Der letzte Hausbesuch, ein Vier-Stunden-Date, war total nett, obwohl ich mich bei Hausbegleitung eher unwohl fühle. In diesem Fall betrug die Anfahrt auch noch über 100 Kilometer, und die Adresse führte mich weit raus aufs Land, mitten in ein Neubaugebiet. Überraschenderweise öffnete mir ein Typ die Tür, wie man ihn in einem so spießigen Viertel nicht vermuten würde: barfuß, im Hawaiihemd und kurzer Schlabberhose, Haare verstrubbelt, Mitte vierzig, etwas kleiner als ich. Als ich den sah, wusste ich sofort: Den mag ich.

Ich ging rein, alles roch nach Räucherstäbchen, das war sympathisch. Ich wusste bereits, dass er verheiratet war und Markus hieß. Er erzählte mir gelassen, dass seine Frau mit Freundinnen ausgegangen sei, in der Regel würde sie nicht vor 24 Uhr wiederkommen. Da habe ich kurz geschluckt, denn mein Date sollte bis 23.30 Uhr gehen. Er bot mir was zu trinken an, um ein bisschen locker zu werden. Er meinte, ein Joint wäre zwar besser geeignet, aber er habe nichts mehr da, er sei gerade erst aus Thailand zurückgekommen. Das war ein gutes Gesprächsthema, denn ich verreise auch gerne. Er war sehr aufgeregt, denn er hatte wohl schon länger keinen Sex mehr gehabt. Seine Frau hatte ein Jahr vorher eine Fehlgeburt gehabt, seitdem lief nichts mehr im Bett.

Er hatte die Sauna schon für uns vorgeheizt, aber ich fühlte mich unwohl, denn innerlich wartete ich darauf, dass plötzlich seine Frau mit der Bratpfanne neben mir stehen würde. Dieses ungute Gefühl zog sich durch den ganzen Abend, bis ich wirklich so nervös war, dass ich sagte, ich würde gern noch ein wenig länger kuscheln, aber nur noch angezogen. »Kein Problem«, antwortete er und machte schnell noch eine Käseplatte.

Insgesamt haben wir dreieinhalb Stunden geredet und gelacht, der Sex ging nur eine halbe Stunde, hauptsächlich wollte er mich streicheln und fühlen.

So ein freakiger Typ ist mir lieber, als wenn mich ein feiner Geschäftsmann in ein teures Hotel bittet und dann um den Preis schachert. Das ist auch schon vorgekommen. Der Kunde behauptete selbstbewusst, er habe mit der Agenturleitung einen Sonderpreis ausgehandelt, da er Vielbucher sei. Da ich neu bei der Agentur war, wusste ich nicht so genau, ob das sein konnte. Anstatt schnell mal mit der Agentur zu telefonieren und mich zu erkundigen, habe ich die 500 Euro genommen. Im Nachhinein stellte sich heraus, dass es keine solche Vereinbarung gab. So hat er mich um 150 Euro betrogen, das war sehr ärgerlich. Man kann nicht davon ausgehen, dass jeder, der in ein nobles Hotel einlädt, sich auch nobel verhält.

Natürlich freue ich mich, wenn ich ins Hotel Steigenberger in Düsseldorf eingeladen werde, wenn der Gast meine Sedcard gelesen hat und mir mein Lieblingsparfüm als Geschenk überreicht oder eine Flasche Prosecco auf dem Zimmer stehen hat. Meist sind das Männer, die nicht sofort an mir herumfummeln wollen, ohne sich vorher zu unterhalten.

Denn das kommt schon vor, aber wenn einer so plump auf mich zukommt, mache ich einfach einen Schritt zurück. Ich signalisiere ganz klar, dass ich das nicht will: »So schnell nicht, ich möchte schon erst was über dich wissen, wir sind hier nicht auf dem Strich.« Ansonsten versuche ich das durch meine Kommunikation schon beim Reinkommen unmöglich zu machen, indem ich gleich freundlich frage: »Wer bist du denn?« Und: »Möchtest du mir was zum Trinken anbieten?«

Meist plaudern die Männer gern, und je nachdem, wie und was einer sagt, kann ich mir ein Bild von ihm machen. Erzählt er leidenschaftlich oder nur von seiner Firma, breitet er sein komplettes Leben vor mir aus oder beschränkt er sich auf kleine Ausschnitte. Danach entscheide ich, wie viel ich von mir verrate, wenn ich mich wohlfühle, erzähle ich gern von mir.

Wenn ein Kunde in meiner Nähe wohnt, sage ich mir: Achtung, der darf weder deinen richtigen Namen noch andere Details über dich erfahren.

Da ich schon eine Weile Escort mache, habe ich einen bestimmten Rhythmus entwickelt, wie ich mich bei den Dates verhalte. Wenn man in das Geschäft einsteigt, ist es nur natürlich, dass man sehr unsicher ist. Aber man darf es nicht so weit kommen lassen, dass man nebeneinandersitzt und vor lauter Nervosität an den Nägeln kaut. Das ist wie bei wilden Tieren, man darf den Männern keine Angst zeigen, sonst wird man sofort befummelt. Am Anfang habe ich ihnen manchmal aus Unsicherheit die Möglichkeit gegeben, über mich zu verfügen, danach fühlte ich mich benutzt. Das mache ich in der Zwischenzeit anders. Es fühlt sich ganz anders an, wenn ich die Zügel selbst in die Hand nehme. Wenn einer sich nicht an das hält, was ich vorgebe, ziehe ich es vor zu gehen. Sonst wird das für beide ein unangenehmer Abend, und das ist ja nicht Sinn und Zweck der Sache.

Bevor ich den Kunden treffe, weiß ich ja kaum etwas über ihn. Wenn ich Glück habe, beschreibt er sich selbst, dann bekomme ich Infos über sein Alter, das Outfit, das er sich wünscht, und den Ort, an dem das Treffen stattfindet. Entweder kenne ich die Zimmernummer, oder es ist ein Treffen im Foyer ausgemacht, denn in bestimmten Hotels kann ich ohne Hotelkarte nicht auf die Zimmeretage gelangen.

Generell ist es mir lieber, nicht in der Lobby empfangen zu werden. Ich mache mich ja schon sehr gut zurecht und falle auf. Die Männer drehen sich nach mir um. Stolziere ich nun in meinem Kostümchen oder Hosenanzug auf einen Mann zu, der aufgrund seiner Kleidung oder seines Alters einfach nicht zu mir passen kann, habe ich das Gefühl, dass jedem klar ist, warum attraktive Frau *Mister Normal* trifft. Lieber marschiere ich direkt aufs Zimmer und bestelle dort was zum Essen oder Trinken.

Einmal war ich drauf und dran, mich zu verlieben, er war Anwalt und kam aus Bonn. Als der mich ein zweites Mal buchte, habe ich mich sehr gefreut. Er schlug vor, dass wir uns auf privater Basis wiedersehen. Wenn einer das so schnell vorschlägt, werde ich misstrauisch. Vielleicht will er einfach billiger vögeln und meint es nicht ernst?

Ich glaube nicht, dass die Liebe zwischen Escort und Kunde funktionieren kann, das ist eine sehr romantische Vorstellung. Selbst wenn man sich attraktiv und sympathisch findet, man ist ja, was man ist. Spätestens beim ersten Streit würde das wieder hochkommen.

Wenn ein Mann mich wirklich sehen will, soll er mich noch eine Weile buchen, bis wir uns besser kennen, denn meine Nummer gebe ich nicht raus. Der Anwalt hat sich dann auch prompt nicht mehr gemeldet. Da hatte am nächsten Tag wohl die Ernüchterung eingesetzt. Und ob ich dem Mann trauen würde, wenn er viel reist und ich weiß, dass er Escort-Bucher war? Auch von meiner Seite wäre es mit dem Vertrauen schwierig.

In der Regel trifft man keine Männer, die man sich selbst aussuchen würde. Das Männerbild verschiebt sich schon leicht in diesem Job. Ich habe es vielleicht dreimal erlebt, dass ich beim ersten Anblick dachte: Schön, dass ich mit dem ins Bett darf.

Aber ich gehöre zu den glücklichen Frauen, die eine gesunde Sexualität haben, und ich kann mir einen Mann schöndenken.

Es ist doch besser für beide Seiten, wenn ich auch meinen Spaß habe. Manchmal denke ich natürlich, es wird schon seinen Grund haben, warum gerade der von seiner Frau getrennt lebt. Vor allem wenn sie sehr ungeschickt im Bett agieren. Im wahren Leben würde ich sagen: »Geh da weg, lass das!«

Ich hatte mal einen älteren Kunden, der ein guter Liebhaber war, aber leider unmöglich küsste. Er wollte immer an mein Ohr, das mag ich aber gar nicht. In diesem Fall habe ich was gesagt, denn bei ihm war nur diese eine Kleinigkeit zu verbessern. Er meinte, das würden manche Frauen doch mögen. Da habe ich ihm geantwortet: »Die sagen dir bloß nicht, dass das eklig ist. Das mag bestimmt keine Frau.«

Der Herr war mir dankbar für den Tipp und wollte wissen, ob es noch mehr Sachen gäbe, die gar nicht gingen. Ich sagte: »Dann mach mal alles, was du so drauf hast, und ich sage dir dann, ob das geht oder nicht.« Das war lustig.

Aber ich möchte hier keinen falschen Eindruck erwecken, nicht jedes Date ist so angenehm. Einmal war ich für ein 24-Stunden-Date nach Hannover gebucht, die Zeit wird erst ab dem Eintreffen beim Kunden gerechnet. Ich bin morgens hingeflogen, den Kunden traf ich am Flughafen. Ich finde an beinahe jedem Mann irgendetwas Positives, aber da konnte ich nichts Sympathisches ausmachen. Dabei bin ich sehr flexibel, nicht nur im Escort, die Männer müssen bei mir keinem bestimmten Bild entsprechen. Aber ich habe den gesehen und dachte für mich: Das wird ein langer Tag.

Warum ich nicht sofort wieder in das nächste Flugzeug zurück nach Düsseldorf gestiegen bin? Das frage ich mich heute auch. Es war nicht das umständliche Umbuchen des Fluges, das mich abgehalten hat, vielmehr habe ich mir eingeredet, dass der erste Eindruck vielleicht täuscht. Ich hatte es schon erlebt, dass ich im ersten Moment dachte, dass es gar nicht geht, und sich hinterher das Date trotzdem super entwickelt hat, weil der Mann sich doch als toller Typ entpuppt hat. Entweder konnte man überraschend gut mit ihm reden und Quatsch machen oder er stellte sich als guter Liebhaber heraus. Wenn man so nebeneinanderliegt, wie Gott einen schuf, bekommt jeder einen gewissen Charme. Darauf habe ich gehofft und auch darauf, dass ich den Ablauf in der Hand haben würde, denn er hatte sich als devot beschrieben und eine dominante Frau gesucht.

Aber bei diesem Kunden hat sich der erste Eindruck leider bestätigt, und das Zusammensein gestaltete sich schwierig. Er war einer von der Sorte, die so unangenehm stolz auf das sind, was sie haben: mein Haus, mein Auto, mein Urlaub, meine Exfrau. Er hat mir Fotos gezeigt.

Gleichzeitig war er auf seine Art bemüht. Er wollte mir alles recht machen, hat mir ein Parfüm geschenkt, hat beim Feinkostladen eingekauft. Für mich war das zwar nichts Besonderes, aber für ihn. So tat er mir auch leid, und ich bin nach zwei Stunden immer noch nicht gegangen.

Unglücklicherweise stellte sich heraus, dass er bei der Buchung nicht nur sein Aussehen falsch beschrieben hatte, sondern auch seine besondere Neigung: Er wollte sehr heftig an den Brustwarzen gezogen werden, nicht mit Instrumenten, meine langen Fingernägel reichten, aber so heftig, dass es blutete. Er hatte verschwiegen, wie schmerzhaft er sich die Behandlung wünschte, auch wie er in der Regel darauf reagiert, nämlich mit Babysprache und Sabbern. Ich mache grundsätzlich kein SM, und bei diesem Kunden kam noch erschwerend hinzu, dass ich noch immer überhaupt keinen Draht zu ihm gefunden hatte.

Im Laufe des Abends sagte er, er sei sehr einsam, und ich solle ihn in den Arm nehmen, das würde ihm so fehlen. Er hätte erhofft, dass ich mehr Zuneigung zeigen würde. Aber meine Zuneigung kann man nicht kaufen, erst recht nicht, wenn man sie auf diese Art einfordert. Er versuchte mich unter Druck zu setzen, indem er die geschäftliche Basis betonte. Er hätte sich mehr davon versprochen, deshalb hätte er 24 Stunden gebucht. Aber da muss ich ganz klar sagen: Das geht nicht, Zuneigung kann man nicht vereinbaren, und man kann nicht erwarten, dass ich einen fremden Mann, dem ich dominant begegnen soll, plötzlich liebevoll halte und streichle. Ich bin nicht seine Frau oder Freundin, ich bin unter bestimmten Bedingungen und auf Zeit gebucht.

Es gibt Männer, mit denen habe ich stundenlang gekuschelt und geredet. Dann mochte ich die aber, und es war eine ehrliche Geschichte, weil mir irgendwas an denen gut gefiel und wenn sie nur einfach wunderbar gerochen haben. Dieser Kunde hatte sich Liebe erhofft, echte Zuneigung, aber das gehört zu den Dingen, die nicht käuflich sind.

Ich musste früh am Morgen aufstehen, und wir waren beide froh, dass es vorbei war. Noch am Flughafen rief ich meine Chefin an, nur mit ihr konnte und wollte ich darüber sprechen. Es ging mir wirklich mies.

Gott sei Dank war das bislang mein einziges Erlebnis, das mich so extrem gefordert hat und letztendlich schiefging. Im Nachhinein betrachtet hatte dieses Date auch einen positiven Aspekt, ich habe nämlich dabei bemerkt, dass ich die dominante Seite in mir gut ausleben kann. Das machte mir Spaß und ich habe meine Sedcard um den Punkt *soft dominant* ergänzen lassen.

Französisch mache ich nur, wenn der Kunde wirklich tipptopp gepflegt ist. Deshalb steht auf der Sedcard bei meinen erotischen Vorlieben *Französisch mit Schutz*, denn das will keiner. So kann ich spontan entscheiden, ob ich das bei einem Kunden mache oder nicht.

Leidenschaftliche Zungenküsse möchte ich auch nicht immer geben. Ich küsse schon, wenn jemand küssen kann. Aber auch da bin ich sehr pingelig. Wenn es nicht geht, sage ich sehr nett, dass ich nicht will. Küssen ist manchmal schwieriger, als mit jemandem Sex zu haben.

Einer hat schon mal gesagt: »Du, das steht aber in deinem Profil.« Dann sage ich, dass ich stark erkältet sei. Ich kann ja schlecht antworten: »Du knutschst wie ein Frosch, dich küsse ich nicht.«

Aber diejenigen, die besonders aufmerksam sind, oft ältere Männer, möchten alles richtig machen. Sie sind meist verheiratet und hinterher, wenn man ein wenig vertrauter ist – wenn man nach zwei Stunden überhaupt von Vertrautheit sprechen kann –, kommt raus, dass sie in ihrer Ehe sehr unglücklich sind. Sie suchen förmlich Bestätigung bei mir. Sie fragen mich, was sie machen könnten, damit ihre Frauen wieder überrascht von ihnen sind. Aber was soll ich ihnen raten?

Einer erzählte mir, dass ich nach 18 Jahren Ehe die erste Frau sei, mit der er nun seine Frau betrogen habe. Er hat sich bei mir bedankt und gemeint, dass wir uns nicht wiedersehen würden, denn er sei eigentlich treu, aber er wollte so gern diese Aufregung des Neuen erleben.

Wenn ich jemanden nicht so gut leiden kann, zeige ich das nicht. Ich lächle nett, und er merkt es nicht. Gleichzeitig denke ich darüber nach, was ich morgen kochen werde oder was ich noch einkaufen muss. Das ist nicht böse gemeint. Ich will keinen verletzen oder vor den Kopf stoßen.

Meist machen mir die Treffen aber Spaß, ich rede und lache viel während des Dates. Ich genieße die Zeit wirklich. Ich arbeite tagsüber sehr viel, die Dates sind in dem Sinne keine Arbeit für mich, ich bekomme Aufmerksamkeit, Respekt, Komplimente und sicher öfter guten Sex als meine Freundinnen.

Meist ist es recht kuschelig, die Bedürfnisse der Männer sind nichts Außergewöhnliches. Den Männern fehlt das Gefühl, vertraut nebeneinanderzuliegen und normalen Sex zu haben. Der einzige Unterschied zur Freundin oder Ehefrau ist, dass ich halterlose Strümpfe trage und mich lasziv auf dem Bett räkele. Außerdem mache ich ihnen immer ein paar nette Komplimente.

Es geht ums Genießen und Entspannen, ich muss keine Sexakrobatik vorführen und nicht vom Schrank springen. Ich bin selbst eine Genießerin und liebe es, gekrault zu werden.

Es ist wichtig, dass man dem Kunden nicht das Gefühl gibt, man würde das Date für Geld abarbeiten. Klar habe ich die Uhr im Auge, aber ich achte darauf, dass noch genügend Zeit zum Kuscheln bleibt. Kurz bevor ich aufbrechen muss, kündige ich das Ende an: »Ich gehe mal duschen, damit ich nachher nicht so rausspringen muss.« Aber ich habe auch schon gesagt: »Hast du was dagegen, wenn ich einfach noch ein bisschen liegen bleibe?«

Die Männer kaufen sich ein Date für 350 Euro, weil sie genau wissen, dass sie dies weniger Nerven und Aufwand kostet als dieses Balzen und Buhlen um eine Frau in der Bar. Wenn sie nach einem anstrengenden Arbeitstag losgehen, eine Frau anquatschen, Cocktails ausgeben, nachher völlig betrunken sind, wissen sie nicht mal, was sie kriegen. Es ist doch einfacher, eine Frau zu bezahlen, die ihren Vorstellungen entspricht, und von der sie auch noch genau wissen, was die Dame sexuell zu bieten hat.

Kürzlich habe ich einer anderen guten Freundin erzählt, dass ich mir als Escort Geld dazuverdiene. Ich dachte, wenn das mal rauskommt, ist sie sicher enttäuscht, dass ich so wenig Vertrauen zu ihr hatte. Sie sagte nur: »Wenn du mir sagst, dass du damit klarkommst, dann ist das für mich okay. Wenn du mir aber sagst, dass du dich wegen des Geldes verkaufst und im Grunde genommen darüber sehr unglücklich bist, dann ist es nicht okay.«

Sie weiß es zu schätzen, dass ich es ihr anvertraut habe. Die Freundschaft verträgt das. Sie ist immer für mich da, und es wäre mir sehr unangenehm, wenn sie es doch mal von anderer Seite erfahren würde.

Sind die Begleittermine am Abend, kommt meine Mutter, um auf meine Kinder aufzupassen. Meist sage ich ihr, ich hätte einen Termin zum Schminken, das geht gut, denn viele Damen in Bonn und Düsseldorf lassen sich für wichtige Veranstaltungen ein professionelles Make-up auflegen. Da kam es schon zu merkwürdigen Situationen, denn meiner Mutter habe ich nichts von meinem kleinen Nebenjob erzählt.

Damit ich ihr nicht in den aufreizenden Klamotten begegne, sage ich ihr schon im Vorfeld: »Komm du nur eine halbe Stunde später, die Kinder brauchen nicht von der ersten Minute an Betreuung.«

Aber Mütter hören in der Regel nicht auf ihre Töchter, sie kommt meist doch zu früh. Einmal hatte ich Nylons mit Naht und irre hohe Schuhe an, da hörte ich meine Mutter schon die Treppe hochkommen. Als sie mich sah, hat sie irritiert gefragt: »Du gehst aber schick zu deiner Kundin, muss das sein?«

In diesem Fall war es eine Begleitung ins Restaurant, der Kunde wünschte sich speziell diese Strümpfe. Er wollte mit mir angeben und führte mich stolz an unseren Tisch. Aber die Nylons haben nicht gut gehalten, bei jedem Schritt rutschten sie tiefer.

Kunden wünschen sich oft Strapse oder halterlose Strümpfe. Das ist besonders im Winter schlecht. Wenn es einer von diesen wirklich kalten Tagen ist, ziehe ich trotzdem eine Strumpfhose an. Bevor ich mir eine Blasenentzündung hole, sage ich auf dem Zimmer lieber zu dem Kunden: »Dreh dich mal um, ich muss meine Strümpfe wechseln.« Da hat sich auch noch keiner beschwert.

Überhaupt kann ich ganz gut mit Männern umgehen, ich bin nicht schüchtern. Man muss es in den ersten paar Minuten schaffen, dem Mann das Gefühl zu geben, dass eine alte Freundin zu Besuch kommt, man muss sofort total offen sein oder zumindest diesen Eindruck erwecken. So gelingt später der Übergang zum Kuscheln leichter, wenn es sich für den Mann vertraut anfühlt, kann er den Zeitpunkt bestimmen, an dem er sagt: »Nun komm mal her.«

Oder es ergibt sich eine Redepause, ich setze mich aufs Bett, mache es mir bequem und sage: »Wollen wir nicht miteinander kuscheln?«

Ich habe früher Aktfotografie gemacht, daher weiß ich recht gut, in welchen Posen ich sexy aussehe. Außerdem habe ich immer ein paar Musik-CDs dabei. Wenn ich merke, es geht mit einem Kunden nicht so gut, wir kommen auf keinen Nenner, dann mache ich einfach eine kleine Show-Einlage, schließe die Augen und bewege mich zu der Musik, nicht so aufreizend wie im Dollhouse, aber schon erotisch.

Wenn es im Bett ein wenig ruppig zugeht oder der Kunde ein bisschen zu schnell ist, stehe ich auf, meist trage ich noch halterlose Strümpfe oder schöne Wäsche, schlüpfe in meine Schuhe, laufe im Zimmer rum und ziehe alles ein bisschen in die Länge, trinke was oder gehe auf die Toilette. Das lockert die Situation auf, ist supererotisch und die Männer reagieren darauf sehr positiv.

Ich habe nicht das Gefühl, dass irgendetwas falsch in meinem Leben läuft. Genauso, wie es jetzt ist, ist es richtig. Viele Jahre war mein Leben nicht leicht, aber jetzt kann ich in den Urlaub fahren, kann ohne Probleme Schulausflüge und Kleidung für die Kinder bezahlen und leiste mir eine Putzhilfe.

Ich habe in den letzten zwei Jahren viel erreicht und die Eröffnung des Kosmetikstudios hat mir der Escort ermöglicht. Ich habe sämtliche Schulungen zur Kosmetikerin und für die medizinische Fußpflege davon bezahlt. Die Fortbildungen sind sehr teuer, denn sie werden von Privatschulen angeboten. Mit dem Studio habe ich eine gute Grundlage für meine Zukunft gelegt.

Ich bin froh darüber, wie es ist, ich bin sehr entspannt und suche nicht den Mister Right. Es wäre eher ein Zufall, wenn der

Traummann in mein Leben treten würde. Aber das würde momentan nicht in meinen Zeitplan passen. Gerade in der Anfangsphase eines eigenen Unternehmens gibt es Flauten, die finanziell aufgefangen werden müssen, und die Einrichtung war sehr teuer, die bezahle ich nach und nach. Ich habe Pläne und will die nicht für einen Mann aufgeben, auch nicht den Escort.

Mit einem Partner würde Escort nicht gut gehen, was sollte ich sagen? »Schatz, ich bin eben mal vier Stunden weg. Mach dir keine Sorgen, die schöne Wäsche trage ich nur für mein eigenes Wohlbefinden.«

Ich bin anspruchsvoller geworden, was die Männer in meinem privaten Umfeld angeht. Wenn ich mich verabrede, will ich in ein nettes Restaurant gehen und die Aufmerksamkeit bekommen, die mir als Escort entgegengebracht wird.

Weil mein Kosmetik- und Fußpflegestudio immer besser läuft und mit den Kindern mehr Termine dazukamen, habe ich nun zwei Wochen keine Buchung annehmen können. Da merke ich, dass mir was fehlt, dass sich meine Motivation für den Escort verändert hat. Er bietet mir inzwischen zusätzlich zum Geld einen emotionalen Wert. Wenn ich viel gebucht werde, freue ich mich, es bestätigt mich. Escort ist für mich eine Möglichkeit, rauszukommen, Leute kennenzulernen, denen ich nicht unbedingt in meinem Kosmetikstudio begegnen würde.

Escort beruht auf Freiwilligkeit, es steht mir frei, Termine anzunehmen oder abzulehnen. Ich muss keine Quote erfüllen, und wenn ich was Negatives erlebe, ziehe ich mich ein paar Tage zurück. Aber das kommt vielleicht alle sechs Monate mal vor. Die positiven Aspekte überwiegen.

Sedcard

Name: Mark

Alter: 31

Beruf: Student Maschinenbau

Buchbar: Berlin / Deutschland

Nationalität: deutsch

Sprachen: Englisch (Konversation), Französisch (Grundkenntnisse)

Äusseres: sportlich gekleidet, blaue Augen, dunkelblonde, kurze Haare, 189 cm groß, 90 kg, Konfektionsgröße 52

Parfüm: Le Male von J. P. Gaultier

Lieblingsblumen: Rosen

Lässt sich einladen zu: Gin Tonic, Cocktails

Bevorzugtes Abendessen: Deutsch, Französisch, Asiatisch

Interessen: Fitness, Radsport, Schwimmen

Erotische Vorlieben: leidenschaftliche Zungenküsse, französische Erotik natur, erotische Massagen, frivoles Ausgehen, Verbalerotik, NS aktiv, Fesselspiele, Begleitung mit zwei oder mehr Damen, Toys, glattrasiert, Duo möglich

Honorar, Private Time: 2 Stunden, 350 Euro
24 Stunden, 1.500 Euro

Frauen, die Männer buchen, erwarten Komplimente und selbstverständlich: Sex

Mark, 31, Student Maschinenbau

»*Frauen erobern sich zwar zunehmend sämtliche Männerdomänen. Aber das Escortbuchen haben sie noch nicht für sich entdeckt. Dabei ist ein aufmerksamer Escort sicher die bessere Alternative, als nach ein oder zwei langweiligen Stunden an der Hotelbar doch nur einen Frosch mit aufs Zimmer zu nehmen.*«

Zurzeit bin ich noch Student, da steht mir nicht allzu viel Geld zur Verfügung, also habe ich nach einer Möglichkeit gesucht, mein persönliches Budget aufzubessern. Ich gehe gern essen und kaufe mir schon mal schicke Klamotten.

Eigentlich bin ich über meinen anderen Job darauf gekommen, im Erotikbereich eine Einkommensquelle zu suchen. Als Trainer im Fitnessstudio bekam ich schon ab und zu erotische Anspielungen zu hören, nicht nur von meinen Kursteilnehmerinnen, sondern auch von Bekannten kamen immer wieder dumme Sprüche. Das Vorurteil, dass der Trainer schon mal das eine oder andere weibliche Mitglied flachlegen würde, ist weit verbreitet. Früher sagte man das den Tennislehrern nach, dann den Golflehrern und heute eben dem Fitnesstrainer. Vielleicht stimmt das auch für einige Kollegen, aber ich arbeite da immer korrekt.

Mein Körper ist vom täglichen Trainieren top in Form, warum sollte ich ihn also nicht als mein Kapital betrachten und damit Geld verdienen? Mit dem Gedanken hatte ich schon länger gespielt, aber da ich eine Freundin hatte, blieb es zunächst nur eine Idee. Während ich eine Beziehung hatte, konnte ich mir nicht vorstellen, als Escort zu arbeiten, und wenn ich wieder eine Freundin habe, werde ich nicht länger Escort machen. Ich kann mir nicht vorstellen, eine andere Frau zu verwöhnen, während meine Freundin zu Hause sitzt oder mit Freunden ausgeht. Erzählen könnte ich es ihr nicht, und wie ich so etwas geheim halten sollte, weiß ich auch nicht.

Es ist ein Job, der nicht so salonfähig ist, er hat letztendlich etwas mit Prostitution zu tun, auch wenn es gehobener daherkommt. Es muss nicht sein, dass die Leute das von mir wissen. Undenkbar, dass ich es meinen Freunden erzähle, vielleicht will mir später mal einer schaden und bringt es gegen mich vor, womöglich noch als Konkurrent um eine berufliche Position, und schon wäre ich im Abseits. Das muss nicht so laufen, aber es ist ein denkbares Szenario. Ich betrachte es für mich als eine vorübergehende Periode und halte es lieber geheim.

Zurzeit bin ich ungebunden, meine Beziehung ist nach drei Jahren zu Ende gegangen. Kurz nach der Trennung habe ich mich auf die Seite von Actrice Escort stellen lassen.

Nach dem Gespräch mit Heike, der Chefin, war mir schon klar, dass es kein regelmäßiges Einkommen werden würde. Männliche Escorts werden viel weniger gebucht als weibliche. Heike hat sich da wohl auch andere Hoffnungen gemacht, sonst hätte sie sicher nicht so viele Herren in ihrer Agentur aufgenommen. Der eine oder andere Herr hat sich schon wieder verabschiedet, weil so wenige Buchungen kommen.

Auch ich wurde die ersten Monate kaum gebucht, das hat sich aber inzwischen geändert. Ich setze da auf Mundpropaganda; ich glaube, dass zufriedene Kundinnen ihren Freundinnen von mir erzählen werden, und dann kommen sicher nach und nach noch mehr Buchungen rein.

Gerade mein letztes Date mit einer sehr gepflegten Frau, so Mitte vierzig, war sehr nett, und sie war superzufrieden. Sie hat zumindest gesagt, dass es ihr gut gefallen habe. Auch für mich ist es ein sehr angenehmes Date gewesen. Für die Kundin war es die erste Buchung überhaupt. Sie hat gleich gesagt, dass das Treffen bei ihr zu Hause stattfinden soll. Das war ihre Bedingung, ein Treffen in einem Hotel wäre für sie nicht infrage gekommen. Es war ein sehr angenehmes Ambiente, in das ich eingeladen wurde, sie hatte ein sehr schönes Haus.

Was mir auffällt, ist, dass die Damen einen immer dirckt im Negligé oder Ähnlichem empfangen. Sie tragen immer Klamotten, die man landläufig als sexy empfindet, ein kurzes Kleid, hohe Schuhe, schöne Wäsche.

So auch Gabriele, sie machte mir die Tür auf und stand da im kurzen schwarzen Negligé mit so einem hauchdünnen Mäntelchen darüber. Sie stöckelte auf ihren hohen Absätzen voran, im Haus lag Parkettboden, so klackerten ihre Schuhe bei jedem Schritt. Die Naht an ihrem linken Strumpf war verrutscht, wahrscheinlich hatte sie sich die Strümpfe extra für den Abend besorgt. Sie nahm mir die Jacke ab und führte mich in ihr Wohnzimmer. Auch wenn sich das wie aus einem Heftroman vom Bahnhofskiosk anhört, aber sie hatte tatsächlich alles abgedunkelt, ein paar Kerzen brannten, sogar das Kaminfeuer. Champagner stand im Eiskühler bereit, das war doch sehr angenehm.

Das Date sollte ursprünglich mit ihrem Ehemann zusammen stattfinden. Das heißt, er sollte mit dabei sein, gemeinsam wollten wir seine Frau verwöhnen. Ich würde nichts mit einem Herrn anfangen. Er stand lässig am Kamin gelehnt. Aber nach ein paar höflichen Floskeln hat er doch gemeint, dass es nichts für ihn sei und ich solle es allein genießen. Dann ist er gegangen.

Gabriele war natürlich sehr aufgeregt und wollte als Erstes wissen: »Wie machen wir das denn jetzt?«

Das fand ich witzig.

»Ja«, habe ich ihr gesagt. »Wir machen das so, wie du es möchtest.«

Aber darauf sagte sie erst mal nichts. Es kamen noch andere Fragen, sie wollte wissen, ob ich schon oft gebucht worden sei, ob ich auch Erfahrung mit anderen Frauen hätte. Die Frage, warum ich das mache, kommt auch immer. Dann erzähle ich manchmal etwas, was die Stimmung anheizt. Zum Beispiel, dass ich Frauen liebe, dass ich den weiblichen Körper schön finde, dass ich ständig auf der Suche nach Neuem bin und so das Angenehme mit dem Nützlichen verbinden würde.

Wir haben darüber geredet, dass es nicht immer so läuft, wie man es sich vorstellt. Man weiß ja nie, wer einen erwartet.

Ich würde mir schon manchmal wünschen, vorab ein Foto zu bekommen. Aber das ist nicht üblich; wenn man Glück hat, bekommt man ein paar Angaben. Heike, meine Agenturchefin, sagt, dass sie natürlich dieselben Dinge abfragt, die sie auch für einen weiblichen Escort in Erfahrung bringt. Alter, Größe, Gewicht, um mir eine ungefähre Vorstellung davon vermitteln zu können, mit wem ich es zu tun haben werde. Sie fragt auch, welche Wünsche die Dame letztendlich hat. Viele äußern den Wunsch nach einer Massage im erotischen Bereich. Es soll schon Körperkontakt stattfinden. Aber so konkrete Wünsche wie, dass ich sie oral befriedige, werden kaum am Telefon geäußert.

So haben Gabriele und ich über meinen Job gequatscht, auch darüber, dass man die Sache abbrechen kann, wenn man das Gefühl hat, dass es nichts bringt. Aber ich wollte keine schlechte

Stimmung aufkommen lassen und nicht über die negativen Seiten mit Gabriele plaudern. So lenkte ich das Gespräch allmählich auf sexuelle Themen. Auch um aus ihr rauszukitzeln, was sie sich wünscht. Dabei habe ich mich bequem in die Ecke von dem Sofa gekuschelt und Gabriele eingeladen, sich an mich zu lehnen.

Irgendwann wurde sie zutraulich und erzählte, dass sie sexuell nicht richtig ausgelastet sei, denn ihr Mann, der wesentlich älter ist, habe nicht mehr das Bedürfnis nach Sex. Sie wolle mal wieder mit einem jüngeren Mann richtig Spaß haben. Sie hat mir auch Komplimente über meinen Körper und meine sensiblen Hände gemacht. Langsam schlich sich so ein Leuchten in ihre Augen. Da wusste ich, dass ich sie gefangen hatte.

Der Übergang vom Reden zum Sex an und für sich ist immer schwierig, vor allem wenn man die Kundin nicht gerne küssen mag. Aber hier war das kein Problem, da Gabriele auch so scharf darauf war, meine Haut zu streicheln. Hinterher seufzte sie, dass das für sie schon eine kleine Erfüllung gewesen sei.

Ihr Mann kam nach den zwei Stunden wieder und fragte uns, ob es schön gewesen sei. Da habe ich doch gestaunt, wie locker der das gesehen hat. Ich kann mir nicht vorstellen, dass ich meine Frau zwei Stunden in meinem eigenen Haus mit einem Fremden rummachen lasse, nach einem Ausflug an eine Hotelbar oder einem Spaziergang wiederkomme und dann diese Frage stelle. Da muss man schon die richtige Einstellung dazu haben oder ganz schön cool sein. Es kann vielleicht sein, dass ich das in dreißig Jahren, nach vielen Jahren Ehe, ähnlich sehe.

Das Date war in vielerlei Hinsicht eine interessante Erfahrung. Zum einen hat es mich gefreut, in ein Haus eingeladen zu werden, denn man hat mehr Gesprächsstoff als im Hotel. Meistens macht der Sex schließlich nur dreißig Prozent der Zeit aus, der Rest ist Unterhaltung. Im Hotel ist es dagegen recht anonym, man wird in der Lobby abgeholt, es geht direkt zur Sache, und dann kann man wieder gehen. Das ist doch für die schönste Sache der Welt ein wenig kühl.

Zum anderen ist die gepflegte Geschäftsfrau, die einen Escort bucht, weil der Altersunterschied zu ihrem eigenen Mann sehr groß ist und sie wieder einen jungen oder gleichaltrigen Körper spüren möchte, sicher die Idealvorstellung für den männlichen Escort. Wenn die Kundin dann noch im Negligé dasteht und sich so viel Mühe gibt wie Gabriele, gefällt mir das gut.

Außerdem konnte ich dabei eine interessante sexuelle Erfahrung machen, von der ich bislang nur gehört hatte. Ich hatte vorher noch nie eine Frau gehabt, die beim Sex ejakuliert. Die Neugier darauf, wie das wohl ist, war immer schon da und nun habe ich das erlebt. Das ist einer der spannenden Aspekte.

Ein weiterer Aspekt ist natürlich, dass ich schon interessante Frauen kennengelernt habe, die ich in meinem persönlichen Umfeld seltener treffe.

Eine hat ein nettes italienisches Restaurant, die hat mich eingeladen, da vorbeizuschauen. Da werde ich hingehen, vielleicht kann ich die eine oder andere Verbindung knüpfen.

Die meisten Damen waren bislang älter als ich. Darüber, ob die Kundinnen meinem persönlichen Beuteschema entsprechen, habe ich mir keine großen Illusionen gemacht. Dann ist es umso schöner, wenn ich positiv überrascht werde. Einmal wurde ich von einer Frau gebucht, die ungefähr mein Alter hatte und auch recht hübsch war. In der Regel haben Frauen andere Möglichkeiten, jemanden kennenzulernen, die müssen nicht dafür bezahlen. Aber dieser Frau war das Risiko zu groß, dass es mit einem x-beliebigen Mann, den sie sich an der Bar aufreißen würde, Ärger geben könnte. Da ist tatsächlich ein gewisses Risiko dabei, vor allem wenn man verheiratet ist und der plötzlich zu Hause vor der Tür steht. Einer ihrer Freundinnen sei das passiert. Seitdem wäre sie vorsichtig geworden, aber auf den Kick, mal wieder mit einem anderen als dem Ehemann ins Bett zu gehen, wollte sie nicht verzichten.

Aber dass junge Frauen einen Escort-Mann buchen, ist eher unüblich. Bei Frauen hat es sich noch nicht so rumgesprochen, dass man sich einfach einen Mann kaufen kann, um ohne Verbindlichkeiten Spaß zu haben. Männer sind da geübter. Die haben das über Jahrhunderte so gemacht, sind ins Bordell gegangen, um Sex zu haben, und zwar ohne Skrupel. Der Mann geht nicht mit der Illusion da rein, dass dort eine Frau sitzt, der das Spaß macht. Soviel ich weiß, gab und gibt es keine Bordelle, in denen Frauen die Gäste sind.

Dass Frauen immer dieses Gefühlsbetonte suchen würden, wenn sie sich für den Escort entscheiden, kann ich aus meiner Erfahrung nicht bestätigen. Ich hatte zum Beispiel noch kein Date mit Essengehen, obwohl ich es ganz schön fände, wenn man sich vorher kennenlernen würde. Bislang waren es immer die Zwei-Stunden-Dates, bei denen der erotische Aspekt klar im Vordergrund stand.

Andererseits kommt hinterher viel Gefühl von den Frauen rüber. Das wird mir manchmal auch ein bisschen unangenehm, wenn sie mich mit solchen gefühlvollen seligen Augen angucken. Das ist dann eine Ebene, die mir für so einen Abend zu viel ist. Die Frauen sind nach dem Sex oft glücklich, das passiert sicher auch den Kolleginnen, die im Escort unterwegs sind, dass ihre Kunden sie mit verliebten Dackelaugen anschauen.

Auch wenn die Kundin meinem Beuteschema nicht entspricht, breche ich nicht ab. Denn es war nicht zu erwarten, dass ich vor allem jungen, sexy Frauen begegnen würde. Die suche ich eher in der Disco als im Escort. Wenn ich eine Frau vor mir habe, die meinem Beuteschema entspricht und mit der es Spaß macht, habe ich keinerlei Erektionsprobleme, da bleibe ich lange standfest. Bei einer Frau, bei der das nicht so hundertprozentig zutrifft, kann es natürlich eher abebben. Da muss die Frau vielleicht mal fester zupacken, um was Stabiles hinzukriegen.

Sex ist eine Kopfsache, und das bei mir ganz extrem: Wenn der Kopf nicht mitspielt, geht auch nichts in der Hose. Wenn ich merke, dass es bei mir am Einknicken ist, mache ich schon mal die Augen zu und gehe in der Phantasie spazieren. Ich strapaziere das eine oder andere sexuelle Bild, von dem ich weiß, dass es mich anturnt. So hat es wohl schon Casanova gemacht. Bisher hat das immer funktioniert.

Escort-Frauen arbeiten vielleicht mit anderen Tricks. Ich glaube nämlich nicht, dass sich Frauen nur hinlegen müssen und dann klappt das schon. Da kann es sicher auch vorkommen, dass die Frau die Wüste Gobi in sich trägt. Bei einer Frau kann man mit Gleitmittel leichter nachhelfen, bei mir müsste ich schon einen Bleistift nehmen. Also helfe ich mir mit Phantasien oder biete der Frau eine erotische Massage an, um sie nicht zu enttäuschen.

Es ist leider nicht so, dass die Frauen immer so gepflegt auftreten, wie ich mir das wünschen würde. Es gibt da feine Unterschiede, wie es bei den Menschen ja allgemein Unterschiede gibt, was die Vorliebe für die eigene Hygiene angeht. Wenn die Frau nett und sympathisch ist, bleibe ich trotzdem. Ich ziehe dann einfach nicht das volle Programm durch. Ich verzichte zum Beispiel auf das Küssen, das finde ich zum Teil intimer als Verkehr zu haben. Oder ich halte mich oral zurück. Das liegt ja in meinem Ermessen. Ich massiere dann ausführlicher oder rede ein bisschen mehr.

Womit ich nicht gerechnet hatte, war ebendieser Gefühlsüberschwang der Kundinnen, nachdem sie guten Sex hatten. Da bin ich als Mann doch sehr viel nüchterner. Nach einem Date denke ich nicht mehr lange darüber nach. Aber bei den Frauen scheint das noch anders zu sein. Eine entwickelte sich regelrecht zur Stalkerin.

Nach unserem Date fragte sie Heike nach meiner Telefonnummer. Sie wollte mich wohl noch mal mit ihrem Partner zusammen buchen und dazu einige Details besprechen, so lautete ihre Begründung. Generell ist der direkte Kontakt zwischen Kundin und mir nicht gewünscht. Zum einen um mich vor massiven Eingriffen in die Privatsphäre zu schützen und zum anderen auch, um zu vermeiden, dass die Kundin versucht, an der Agentur vorbei zu buchen. Woran ich aber gar kein Interesse habe, da ich das wirklich als Job sehe. Manche Dinge kann Heike nicht abklären, da wird die Vermittlung über eine dritte Person schwierig, vor allem, wenn die Kundin die sexuellen Aspekte nicht mit ihr besprechen möchte. Da kann es sein, dass ich selbst mit einer Kundin spreche, das ist nicht unüblich. In der Regel gibt man aber nicht die eigene Nummer raus, sondern bekommt die Nummer der Kundin. Wenn man dann anruft, unterdrückt man die eigene Rufnummer.

Heike hat mich gefragt, ob sie ihr meine Nummer geben kann, um ein weiteres Treffen zu besprechen. Die Kundin hatte wirklich einen netten Eindruck gemacht, also habe ich zugestimmt. Ich konnte doch nicht ahnen, dass es dann so ausarten würde.

Am Anfang fragte sie mich aus, zum Beispiel wollte sie wissen, ob ich bisexuell oder gar homosexuell sei. Ich muss zugeben, dass ich bei ihr nicht alles gemacht hatte, was auf meiner Sedcard an erotischen Vorlieben steht. Aber plötzlich war keine Rede mehr von einem Partner. Sie hat mich am laufenden Band angerufen und SMS geschickt, die sich darum drehten, wie und wo sie mich wiedertreffen wolle, ohne dass sie je einen konkreten Termin nannte. Das ging über ein paar Wochen. Ich habe ihr nett gesagt, ich hätte keine Zeit; wenn ich nicht reagiert habe, kamen dann Fragezeichen per SMS und sie wurde auch beleidigend.

Selbst wenn sie mich tatsächlich noch einmal konkret über Heike angefragt hätte, was sie nie getan hat, wäre ich nicht mehr darauf eingegangen. Ich habe mir eine neue Handykarte besorgt und werde meine Nummer nicht mehr rausgeben. Ich möchte in meinem Privatleben nicht mit SMS meiner Kundinnen bombardiert werden.

Ihre Begründung für den direkten Telefonkontakt, nämlich die Pärchenbuchung, haben Heike und ich ihr auch deshalb sofort abgenommen, weil das eine typische Buchungsvariante für männlichen Escort ist.

Die Phantasie, von zwei Männern verwöhnt zu werden, ist im Kopf beinahe jeder Frau. Allein die Vorstellung ist schon reizvoll, aber wie soll ein Pärchen das umsetzen? Nicht jedes Paar will in den Swingerclub. So kommt es schon vor, dass ein Pärchen mich dazubucht. Das ist die einfachste Lösung. Dadurch verletzt man den Partner nicht und die Gefühlsebene bleibt außen vor. So riskiert man am wenigsten Ungemach für die eigene Partnerschaft.

Ein Date, wo es um einen Dreier geht, bei dem der Mann sich auch mit mir vergnügen möchte, lehne ich grundsätzlich ab. Bei den Pärchenbuchungen, die ich bisher hatte, galt das Date immer dem Verwöhnen der Frau, und ihr Mann oder Freund machte mit.

Einmal wurde ich von einem Mann gebucht, dessen Frau nicht wissen sollte, dass ich dafür bezahlt wurde. Er wollte ihr ihren langjährigen Wunsch erfüllen, mal mit zwei Männern ins Bett zu gehen. Der Mann und ich haben im Vorfeld besprochen, dass ich ein Bekannter von ihm sei. Wir haben uns eine glaubwürdige Geschichte ausgedacht, nämlich dass wir im selben Fitnessclub trainieren würden. In der Sauna hätte sich zwischen uns ein Gespräch über Sex ergeben und so wäre eins zum anderen gekommen. Ich besuchte das Paar zu Hause, und wir haben gemeinsam seine Frau verwöhnt. Das war ein sehr witziger Abend, ich habe mich zwar beinahe verplappert, aber sie hat glücklicherweise nichts gemerkt.

Zwei Monate nach diesem Interview erhielt ich eine E-Mail von Mark:

Zurzeit bin ich nicht mehr buchbar. Das Studium fordert mehr Zeit, und ich habe mich verliebt.

Die Sache ist erst mal beendet, und ich weiß auch nicht, ob ich je wieder Escort machen werde, da ich mich letztendlich doch nicht so wohl damit gefühlt habe.

SEDCARD

NAME: Emilia

ALTER: 37

BERUF: Ärztin

BUCHBAR: Heilbronn, Stuttgart / Deutschland

NATIONALITÄT: deutsch

SPRACHEN: Englisch (Konversation), Italienisch (Grundkenntnisse), Ungarisch (fließend)

ÄUSSERES: sportlich, grüne Augen, dunkelbraune, kurze
Haare, 171 cm groß, 55 kg, Konfektionsgröße 34–36,
BH-Größe 75 A, Körpermaße 87-66-87

PARFÜM: Eau des Merveilles von Hermès

LIEBLINGSBLUMEN: Rosen

LÄSST SICH EINLADEN ZU: Rot- und Weißwein

BEVORZUGTES ABENDESSEN: Deutsch, Thailändisch,
Indisch

INTERESSEN: Sport, Mode, Konzerte, Reisen

EROTISCHE VORLIEBEN: leidenschaftliche Zungenküsse,
Girlfrienderotik, französische Erotik natur, erotische
Massagen, Verbalerotik, Swingerclubbesuche, Pärchenbegleitung, Begleitung mit zwei oder mehr Herren, teilrasiert, bisexuell, Duo möglich

HONORAR, PRIVATE TIME: 2 Stunden, 350 Euro
24 Stunden, 1.500

Es hat einen ganz besonderen Reiz, nicht zu wissen, wem man begegnen wird

Emilia, 37, Ärztin

»*In meinem Beruf und meinem Zuhause muss ich wie ein Mann funktionieren, ich bin vollkommen auf mich gestellt. Deshalb kann ich in Sachen Sexualität auch ein autonomes Leben führen und mir erlauben, ein Doppelleben zu haben.*«

Als ich zum ersten Mal im *Stern* einen Artikel über den Escort-Service las, fand ich das superinteressant. Der Artikel war die beste Werbung für diese Art von Tätigkeit. Über mehrere Seiten waren äußerst attraktive Frauen abgebildet, die spannende Geschichten über Reisen nach New York, großzügige Kunden und aufregenden Sex erzählten.

Beim Lesen wurde ich schon kribbelig. Ich verglich mich mit den Frauen und dachte, so gut sehe ich auch aus und Ärztin bin ich auch noch. Einen Partner, den es stören könnte, habe ich nicht, und unabhängig bin ich sowieso, das sind doch ideale Voraussetzungen, um in dieser Nebentätigkeit Spaß zu haben. Warum sollte ich es nicht ausprobieren? Es war die reine Abenteuerlust, die mich verführte, im Internet weiter nachzuforschen.

Was für Agenturen gibt es überhaupt, wie kann man sich bewerben? Dabei bin ich auf Actrice Escort gestoßen und hatte Heike am Telefon. Sie war so freundlich, lieb und nett, da war ich sofort begeistert. Das Gespräch mit ihr hat mir den entscheidenden Schubs gegeben, es auszuprobieren.

Ich glaube, jede Frau hat ihre geheimen Träume, so etwas Schräges, Außergewöhnliches, nicht Alltägliches auszuprobieren. Manchmal, wenn ich im Krankenhaus durch die Station laufe, muss ich schmunzeln. Keiner würde auch nur ahnen, was ich sonst so mache. Das Verbotene ist mein Geheimnis, mein Doppelleben.

Der Artikel erschien im Juni 2007, seitdem bin ich dabei.

Das erste Mal schlug mein Herz bis zum Hals. Ich war wahnsinnig aufgeregt und habe ein Gläschen Wein vorab getrunken. Der erste Kunde, den ich getroffen habe, war ein deutlich älterer Herr. Er hat meine Unerfahrenheit sicher bemerkt, denn er hat mich gefragt, wie lange ich schon Escort mache. Ich habe geantwortet: »Noch nicht so lange.«

Das erste Mal Escort ist wie das allererste Mal. Man weiß nicht, worüber man reden soll, wie man sich verhalten soll, was überhaupt abgehen wird. Heike hat mich im Castinggespräch schon beraten, aber es ist doch etwas ganz anderes, dann selbst in der Situation zu sein.

Ich wollte unbedingt erfahren und professionell wirken, habe neue, richtig teure Unterwäsche und Schuhe gekauft und mir lange überlegt, was ich sonst anziehen soll. Ich wollte auf edle Art sexy wirken. Deshalb habe ich mich für ein dunkelblaues Kleid von Armani entschieden.

Auf der Fahrt habe ich mir überlegt: Was ist, wenn er mich nicht attraktiv findet? Wenn ich ihn nicht attraktiv finde? Aber als ich ihm im Maritim gegenüberstand und er mir den Mantel abnahm, war ich erleichtert, weil er sofort einen netten Eindruck auf mich gemacht hat. Nach den ersten paar Sätzen und einem Glas Wein war das Eis gebrochen.

Mein erster Kuss war unbeholfen, aber da er mir bewundernde Blicke zollte, als ich in meinen schwarzen, halterlosen Strümpfen und dem schönen Spitzenhöschen vor ihm stand, wusste ich, dass es gut laufen würde, und so war es auch.

Er war sehr liebevoll und sprach von Glück, dass er sozusagen eine »gute Wahl« getroffen habe, und nannte mich sogar »süßes Mädchen«. Ich war dankbar, dass er ganz normalen Sex wollte und nicht gleich etwas Ausgefallenes, was mich damals überfordert hätte. Als ich wieder aus dem Zimmer trat, lehnte ich mich erleichtert gegen die Wand: Mein erstes Date hatte ich bravourös gemeistert.

Jetzt bin ich viel cooler. Nach ein paar Dates gewinnt man Parkettsicherheit. In meinem Beruf begegne ich wahnsinnig vielen Menschen, mit denen ich kommuniziere. Dabei muss ich professionell wirken und Sicherheit ausstrahlen. Das hilft mir natürlich im Escort.

Man sagt mir nach, dass ich im normalen Leben den Männern gegenüber sehr unnahbar wirke. Vielleicht hat sich das durch den Escort verstärkt, weil ich nicht mehr so richtig auf der Suche nach einem Mann bin. Wenn ich einen Mann richtig toll finden würde und daraus eine Beziehung entstände, würde ich mich freuen. Aber nur für den Sex muss ich keinen Mann mehr haben. Da hilft sicher die Tätigkeit im Escort, denn sexuelle Bedürfnisse werden tatsächlich befriedigt.

Schade finde ich, dass ich dabei eigentlich noch keinem Mann begegnet bin, der sehr ausgefallenen Sex haben wollte. Ich meine hier nicht irgendwelche »perversen« Sachen, sondern eher, mal ein bisschen verrückte, gewagte Dinge auszuprobieren. Vielleicht in einer Gesellschaft mit netten Leuten, die nach einem schönen Essen einen aufregenden Abend miteinander verbringen, indem die Männer den Frauen die Augen verbinden und jede demjenigen gehört, den sie zuerst berührt oder von dem sie zuerst geküsst wird.

Denn ich suche das sexuelle Abenteuer. Nicht umsonst steht in meinem Profil Pärchenbegleitung oder Begleitung von zwei und mehr Herren. Zwei oder mehr Männer haben mich noch nie gebucht, also kann ich dazu nichts sagen, obwohl es sicher interessant wäre. Ich weiß nicht, wie häufig es überhaupt vorkommt. Heike sagt, es gäbe zwar Anfragen, aber so gut wie nie eine Buchung. Ich gebe zu, dass das meine eigene Phantasie ist, die leider noch nicht in Erfüllung gegangen ist.

Es fällt eher auf, wie oft Männer sich wünschen, im Arm gehalten zu werden, egal ob davor, danach oder überhaupt. Sie brauchen Zärtlichkeit und Wärme. Das hätte ich nie gedacht.

Ich hatte die Vorstellung, dass es Männern, die Frauen wie uns buchen, nur um Sex geht, um Sex als solchen. Es wundert mich wirklich sehr, welche Bedürfnisse sie tatsächlich haben: Wärme und Blümchensex. Das war überraschend für mich, es sind einfach ganz normale Männer.

Die Erwartungen, die ich in meiner Phantasie mit Escort verbunden habe, haben sich dennoch überwiegend bestätigt. Es hat einen ganz besonderen Reiz, nicht zu wissen, wem man begegnet. Also finde ich schon meine sexuelle Befriedigung, obwohl es oft »nur« Blümchensex ist. Wenn ich es mir recht überlege, finde ich es sogar schöner so, denn dadurch bekomme ich das Gefühl, dass diese Männer in mir die wertvolle Frau mit Niveau und nicht das Flittchen sehen. Das freut mich unheimlich.

Ich habe oft darüber nachgedacht, ob der Escort-Service mich verändert hat. Wahrscheinlich schon. Es steckt Suchtpotential darin, denn bevor ich im Escort-Service angefangen habe, war ich genau mit zwei Männern intim. Das wird mir keiner glauben, aber es stimmt: Bis 34 hatte ich kaum Erfahrung.

Im Grunde genommen bin ich eine treue Seele, ich habe zwei Kinder, die bereits langsam erwachsen werden, ich war lange verheiratet und hatte während der Ehe keinen anderen Mann. Die vielen Dates, die ich nun durch den Escort habe, stehen wahrlich in deutlichem Kontrast zu meinem Eheleben.

Es ist gut für mich, diese Begegnungen zu haben, ohne verknallt zu sein. Durch meine privaten Enttäuschungen war ich doch sehr verletzt, und nun habe ich das Gefühl, über den Dingen zu stehen. Genauso wie ich gekommen bin, kann ich wieder gehen, und das hilft mir, diese alten Enttäuschungen zu verarbeiten. Denn nun investiere ich keine tiefen Gefühle, nie.

Es macht durchaus Spaß mit diesen Männern, die ich über die Buchungen treffe, essen zu gehen und mich mit ihnen zu unterhalten. Der große Vorteil, und das ist der Grund, warum ich es überhaupt machen kann, ist, dass der überwiegende Teil der Klientel wirklich feine Männer sind. Sie haben Geld, sie haben Niveau, sie sind überwiegend intelligent.

Jemand, der das noch nie gemacht hat, findet das wahrscheinlich unglaubwürdig, aber es ist wirklich so, dass mich diese Begegnungen teilweise bereichert haben, auch menschlich, nicht nur sexuell. Es sind Männer, die viel reisen und von der Welt erzählen können.

Meine Buchungen sind oft Begleitung rundum, also Escort, wie man ihn sich vorstellt. Man nimmt sich etwas vor, geht miteinander zum Essen, und wenn man sich sympathisch findet, wird ohne Verpflichtungen mehr daraus.

Bei der anderen Hälfte der Dates trifft man sich, ohne das Abendessen, direkt auf dem Hotelzimmer. Natürlich fällt man nicht gleich übereinander her, man setzt sich hin und unterhält sich. Aber es läuft klar auf die Körperlichkeit hinaus.

Männer, die mit so was Erfahrung haben, sind viel lockerer drauf. Sie sind im Umgang einfacher, weil sie keine Angst haben.

Dann ist es für mich unkompliziert, egal ob wir uns erst im Restaurant treffen oder ob es sofort zur Sache geht.

Männer, die nicht so viel Erfahrung damit haben, sind aufgeregt, sie haben regelrecht Lampenfieber. Das heißt für mich, diese Männer auch in der Hinsicht zu begleiten, dass sie entspannter werden und ihre Ängste ablegen können. Mit ihnen ist es anstrengender, sowohl im Restaurant als auch auf dem Zimmer und ganz besonders in Sachen Sex. Sie erst im Restaurant zu treffen macht es aber einfacher. Das Essen kann schon als Anlaufphase dienen, um miteinander warm zu werden.

Die Hausbegleitungen, die ich bislang hatte, sind recht nett gewesen. Diese Männer geben sich Mühe, sie sind natürlicher, weil sie in ihrer gewohnten Umgebung sind. Sie zeigen sich von ihrer besten Seite, als Verwöhnmann sozusagen. Sie haben mich jeweils bekocht und sich Mühe gegeben, wie bei einer richtigen Einladung. Ich fühle mich da immer wie bei einem Rendezvous. Überwiegend waren es alleinstehende Männer, nur bei einem war die Frau gerade auf Geschäftsreise. Trotzdem finde ich eine Hausbegleitung eher merkwürdig. Wenn ich die Wahl habe, ziehe ich ein Hotel vor, es ist neutraler.

Die Sedcard ist ein Instrument, um mich den Männern vorzustellen. Die Fotos auf der Website sind meine eigenen. Diese Bilder hatte ich als Geburtstagsgeschenk für meinen damaligen Partner anfertigen lassen. Aber er war so eine riesige Enttäuschung, dass ich sie ihm nie geschenkt habe.

Die erotischen Vorlieben, die ich angebe, sind Möglichkeiten und keine Speisekarte. In der Regel zählt der Kunde nicht auf, was er erfüllt haben möchte. Aber man merkt sofort, wenn er Verbalerotik wünscht. Wenn er zum Beispiel sagt: »Was hättest du gern? Verrate mir, was du magst!« Da weiß ich sofort: Aha, der möchte, das ich ihn anheize. Also erzähle ich ihm, was ich spüre, wie schön ich es finde, ihn in mir zu haben.

Man entwickelt ein Gespür für die Männer, mit der Zeit wird man sehr sensibel und findet schnell heraus, was sie sich wünschen.

Auch wenn es sich vielleicht ein bisschen blöd anhört, aber man wird ein Profi in Bezug auf die Fähigkeit, sich auf sie einzustellen. Man erfasst den Mann vollkommen und nimmt ihn mit allen Sinnen wahr. Aus zwei Wörtern weiß man schon, was er gerne hätte.

Sie sagen nie konkret, dass ich die Stöckelschuhe anlassen oder ihren Penis in den Mund nehmen soll, aber an kleinen Gesten und Zeichen spürt man, was ihnen gefällt.

Ich habe es ein einziges Mal erlebt, dass ein Kunde was Bestimmtes bestellt hat. Er bat mich über Heike vor dem Date um ein Telefonat, um mir beschreiben zu können, was er gerne möchte. Absolut detailliert schilderte er den gewünschten Ablauf: Nachdem wir etwas Wein zusammen getrunken und geplaudert hätten, würde er nach oben in sein Schlafzimmer verschwinden. Ich solle geduldig warten, danach würde er nackt runterkommen und ich solle ihn fesseln, aber nicht zu fest, und seine Augen verbinden, damit er sich »ausgeliefert« fühlen könne. Anschließend beschrieb er die genaue Reihenfolge, wie ich seinen Körper verwöhnen solle.

Es war schrecklich, ich fühlte mich wie eine Kellnerin. Nein, schlimmer, ich kam mir wie eine Prostituierte vor, die zu funktionieren hat. Es wäre bestimmt besser für ihn und für mich gewesen, wenn er sich auch etwas hätte überraschen lassen. Schließlich habe ich Erfahrung mit solchen Wünschen. Wenn er alles vorausbestimmt, kann sich das Gefühl, ausgeliefert zu sein, doch nicht wirklich einstellen.

In der Regel machen das die Männer aber auch nicht. Sie sehen die Qualität der Begleitung und sind froh, dass von meiner Seite so ein Niveau da ist. Die große Mehrheit der Männer möchte mich für diese Zeit auf Händen tragen. Das können sie auch gut, denn es ist ja nur eine kurze Zeit, sodass sie sich locker verstellen können, auch wenn sie im wirklichen Leben nicht so sind.

Als ich zum Beispiel mit Hans in diesem teuren In-Italiener saß, fragte er, ob er für mich bestellen dürfe, ob ich lieber einen Weißwein oder einen Rotwein möchte. Als ich mir ein Glas Prosecco wünschte, bestellte er gleich Champagner. Im Hotelzimmer machte er mir Komplimente über meine Schönheit und dass er sich sehr freuen würde, dass ich diesen Abend Zeit für ihn gehabt hätte. Bei der zweiten Begegnung hat er mir das Buch *Vom Kopf ins Herz* von Franz Bühler geschenkt, weil wir uns bei der ersten Begegnung über das Zielefinden im Leben unterhalten hatten. Das war doch nett.

Generell führen die Kunden nur in gute Restaurants aus. Ich war schon im Käfer in München oder im Oggi im Stuttgart. Sie möchten, dass der Abend für uns beide perfekt läuft. Das mag zum Teil daran liegen, dass man viel von älteren Herren gebucht wird, und diese eben eine Frau noch verwöhnen möchten. Die Männer sind oft zwischen 55 und 65.

Auch im Bett geben sie sich wahnsinnig Mühe und fragen mich, ob ich es schön finde, mit der Zunge liebkost zu werden, und sie genießen es, wenn ich zum Höhepunkt komme. Sie wollen toll sein. Sie denken: Das ist eine Frau, die viele Männer gesehen hat, und ich möchte nicht schlecht bei ihr abschneiden. Das hat mich gewundert, aber nun genieße ich, wie sich die Männer um mich bemühen.

Gerade bei meiner letzten Begegnung hat mir der Kunde aus seiner Stadt ein kleines Geschenk mitgebracht, ein Stoffhäschen von einer renommierten Spielzeugfirma.

Vor allem die Herren, die ich öfter treffe, haben mir zu Weihnachten Parfüm oder Pralinen geschenkt. Auch daran sehe ich, dass die meisten Begegnungen im Escort auf Augenhöhe stattfinden.

Es gibt Männer, die mich ganz bewusst aussuchen, weil ich Ärztin bin, weil sie sich mit mir unterhalten möchten. Wenn es nicht so wäre, hätte ich schon längst damit aufgehört.

Auch wenn ich bei dieser Tätigkeit bisher interessante Männer getroffen habe, würde ich sagen, dass nur ein einziger Mann dabei war, mit dem ich mir eventuell eine Beziehung hätte vorstellen können. Allerdings nur, wenn ich ihm im wahren Leben begegnet wäre.

Trotz meiner über einjährigen Erfahrung könnte ich nicht sagen, welche Männertypen häufiger im Escort zu finden sind, denn sie sind zu unterschiedlich. Es sind Männer dabei, bei denen ich sicher bin, dass sie jede Frau haben könnten. Ihnen geht es nur darum, Spaß zu haben und etwas Außergewöhnliches zu erleben. Manchmal ist der Mann auch absolut nicht attraktiv, da muss man sich zusammenreißen. Wenn diese Männer eine Frau haben, dann denke ich manchmal, dass sie vielleicht nur aus finanziellen Gründen mit ihnen zusammen ist.

Zum Glück habe ich noch nie vor einem Mann Angst gehabt und gedacht: Hilfe, hier muss ich schauen, dass ich schnell draußen bin. Ich denke, das kommt durch die Vorselektion von Heike, meiner Agenturchefin. Sie hat mir im Vorfeld versichert, dass sie Kunden, die ihr suspekt vorkommen oder die zu extreme Wünsche haben, die nichts im Escort zu suchen haben, abweist, und das merkt man auch.

Manchmal ist es natürlich anstrengend und dann ist man danach erschöpft. Man geht weg und denkt: Gut, dass es jetzt vorbei ist. Nicht weil der Mann unangenehm war, sondern weil er kein bisschen locker war und krampfhaft versucht hat, toll zu sein.

Es gibt Männer, die sich auf Grund der Tatsache, dass sie vermögend sind, selbst wahnsinnig überschätzen. Ein Mann zum Beispiel war felsenfest davon überzeugt, dass ich mich in ihn

verliebt hätte. Er wünschte, dass ich ihn privat anrufe. Er wollte mich außerhalb des Escorts zum Essen einladen. Ich verwies
ihn auf die Möglichkeit der Dinner Time. Dies ist eine Buchung
ohne erotische Dienstleistung, dies wollte er wiederum nicht. Er
meinte, er hätte das Treffen sehr nett gefunden, und er hätte das
Gefühl, dass es bei mir genauso gewesen sei. Als ich ihm, zwar
lieb und nett, aber doch entschieden, zu verstehen gab, dass ich
kein privates Interesse hätte, war er sehr enttäuscht. Er hielt sich
für wahnsinnig toll und war felsenfest davon überzeugt gewesen,
ich müsste auch so empfinden.

Und es gab einen Mann, der sich in mich verliebt hatte. Er
war so leidenschaftlich engagiert, dass es mir unangenehm war.
Bei solch heftigen Gefühlen wird eine persönliche Grenze über-
schritten. Ich habe versucht, nett zu sagen, dass von meiner Seite
keine Gefühle in dieser Hinsicht bestehen, dass ich ihn nett und
fein finde, aber mehr nicht. Daraufhin hat er abrupt den Kontakt
abgebrochen und mich nie wieder gebucht.

Um mich nach den Begegnungen abgrenzen zu können, lasse
ich den Abend Revue passieren und ziehe ein Fazit daraus, zum
Beispiel: »Es war echt nett« oder »Es war nicht schlecht, aber
er muss mich nicht noch mal buchen«. So kann ich letztendlich
auch schlechtere Erfahrungen zur Seite schieben, indem ich mir
sage: »Wenn ich diesen Mann nie wieder sehe, war es vollkommen okay.«

Das sollte man beherrschen, sonst kann man überhaupt nicht
im Escort arbeiten. Ich fasse die Verabredungen wie einen Ausgeh-
abend auf, wie einen Kinobesuch oder eine Party. Man geht hin,
amüsiert sich oder auch mal nicht und geht wieder nach Hause,
fertig. Ich möchte ja keinen seelischen Schaden davontragen.

Als Ärztin und allein erziehende Mutter von zwei Kindern war
mein Leben bisher auch schon ziemlich straff organisiert. Nun
kommt noch der Escort dazu. Um die Dates unterzubringen,

muss ich meinen Dienstplan ummodellieren. Ich tausche hin und her, bis alles passt. Das ist fast das Anstrengendste dabei.

Die Kinder sind schon sechzehn und achtzehn, mit ihnen gibt es keine Probleme, denn die Dates sind ja stundenweise. In der Zeit sind sie in der Schule, beim Sport, bei eigenen Verabredungen, das geht schon.

Da ich in meinem normalen Leben auch gepflegt und gerichtet bin, fällt kein Unterschied auf, egal ob ich zum Dienst, zu einer gebuchten oder einer privaten Verabredung außer Haus gehe. Es sei denn, der Kunde wünscht sich ein besonders erotisches Auftreten, so wie das im Januar der Fall war. Der Mann wollte ein sexy Auftreten in Rot. Da zog ich rote Dessous und halterlose Strümpfe schon zu Hause an, versteckte sie unter einem Pulli und Jeans, das Kleid nahm ich mit. In der Tiefgarage des Hotels Le Meridien, wo mich niemand sehen konnte, tauschte ich die Alltagskleidung gegen ein rotes Seidenkleid mit dem langen Schlitz.

Am Anfang hatte ich Bedenken, dass mich jemand auf der Website entdecken würde. Denn wie gesagt, meine Escort-Tätigkeit ist ein Geheimnis und das soll auch so bleiben. Nur einer sehr guten Freundin habe ich es erzählt, aber eher vage, ohne ins Detail zu gehen.

In meiner Stadt kann ich problemlos mit einem der Männer ausgehen, jeder meiner Bekannten weiß, dass ich keinen Partner habe. Aber die meisten Dates sind in Stuttgart, da kennt mich keiner, und wenn wir hinterher noch ins Meridien oder das Steigenberger gehen, bekommt das keiner mit.

Das Geld, das ich als Ärztin verdiene, brauche ich für das tägliche Leben. Das Geld, das ich im Escort verdiene, lege ich zur Seite.

Zum einen für das Studium meiner Kinder, zum anderen, um uns einen Traum zu erfüllen. Bevor sie aus dem Nest fliegen, würde ich gerne eine USA-Reise mit ihnen machen: mit dem Wohnwagen die Ostküste hoch- und runterfahren.

Im Augenblick kann ich mir nur zwei Gründe vorstellen, mit dem Escort aufzuhören: wenn ich einen Partner außerhalb des Escorts kennenlernen würde oder wenn ich merken würde, dass es meiner Persönlichkeit und meinem Seelenleben überhaupt nicht guttun würde. Dann würde ich sofort aufhören, ganz sicher.

Küssen und Gefühle
gehören einfach dazu

Stephen, 45, Informatiker

»*Ich werde oft jünger geschätzt, denn eine runde Brille und ein schwarzes Sweatshirt kombiniert mit einer Jeans verbinden viele eher mit einem Studenten als mit einem promovierten Akademiker. Da ich nicht rauche und wenig Alkohol trinke, ist meine Haut jugendlich glatt. Meine Haare trage ich kurz und auf Bart habe ich keine Lust. Wenn ich unterwegs bin, habe ich meinen Laptop lieber im Rucksack als in einer Ledertasche. Ich bin sportlich, schlank und 1,84 Meter groß.*«

Meine Frau kenne ich schon seit über zwanzig Jahren, wir sind schon lange verheiratet und haben einen zwölfjährigen Sohn. Bis vor zwei Jahren war meine Frau die erste und einzige Frau, mit der ich erotische Erlebnisse hatte. Diese Tatsache nagte schon sehr lange an mir, bestimmt habe ich zehn oder fünfzehn Jahre darüber phantasiert, wie es wäre, mit einer anderen Frau zusammen zu sein. Das Bedürfnis, fremde Haut zu streicheln, wuchs immer mehr. Aber ich wusste nicht, wie ich es anstellen sollte. Eine Affäre wollte ich meiner Frau nicht antun. Also schien mir die Prostitution der einzige Weg, die Haut einer Unbekannten zu spüren.

Ich hatte natürlich dieselben Vorurteile, die fast jeder hat, wenn das Stichwort »Prostitution« fällt: Die Damen machen das unter Zwang, keine würde so etwas freiwillig machen, denn eigentlich ist es unzumutbar. Wenn sie nicht von einem Zuhälter oder einem brutalen Lebensgefährten dazu gezwungen werden, dann haben sie finanziell keine andere Möglichkeit, und damit sind es wirtschaftliche Zwänge. Man sieht ihnen die Zugehörigkeit zum Gewerbe an und der Sex findet in einer schmuddeligen Umgebung statt.

Die Vorstellung, mich einer Frau aufzudrängen, die zur Prostitution gezwungen wird, sei es durch körperliche Gewalt oder dadurch, dass man ihre Familie unter Druck setzt, finde ich schrecklich. Deshalb habe ich mich nicht getraut, zu einer Prostituierten zu gehen. So steckte ich erst mal fest.

Wenn ich ein technisches Problem habe, zum Beispiel bei einer Programmierung, gehe ich ins Internet und hole mir in Foren einen Rat. Das sind Seiten, auf denen sich Internetbenutzer zu bestimmten Themen austauschen, sich gegenseitig unterstützen und beraten. Man stellt sein Problem oder seine Frage öffentlich zur Diskussion und bekommt meist von anderen Teilnehmern einen nützlichen Tipp. Als ich auf der Suche nach dem Thema Paysex im Netz surfte, staunte ich nicht schlecht, dass es auch dazu Foren gibt. Es gibt Plattformen, auf denen eher ein Austausch über FKK-Clubs stattfindet, und es gibt Foren, die sich mit dem Thema Escort beschäftigen. Männer schreiben darin Erfahrungsberichte über Escort-Frauen und Begleitagenturen oder eröffnen ein Diskussionsthema, das sie interessiert. Zum Beispiel über *Geschenke für den Escort* oder über das *Küssen* oder *Honorare*. Zu meiner Überraschung beteiligen sich auch viele Frauen, die Paysex anbieten, an den Diskussionen. Dort fand ich genügend Informationen, um mich erst mal in das Thema einzulesen. Danach dachte ich: Mhm, vielleicht ist das doch nicht so schlimm.

In den Foren präsentieren sich natürlich auch Damen, die eine eigene Seite im Internet haben und ihre Termine selbst managen. Diese bezeichnen sich als »Independent«, als Selbstständige. Über so ein Werbebanner bin ich auf die Seite einer Frau gekommen, deren Fotos und Aussagen mir sehr gefielen. Immer wieder besuchte ich ihre Website und studierte die Inhalte, schaute mir ihre Fotos an und wieder ihre Texte. Im Forum las ich ein paar nette Sachen über sie und so entschied ich mich für sie. In meiner Naivität war mir wichtig, dass die Frau das nur nebenberuflich macht, und das versicherte sie auf ihrer Website.

So habe ich meinen ganzen Mut zusammengenommen und per E-Mail Kontakt mit ihr aufgenommen. Darin beschrieb ich mich, erzählte ihr, dass es mein erstes Mal sei und dass es mir wichtig sei, dass sie keine Termine am Fließband mache. Ich machte mir keine Sorgen, abgelehnt zu werden, sondern ich wollte einen positiven Eindruck hinterlassen. Sicherlich gibt es völlig niveaulose Anfragen, auf die die Frauen nicht reagieren, aber wenn man sich normal präsentiert, wird man nicht abgelehnt. Man schickt kein Foto von sich, das gibt es eher im Bereich der Hobby-Huren, wo es schon mal sein kann, dass eine ein Bild möchte. Aber Escort ist dann schon so professionell, dass das Aussehen kein Thema ist.

Es kam auch prompt eine nette Antwort zurück: »Klar, kein Problem, das kriegen wir hin. Egal wie lange der Termin mit dir wird, es wird mein einziger Termin an diesem Tag sein.«

Auf diese Aussage verließ ich mich. Es gingen noch ein paar Mails hin und her, bis wir einen definitiven Termin vereinbart hatten. Ihr war wichtig, dass wir vorher einmal telefonieren. Danach war alles geregelt. Bis zum Treffen vergingen noch mal sechs Wochen, dann fuhr ich mit Flöhen im Bauch nach Stuttgart. Mit Rosen stand ich vor ihrer Tür.

Auf ihrer Website hatte sie ihr Alter mit 33 angegeben. Als sie die Tür öffnete, wirkte sie älter, aber das war kein Problem.

Ein bisschen hatte ich mir ja eingebildet, ganz attraktiv zu sein und mich vielleicht von der normalen Kundschaft abzuheben, aber sie war überhaupt nicht überrascht. Das verstehe ich mittlerweile, ich kenne nun eine ganze Reihe Männer persönlich, die escortmäßig unterwegs sind. Das Vorurteil, dass die Männer unappetitlich sind und es nötig haben, weil sie auf normalem Weg keine Frau abbekommen, trifft überhaupt nicht zu. Im Normalfall sind das Männer, wie sie jedermann aus der Nachbarschaft kennt. Insofern war ich für sie nicht weiter bemerkenswert. Ob sie die Rosen überrascht haben, weiß ich nicht. Sie hat sie einfach angenommen.

Insgesamt kam sie mir etwas zu geschäftlich vor, es kam keine richtige Atmosphäre auf. Es mag auch daran gelegen haben, dass ich sehr aufgeregt und nicht richtig locker war. Wir fanden keinen Draht zueinander, es kam einfach keine Nähe auf, ich fand die gesamte Abwicklung des Dates eher mechanisch. Kombiniert mit meiner eigenen Aufregung und dem Anspruch, dass Erotik etwas Gegenseitiges zu sein hat, führte das dazu, dass da in Sachen Sex nur recht wenig lief. Leider hatte ich für drei Stunden gebucht. Grade beim ersten Mal fand ich es wichtig, mir Zeit zu nehmen, um mich selbst nicht unter Druck zu setzen.

Im Nachhinein war sie sicher nicht die beste Wahl für den ersten Versuch. Wenn ich heute jemand buche, weiß ich auch nicht vorher, ob es passt. Da nutzt die Erfahrung nichts, aber was sich verändert hat, ist, dass ich weiß, wie es sein kann. Dadurch wird man selbstsicherer und zieht das Date nicht mehr in voller Länge durch, wenn es nicht passt. Wenn ich sie mit der Erfahrung von heute getroffen hätte, hätte ich das Date nicht über die drei Stunden genutzt.

Ein Teil der Aufregung kam sicher auch daher, dass ich letztendlich meine Frau betrog. Auch heute fühle ich mich leicht unwohl und verdränge den Gedanken daran, wenn ich buche.

Andererseits hatte ich ihr eine Chance gegeben, gemeinsam neue Wege zu gehen. Mehr als einmal habe ich das Thema Swinger-club angesprochen, aber da war nichts zu machen. Heute mache ich solche Vorschläge nicht mehr. Ich habe eingesehen, dass wei-teres Drängen unsere Beziehung nur belasten würde.

Ich hätte gern mit ihr gemeinsam Experimente in dieser Rich-tung gemacht. Nicht weil ich gehofft hätte, ich könnte sie dort auf eine Technik oder eine Spielart aufmerksam machen, die mir fehlte. Es gibt nichts, was ich vermisse, denn sie macht alles mit, was mir gefällt. Meine Vorlieben sind beim Sex auch eher nor-mal. Ich wollte in den Swingerclub wegen meiner Neugierde auf eine andere Frau. Ich kann es nur wiederholen, meine Motiva-tion war, dass ich fremde Haut spüren wollte. Danach habe ich mich gesehnt.

Nach meinen gescheiterten Versuchen, gemeinsam Neues zu wagen, ließ mein sexuelles Interesse an meiner Frau mit den Jahren nach. Erst kuschelten wir noch alle 14 Tage miteinander, dann fiel das immer öfter aus und irgendwann merkten wir es nicht mehr, wenn auch mal vier oder sechs Wochen dazwischen-lagen. Seit ich auf den Escort ausgewichen bin, hat sich unser Sexualleben spürbar belebt. Das Interesse meinerseits ist wieder stärker vorhanden, sehr zur Freude meiner Frau.

Von anderen Männern höre ich auch häufig, dass bei ihnen die Erotik zu Hause dadurch wieder wichtiger werden würde. Ich vergleiche es mit einem guten Essen. Wenn ich jeden Tag mein Lieblingsgericht esse, ist es irgendwann nichts Besonderes mehr. Wenn ich ab und zu was anderes einstreue, schmeckt es wieder besser. Das ist zwar ein blöder Vergleich, aber ich sehe es so. Vielleicht rede ich es mir schön, weil ich selbst in der Situation bin. Es beruhigt mein Gewissen, wenn ich mir sage, dass die Escort-Termine indirekt auch einen positiven Effekt für meine Frau haben. So hätte ich wenigstens ein Argument an der Hand, wenn die Sache mal auffliegt. Trotzdem hoffe ich natürlich, dass der Escort mein kleines Geheimnis bleibt.

Meine Frau weiß nicht, dass ich Termine buche, aber ich vermute, dass sie mir in dieser Sache nicht hundertprozentig traut. Das Misstrauen ist nicht auf dem Level, dass sie mir hinterherspionieren würde, sondern es macht mich für sie interessanter. Ich vernachlässige sie ja auch nicht, im Gegenteil. Insofern ist sie mit der Situation zufrieden, es ist eher eine angenehme Spannung, die daraus resultiert, dass ich etwas Geheimnisvolles an mir habe. Ich finde es bezeichnend, dass sie seither eher betont, wie gut wir zusammenpassen würden.

Ich versuche, so wenig wie möglich in Situationen zu kommen, die mich zwingen, zu Hause irgendwelche Lügengeschichten zu erzählen, weil ich das schlicht und einfach hasse. Und weil ich darin auch kein Talent habe, so dachte ich jedenfalls. Das mit dem Talent hat sich im Rahmen meiner Ausflüge deutlich relativiert, denn obwohl mein erstes Date nicht so toll war, bin ich an dem Thema drangeblieben und heute mehr oder weniger regelmäßig unterwegs.

Drei Monate später schrieb ich eine andere, ebenfalls auf eigene Rechnung arbeitende Dame an. Sie hatte auch einen superschönen Internetauftritt, ihre Bilder sprachen mich sehr an, und was auf ihrer Seite stand, klang nach Grips und Niveau. Sie spielte mit dem Klischee der teuren Kurtisane.

Vorsichtshalber machte ich diesmal nur einen Termin über zwei Stunden aus. Wir trafen uns in einem Hotel. Noch traute ich mich nicht, sie in der Lobby zu treffen, deshalb empfing ich sie direkt auf dem Zimmer. Sie war sehr sympathisch und unterbreitete mir verschiedene Vorschläge, was wir nun so machen könnten. Eine ihrer Ideen war, mit einem Fesselspiel anzufangen, und ich dachte: Warum nicht, dann mache ich eben mal ein Fesselspiel mit.

Eine konkrete Vorstellung hatte ich nicht, sie übernahm die Choreografie und bot mir ein paar sehr interessante sensorische Reize. Sie forderte mich auf, meine Jeans ohne Unterwäsche anzuziehen (was an sich schon ein ungewöhnliches Gefühl war), platzierte mich auf einem Sessel, verband mir die Augen und band mir mit einem Schal die Hände hinter der Lehne zusammen. Natürlich hätte ich mich jederzeit selbst befreien können. In dieser Lage spielte sie mit leichten, immer unerwarteten Berührungen und mit ihrem Duft, um mich zu erregen. Selbstverständlich war das nur das Vorspiel und es blieb nicht dabei.

Es war sehr schön und eine deutlich positivere Erfahrung als mein erster Versuch. Bei ihr kam mehr Gefühl auf. Das machte mir Mut, weiter zu experimentieren. Denn beide Damen haben meine Vorurteile ausgeräumt. Ich bin mir sicher, dass sie keinen Zuhälter haben, der sie »managt«. Bei dem ersten Date war es eine sehr gepflegte Wohnung, und in welches Hotel man geht, hat man ja selbst in der Hand. Die Frauen waren weder doof noch niveaulos, und ich hatte nicht den Eindruck, dass sie das machen, weil sie nichts anderes können. Beide waren hübsch, und ich hätte ihnen ihre erotische Zweitbeschäftigung ganz sicher nicht angesehen, wenn ich ihnen zufällig auf der Straße begegnet wäre.

So bin ich da langsam reingewachsen und alle weiteren Dates zeigten mir, dass diese ersten beiden Begegnungen typisch waren. Ich traf meist ganz normale und zum großen Teil auch interessante Frauen. Natürlich machen sie es wegen des Geldes, aber nicht, weil sie ohne diese Tätigkeit nicht überleben könnten, sondern weil es für sie die leichteste Art ist, das Geld, das sie zur Verfügung haben wollen, zu verdienen. Viele haben einen Beruf, aber sie verdienen in der Prostitution einfach mehr. Wenn sie sich mit weniger zufriedengeben würden, könnten sie ohne die Prostitution leben. Das trifft sicherlich nicht auf alle zu, aber auf alle, mit denen ich bislang zu tun hatte.

Letztendlich bin ich zwar Kunde der Damen, aber es freut mich, wenn sie den Ausstieg schaffen. Ich denke, für die Damen ist das schon eine belastende Sache. Viele finden nur schwer den Weg in einen Job mit festen Arbeitszeiten und viel weniger Geld. Aber wenn man davon gar nicht wegkommt und dort hängen bleibt, kann man daran kaputtgehen, jedenfalls wenn es keine Nebentätigkeit ist. Wenn ich dann im Forum lese, dass sie wieder aktiv werden, frage ich mich, was da wohl passiert sein mag.

Auch für eine andere Form der Prostitution, die FKK-Clubs, die ich kennengelernt habe, mittlerweile aber nur noch selten besuche, stimmen die meisten Vorurteile nicht.

Die Clubs sind sehr schön eingerichtet, haben eine sehr angenehme Atmosphäre und sind kein bisschen schmuddelig oder schummrig. Es sind einfach außergewöhnliche Treffpunkte. Auch dort habe ich das Gefühl, hauptsächlich Frauen zu begegnen, die durchaus selbstbestimmt sind. Mittlerweile kenne ich auch einige Frauen privat, die als Escort oder im FKK-Club arbeiten oder gearbeitet haben, und alles, was ich von denen höre, bestätigt diesen Eindruck.

Inzwischen bin ich selbst in zwei Paysex-Foren aktiv, berichte gelegentlich von meinen Erfahrungen, stelle neue Kontakte zu Frauen her oder hole mir neue Anregungen. Dabei interessieren mich nur Frauen, die den »Girlfriendsex« – wie mit einer richtigen Freundin – anbieten, das heißt, dass richtiges Küssen selbstverständlich dazugehört. Glücklicherweise ist das mittlerweile der Standard. So paradox das im Zusammenhang mit käuflichem Sex auch klingen mag: Nur Frauen, die Spaß an der Sache haben, die wirklich erregt sind und die dafür typischen körperlichen Anzeichen zeigen, können mir das erotische Erlebnis bieten, das ich suche.

Sehr viele Frauen vermitteln dies als Illusion, mal besser, mal schlechter. Aber bei manchen besteht kein Zweifel, da ist der Spaß spürbar und echt. Da passt es zwischenmenschlich und auch im Bett, und dann buche ich die wieder und auch länger. Ich buche kein Overnight mit einer Unbekannten, da ist mir das Risiko zu groß, dass es nicht passt. Es macht keinen Sinn, viel Zeit mit einer Frau zu verbringen, wenn ich mich nicht wohl fühle.

Warum es sich mal mehr und mal weniger geschäftlich anfühlt, ist schwer an etwas festzumachen. Es kommt darauf an, wie nah man der Person kommt. Wie sie beim Sex reagiert, wie echt einem die Reaktionen vorkommen. Es gibt einfach Begegnungen, da denke ich: Okay, sie stöhnt jetzt schön, aber das ist Show. Die Treffen sind dann auch nie gut.

Ich mag es überhaupt nicht, einen Orgasmus vorgespielt zu bekommen. Normalerweise sage ich das gleich am Anfang eines Treffens: »Ich möchte keine Show, da lege ich keinen Wert drauf.« Das turnt mich sogar ab. Es geht mir nicht um die reine Mechanik, es muss schon ein bisschen Gefühl dabei sein. Es ist nicht nur die körperliche Nähe ausschlaggebend, sondern die Verbindung auf der geistigen und emotionalen Ebene.

Wenn es sich geschäftlich anfühlt, liegt es sicher nicht daran, dass man gleich einen Umschlag mit Geld hinlegen muss. Außerdem ist das Theorie, meist bezahlt man hinterher. Ich jedenfalls habe es noch nicht anders erlebt.

Wenn man besondere Wünsche hat, klärt man das per E-Mail im Vorfeld schon ab. Das fällt bei mir weg, ich habe keine besonderen Wünsche. Ich treffe mich mit einer Frau und schaue einfach mal, was passiert, das hängt von der Situation und beiden Beteiligten ab.

Optisch habe ich schon ein paar konstante Kriterien: ein hübsches Gesicht, schlank sollte sie sein, kleine Oberweite. Andere optische Merkmale wie Haarfarbe, Größe oder Hüftbreite sind nicht entscheidend, entscheidend ist der Eindruck, wenn sie mir gegenübersteht. Bilder sagen nicht viel, live merke ich schnell, ob

es passt. Das ist wie im normalen Leben auch. Wenn man jemandem begegnet, weiß man innerhalb der ersten paar Sekunden, ob
derjenige als Sexualpartner infrage kommt oder nicht.

Bisher waren die Dates mit sehr jungen Frauen nichts für mich,
ich werde das in Zukunft vermeiden, auch wenn ich in Berichten
lese, wie gut und toll sie sind. Bei zu viel Jugend kann ich mir
nicht mehr einbilden, dass sie Spaß daran hat, den Termin mit
mir durchzuziehen.

Es gibt viele Leute, die im Paysex unterwegs sind, denen geht
es nur um die eigene Befriedigung, die interessiert es überhaupt
nicht, was die Frau dabei empfindet. Die mögen einen jungen
knackigen Körper und eine gute Show, bei denen funktioniert
das. Bei mir ist das nicht so, ich brauche das Gefühl von Nähe,
und das stellt sich nicht ein, wenn sie erst zwanzig ist, das ist
zu jung. Sie kann sich die größte Mühe geben, ich komme da
über die Distanz nicht weg. Die Unterhaltungen verlaufen dann
schleppend, ich finde nicht wirklich ein gemeinsames Thema,
komme mir beim Flirten komisch vor.

Ich habe zwei Versuche mit so jungen Frauen gemacht, beide
Male war es eher nicht so gut, obwohl beide hoch gelobte Damen waren.

Bei einer war es ganz extrem, da ist überhaupt kein Funke
übergesprungen. Sie war ausgesprochen passiv und sehr zurückhaltend beim Küssen, obwohl sie gerade im Forum als *Girlfriend
Experience* gelobt war. Ich lecke sehr gerne und plötzlich hatte
ich Blut auf den Lippen. Sie hatte ihre Tage, das ist ein Unding.
Viele Damen arbeiten zwar schon, wenn sie ihre Tage haben,
aber sie tragen Schwämmchen, man merkt da in der Regel nichts.
Ich hatte zwei Stunden gebucht, aber nach einer Stunde brach ich
dann doch lieber ab. Ich habe für das Forum einen Bericht geschrieben und auch für den Agenturchef, der mir dann das Date
rückvergütet hat.

Wegen verschiedener Erfahrungen habe ich beschlossen, keine Damen mehr zu buchen, nur weil sie in Berichten von Forenmitgliedern, die ich nicht kenne, hoch gelobt wurden. Ich habe die Erfahrung gemacht, dass die positiven Berichte von Unbekannten meist keine Aussagekraft für mich haben. Bei negativen Berichten wird man natürlich vorsichtig, je nachdem um was es geht, aber Berichte sind eigentlich nur wirklich nützlich, wenn man den Autor persönlich kennt. Ein Forum, auf dem ich häufiger bin, ist regional auf Süddeutschland ausgerichtet. Zweimal im Jahr wird ein realer Forenstammtisch organisiert. So habe ich einige Männer persönlich kennengelernt. In der Regel sind das Selbstständige, Akademiker, vom Niveau durchaus normale Leute. Zu diesen Stammtischen kommen immer auch einige Damen aus dem Gewerbe, der Unterhaltung wegen, nicht als Werbemaßnahme. Bei diesen Treffen lernt man eine andere Welt kennen und hört viele Geschichten. Eine der Frauen, die im Escort arbeiten, erzählte zum Beispiel, dass sie selbst gern Frauen mag. Deshalb besucht sie ab und zu einen FKK-Club, um eine Frau für sich zu buchen. Sie meint, mit ihrem Kennerblick würde sie schon die Frauen herausfinden, die selbst Spaß daran hätten und nicht nur wegen des Geldes Ja sagen würden.

Der persönliche Kontakt hat mein Bild vom Paysex verändert. Da sind viele ganz normale Frauen unterwegs, die es genauso wie alle anderen mögen, wenn man sie wertschätzt, Bezahlung hin oder her. Die Frauen mögen es auch nicht, wenn man ihnen das Gefühl gibt, man hätte sie gekauft.

Ich erfahre im Paysex sehr viel an gegenseitiger Wertschätzung, das nicht ausschließlich mit »Kundenbindung« erklärt werden kann. Warum das so ist, weiß ich nicht, ich vermute, es hat damit zu tun, dass man offener miteinander umgehen kann, weil die Themen Sex und Rumkriegen völlig vom Tisch sind. Ich bekomme da Respekt vor den Frauen.

Und wir Männer helfen uns nun auch manchmal gegenseitig aus der Patsche. Einmal bin ich mit dem Auto zu einem Termin gefahren, der weit weg von meinem »offiziellen« Aufenthaltsort, den ich meiner Frau genannt hatte, lag. Zwei Kilometer vor dem Hotel, wo ich meinen Escort treffen wollte, hatte ich auf der Autobahnausfahrt einen Motorschaden. Freitagabend um 19 Uhr, 130 Kilometer entfernt von dem Ort, an dem ich laut Alibi hätte sein müssen. Ich war Millimeter davor, zu Hause anzurufen und alles zu beichten. Aber nachdem ich mir bildhaft vorgestellt hatte, was ich sagen würde, und wie meine Frau reagieren würde, rief ich stattdessen einen Bekannten aus dem Forum an, der in der Gegend wohnte, und holte mir Rat von ihm. Glücklicherweise kannte dieser einen Abschleppdienst, der sich auch tatsächlich bereiterklärte, mich dorthin zu schleppen, wo ich offiziell zu sein hatte. Das Abschleppen verschlang zwar das komplette Budget für mein Escort-Date, das ich absagen musste, dauerte aber bei weitem nicht so lange und machte auch deutlich weniger Spaß.

Ich buche nun auf Grund der Empfehlungen von den Männern, die ich im Lauf der Zeit persönlich kennengelernt habe. Da weiß ich, dass die ähnlich ticken. Wenn mir ein Bekannter erzählt, dass es gut war, schaue ich mir auf ihren Fotos an, ob die Dame vom Erscheinungsbild her infrage kommt. So erspare ich mir stundenlanges Surfen auf den Seiten der Escort-Agenturen, um mir eine Frau auszusuchen.

High Class Escort, zum Beispiel vier Stunden für 900 Euro, buche ich nicht. Ich buche im normalen Preissegment, zwei Stunden für 350 Euro. Ich sehe keinen Sinn darin, bei einer Agentur für drei Stunden so viel zu bezahlen wie bei einer anderen für eine Übernachtung. Außerdem habe ich das Gefühl, dass die Damen nicht zu mir passen würden. Ich gehe privat nicht in ein Sterne-Restaurant und will dann auch keine Dame buchen, die womöglich erwartet, dass ich sie dorthin einlade. Das ist nicht meine Welt. Nach meiner Erfahrung hat der Preis sowieso nichts mit der »Qualität« des Dates zu tun, die wird ausschließlich durch die viel zitierte Chemie bestimmt.

Außerdem gibt es keinen Grund für mich, fremde Frauen dafür zu bezahlen, dass sie mit mir essen gehen. Es mangelt mir ja nicht an Gesellschaft zum Ausgehen. Ich kann vor mir selbst rechtfertigen, dass ich für das Erlebnis »fremde Haut« Geld bezahle, denn danach habe ich ein echtes Bedürfnis. Aber wozu soll ich für etwas bezahlen, das ich nicht vermisse?

Da ich oft am frühen Abend oder tagsüber buche, meist vier Stunden, gehe ich mit den Frauen einen Kaffee trinken. Man lernt sich kennen, man spricht ein wenig miteinander, dann darf man schon auch zur Sache kommen.

Dieser Moment des Übergangs vom Small Talk zum Sex fällt mir sehr schwer. Ich bin nicht jemand, der das Heft in die Hand nimmt und forsch vorgeht. Ich mag es nicht, wenn ich das Gefühl habe, dass ich mich aufdränge. Mir fällt es leichter, wenn die Frau mithilft. Wenn sie wartet und denkt »Soll er mal machen!«, passen wir nicht gut zusammen.

Ich finde es auch leichter, wenn man steht, als wenn man in der Sitzgruppe sitzt. Manchmal finde ich so gar nicht den Moment, wo ich aufstehen und mich zu ihr rüberbegeben könnte. Wenn sich das in die Länge zieht, werde ich unsicher, und es wird in der Regel kein gutes Date.

In dem Segment, in dem ich buche, haben die Frauen viele Termine und schaffen von sich aus die Möglichkeit, mit den Männern intim zu werden. Ich möchte gar nicht wissen, wie viele Termine die beliebten Frauen haben, sicherlich mehrere pro Woche. Sie haben oft eine Ausstrahlung, die es einem leicht macht. Wenn sie einem zum Beispiel um den Hals fallen, dann ist der Schritt schon gemacht.

Andere sind distanzierter. Ich nehme an, die wollen während des Dates erobert werden. Das ist nicht so gut für mich, denn das kann ich nicht, dazu ist die Situation für mich nicht passend.

Ich habe sicher keine vier Stunden Sex, aber ich mag es, wenn es sehr kuschelig ist, streicheln, miteinander reden und lachen, die Nähe genießen, darum geht es mir. Ich will nicht schätzen, wie viel Zeit davon der reine Sex ist. Das weiß ich nicht, ich schaue dabei nicht auf die Uhr.

Wenn ich eine Dame wiederholt treffe, sind wir relativ schnell aus den Klamotten, da brauche ich keinen langen Small Talk vorher. Dann wird geknutscht, gestreichelt, geredet, gekichert, die Zeit, die wir uns nicht gesehen haben, zusammengefasst erzählt. Manchmal dauert es eine Stunde, bis es ernst wird, einfach weil man so am Kichern ist. Noch ist man mit dem Kopf woanders, obwohl man sich schon streichelt und zusammen ist, aber die richtige Konzentration fehlt noch. Kommt der Sex dazu, sind zwei Stunden schnell rum. Ich lecke sehr gern und ausführlich, das nimmt auch seine Zeit in Anspruch. Dann macht man eine Pause, die Dame raucht, man redet wieder, so langsam geht man in die zweite Runde über.

Nur selten bekommt man Tipps, was der Frau gefällt, auch wenn man gerne möchte, dass es ihr gefällt. Man muss mit Gefühl herausfinden, ob man eine Chance hat oder nicht. Ich sage in der Regel: »Ich möchte keine Show, mir ist es am liebsten, wenn wir beide Spaß daran haben.«

Das ist ein schöner Satz, denn ich weiß natürlich auch, dass die meisten Frauen, die mit einem fremden Mann zum ersten Mal zusammen sind, nicht gleich Spaß dabei haben. Da würden auch keine Tipps helfen. Ich habe sehr gute Erfahrungen damit gemacht, eine Frau mehrmals zu treffen, beim zweiten oder dritten Mal ist die Chance groß, dass wir beide das Date richtig genießen.

Es ist auch schwierig mit einer Gebrauchsanweisung für die Lust, was soll man sagen? Die Stellung mag ich oder die? Es hängt ja auch nicht so sehr von der Stellung ab. Man muss versuchen, es zu erspüren. Zu Hause erzählt mir meine Frau auch nicht, was sie mag und was nicht. Ich versuche aufmerksam zu sein und aus den Reaktionen zu lernen.

Auf den Sedcards der Damen findet man immer Angaben zu ihrem Parfüm oder Ähnlichem. Ich möchte nicht wissen, wie viele Flakons die Frauen davon zu Hause stehen haben. Ein Parfüm schenke ich eher nicht, aber eine Kleinigkeit bringe ich immer mit, Blumen, Pralinen oder eine Schale mit Erdbeeren. Ich würde mir komisch vorkommen, mit leeren Händen dazustehen. Alkohol bringe ich nicht mit, ich trinke während des Dates selbst keinen Alkohol. Das berühmte Glas Sekt, um die Atmosphäre aufzulockern, ist nicht mein Ding.

Neue erotische Erfahrungen erlebte ich bei den Dates bislang nicht. Ich mache nichts anderes als zu Hause. Aber die Erwartung, wer da wohl zur Tür reinkommt, und wie sie sich anfühlen wird, macht die Sache sehr aufregend.

Ich probiere vielleicht hier und da was Neues aus, aber es war noch nichts dabei, was mich überrascht hätte oder was ich zu Hause vermissen würde. Das Fesselspiel war letztendlich auch kein besonderer Reiz. Ich habe gern die Hände frei. Vielleicht sollte ich mal selbst fesseln, aber ich fürchte, dass es nicht so sensationell wäre. Mir geht es nicht um Macht, sondern um normalen Sex.

Zurzeit buche ich fast ausschließlich eine bestimmte Frau, ich nenne sie mal Tatjana. Ich habe sie auf einer Sex-Party kennengelernt. Einer im Forum organisiert diese Partys, eingeladen sind fünf Damen und bis zu fünfzehn Herren. Man trifft sich zu einem »Kennenlerndinner« im Restaurant und bricht danach gemeinsam zum Ort des unzüchtigen Treibens auf. Als ich davon las, hat es mich sofort gereizt, zu dieser ungewöhnlichen Sex-Party zu gehen. Trotzdem habe ich lange überlegt, ob ich das überhaupt schaffe, mich dort zu vergnügen, oder ob so ein Gemeinschaftserlebnis nur Stress ist. Schließlich habe ich mich durchgerungen, und da war *sie*. Das war »Liebe auf den ersten Blick«. Ich habe keinerlei Gewöhnungsphase, wie sonst üblich, benötigt. Ich mochte sie sofort. Es war, als hätte ich sie schon ewig gekannt. Diese Party-Geschichte hat sich zwar für uns beide nicht als das Richtige herausgestellt, aber unser Kontakt ist geblieben.

Über das Internet hätte ich Tatjana wahrscheinlich nie gefunden, weil ich in der Region, in der sie sich als Escort buchen lässt, nie gesucht hätte. Kurz nach der Party buchte ich sie für einen Zwei-Stunden-Termin. Auch dieser Termin war hervorragend. Sie erzählte mir gleich persönliche Dinge, die man normalerweise nicht von den Damen erfährt. Das bedeutet, dass auch von ihrer Seite ein gutes Gefühl da war.

Sie hat mir am Anfang gesagt, was sie mag und wie sie es mag. Sie ist Profi, da gibt es keinen Zweifel, ihr geht es nicht darum, dass sie befriedigt wird, sie sorgt dafür, dass ich meine Befriedigung habe. Diese entsteht zum großen Teil aber dadurch, dass sie selbst auch echten Spaß hat, dass sie bei mir sie selbst ist und kein Theater spielt. Das weiß sie, also gibt sie mir das. Ich bin da keine Ausnahme, ich höre von den Frauen oft, dass die Männer versuchen, keine Machos zu sein.

Tatjana treffe ich nun immer wieder und buche auch längere Termine. Ich vertraue ihr vollständig und glaube ihr, dass es ihr Spaß macht, dass sie gern mit mir zusammen ist. Das Zusammensein mit ihr fühlt sich nicht mehr wie bezahlt an. Ich habe kein Pseudonym mehr, sie kennt meine Lebensumstände und ich kenne ihre. Sie ist ebenfalls in einer festen Partnerschaft. Sie ist trotzdem keine Geliebte, es ist schon noch ein Geschäft, da führt kein Weg dran vorbei. Natürlich kann man spekulieren, warum sie immer noch Geld will, warum das noch nicht privat ist, wenn es sich doch so anfühlt. Letztendlich ist aber eine private Beziehung für uns beide ein Ding der Unmöglichkeit, von daher ist das Geld der Trennfaktor. Wir haben eine klare Definition, was wir miteinander machen. Aber wenn wir uns treffen, spüre ich davon nichts, und das ist das Schöne daran.

Wir treffen uns meistens im Hotel. Wir haben auch schon ein paar Mal zusammen übernachtet, besuchen aber auch als Paar einen FKK-Club. Ich finde dort die Infrastruktur perfekt, es gibt Verpflegung, Wellness, ein Freigelände und Zimmer.

Das erste Mal hatte Tatjana Bedenken, wie die anderen Frauen reagieren würden, ob es Konkurrenzdenken gäbe oder eine Art Missstimmung aufkommen würde. Aber die Sorge war unbegründet, alle waren sehr freundlich und zeigten ihr, wie es funktioniert.

Ich buche die zwölf Stunden Overnight-Zeit nun tagsüber. Das Übernachten bringt mir nichts, ich bin es nicht gewohnt, im Doppelbett zu schlafen. Auch zu Hause schlafe ich getrennt, genau genommen kann ich gar nicht mit jemandem im Arm einschlafen, nicht mit meiner Frau und nicht mit Tatjana. Beide tun wir so, als würden wir schlafen. Dabei schlafen weder sie noch ich. Am Morgen sind dann beide nicht entspannt, sondern unausgeschlafen. So haben wir beschlossen, die Overnights tagsüber zu machen.

Zwischen den Dates ist ein loser Kontakt in Form von E-Mails und SMS da, wir haben uns auch schon einfach so zum Essen oder auf einen Kaffee getroffen. Das ist aber selten, wir wohnen sehr weit auseinander, oft denke ich, dass das auch gut so ist.

Es ist schwer zu sagen, ob ich in Tatjana verliebt bin. Es gibt Leute, die sagen schon, dass ich bis über beide Ohren verliebt sei. Ein bisschen was ist da sicher dran, wie soll man das so genau wissen? Andererseits liebe ich meine Frau. Vielleicht ist auch einfach »verliebt« etwas ganz anderes als »lieben« und schließt sich gegenseitig gar nicht aus. Was weiß ich. Es ist sicher nicht so, dass ich alles hinter mir lassen würde, um mit Tatjana ein neues Leben anzufangen, selbst wenn sie frei wäre.

Aber es ist verdammt schwer, keine Gefühle zu entwickeln. Ich hab da eine Frau, die gefällt mir, ich finde sie schön, es macht wahnsinnig Spaß, sich mit ihr zu treffen. Ich habe guten Sex mit ihr, ich sehe sie nur von ihrer besten Seite, wir passen gut zusammen. Wie soll ich mich da nicht verlieben?

Bei einem Date muss es auch so sein, sonst ist es kein gutes Date. Ich muss danach dann den Abstand wieder herstellen, das dauert vielleicht ein paar Tage, bis das Gefühl wieder weg ist. Aber beim Date selbst sehe ich nicht ein, warum ich mich da zurückhalten sollte. Während des Dates bin ich verliebt. Ich fände es sogar unmöglich, keine Gefühle dabei zu entwickeln, denn da müsste ich ein Stein sein. Diese Aussage ist jetzt nicht nur auf Tatjana bezogen. Das ist natürlich nicht bei einer Frau so, die ich das erste Mal buche, aber bei wiederholten Dates ist das schon der Fall.

Ich sehe das auch nicht als Problem an. Von anderen höre ich das auch immer wieder. Ich kenne eigentlich kaum jemanden, dem das nicht schon passiert wäre. Einer ist seinem Escort nach Prag nachgereist. Heute langt er sich an den Kopf, so was wird ihm nicht mehr passieren.

Ich habe mit Tatjana schon so viele witzige und überraschende Dates erlebt, dass ich auch zwischen den Treffen oft an sie denken muss. Einmal holte ich sie an einem Samstagabend zum Essen ab. Die Parksituation in der Nähe des Lokals war schwierig. Nachdem ich eine Zeit lang vergeblich gesucht hatte, parkte ich unerlaubterweise auf dem Parkplatz des benachbarten Lebensmitteldiscounters. Im Restaurant amüsierte ich mich köstlich mit Tatjana und freute mich wie ein Kind auf das, was später folgen sollte. In dieser Stimmung lief ich mit meiner Flamme an der Hand Richtung Auto. Nur kam ich da nicht mehr hin. Der Parkplatz war von einem unüberwindlichen Rolltor versperrt. Wir stellten fest, dass kein Seiteneingang offen war. Ein Anruf bei der örtlichen Polizei ergab, dass keine Chance bestand, das Auto vor Montag vom Parkplatz zu fahren. Das Hotel war nicht weit weg, wir sind mit dem Taxi hingefahren, aber nach diesem Schreck konnte ich die nachfolgenden Stunden nur teilweise genießen. Vor allem wusste ich nicht, wie wir da wieder wegkommen sollten.

Tatjana rief frühmorgens ihren Lebensgefährten an, und der holte uns dann ab. Das war vermutlich die seltsamste Autofahrt, die ich je erlebt habe. Tatjana hat zwar versucht, etwas Konversation zu machen, aber ich konnte einfach nicht. Ihrem Lebensgefährten ging es ähnlich, wie ich später erfahren habe. Von ihrer Stadt aus fuhr ich mit dem Zug weiter und ließ mir eine haarsträubende Geschichte einfallen, warum ich ohne Auto nach Hause kam. Zum Glück kam meiner Angetrauten die Geschichte offenbar nicht so seltsam vor wie mir selbst.

Ein anderes Mal wollte Tatjana mich überraschen. Ich sollte die Zimmertür nur anlehnen und mit geschlossenen Augen auf sie warten. Kein Problem, ich bin sowieso immer etwas vor der Zeit da, um noch mal zu duschen und alles für das Date bereit zu machen. Also ließ ich die Zimmertür einen Spalt offen, setzte mich mit dem Rücken zur Tür in den Sessel und wartete. Als ich sie hereinkommen hörte, drehte ich mich doch um und staunte. Sie trug ein sehr großmaschiges Netzkleid, das rein gar nichts verhüllte, darunter war sie splitternackt. Sie hatte sich im Hotelflur in eine Ecke gedrückt und sich dort, wo jederzeit Leute vorbeikommen konnten, für mich ausgezogen. Mein lieber Mann, hat mich das angemacht. Bei diesem Date war nicht mehr viel Zeit für Small Talk.

Diese Frau ist ein bisschen wie eine Droge, ich bin fast süchtig nach ihr, weil sie sich so gut anfühlt und weil es so schön mit ihr ist.

Wenn ich feststellen würde, dass es sich zum Problem entwickelt, zum Beispiel weil ich die Häufigkeit der Treffen und damit mein Budget nicht mehr kontrollieren kann, dann gibt es nur eines: aufhören! Solange ich es schaffe, Tatjana nur einmal im Monat zu treffen, lasse ich es weiterlaufen.

Ich kann für mich sagen, dass die Entscheidung, Escort zu buchen, die richtige war. Im Escort habe ich das Vertrauen, dass ich nicht auf eine Frau treffe, die das nicht freiwillig macht. Ich finde es furchtbar, wenn eine Frau das machen muss, wenn sie von jemandem dazu gezwungen wird, egal was das Druckmittel ist. Es würde mich belasten, wenn ich erfahren würde, dass ich an so eine Frau geraten bin. Um das zu vermeiden, buche ich nicht anonym nur über die Website, sondern suche im Vorfeld den Austausch und habe den Eindruck, dass das halbwegs sicher ist.

Eine ehemalige Escort-Dame, die ich zwar nie gebucht hatte, die ich aber mittlerweile privat recht gut kenne, sieht das Geschäft nicht positiv. Sie hat nach einem Jahr wieder aufgehört. Sie fand es eher ekelhaft, sie meinte, keine Frau hätte daran Spaß, es wäre alles nur Show. Allerdings gibt sie auch zu, dass sie ein paar Gäste hatte, bei denen sie nichts vorspielen musste, mit denen sie wirklich gern zusammen war.

Es kommt sicher auf die Motivation an. Wenn es die Mutter macht, die ihre zwei Kinder ernähren will, hat das Vergnügen einfach keine Chance. Insofern hängt das Bild, das man vom Escort gewinnt, davon ab, mit wem man spricht.

Auf den Foren zeichnen die Frauen ein positiveres Bild. Nachdem ich mehrere davon beim Stammtisch persönlich getroffen und ausführlich mit ihnen gesprochen habe, nehme ich ihnen ab, was sie im Forum schreiben. Natürlich kann ich es auch als Marketing sehen und darüber nachdenken, ob es wirklich immer so toll ist, wie sie es darstellen. Drehen sie sich wirklich alle um und gehen, wenn die Sympathie nicht stimmt?

Ich denke, dass es nicht immer ganz so ist, aber wir möchten doch alle, dass die Illusion aufrechterhalten wird.

Dennoch bin ich zufrieden, mein Doppelleben hat nicht nur meine Sexualität bereichert. Wenn man sich besser kennt, bleibt es nicht aus, dass sich ein sehr persönliches Verhältnis entwickelt. Einerseits erstaunt mich das Vertrauen, das mir manche Damen schenken, andererseits freut mich das wirklich.

SEDCARD

Name: Mona

Alter: 34

Beruf: Agenturleiterin von Mona Rot

Buchbar: Stuttgart / Deutschland / weltweit

Nationalität: deutsch

Sprachen: Englisch, Spanisch

Äusseres: lässig wie ein Model, blaue Augen, blonde, lange Haare, 177 cm groß, Konfektionsgröße 36, BH-Größe 75 B, Körpermaße 90-63-90

Parfüm: Madness von Chopard

Lieblingsblumen: weiße Rosen

Lässt sich einladen zu: weißer Bordeaux

Bevorzugtes Abendessen: Italienisch, Thailändisch

Interessen: Reisen, Wellness

Erotische Vorlieben: leidenschaftliche Zungenküsse, französische Erotik, erotische Massagen, Verbalerotik, dies alles kann es geben. Doch steht die Individualität, auf meinen Partner einzugehen, im Vordergrund. Es gibt keine abzuhakenden Punkte, sondern nur den Moment! Safe only! Bisexuell, Duo möglich

Honorar, Private Time: 2 Stunden, 500 Euro
24 Stunden, 2.000 Euro

Geliebte auf Zeit, die den Mann begleitet, zum Essen, in den Urlaub, ins Bett

Mona, 34, Agenturleiterin von Mona Rot

>*Ich fühle mich nie wie eine Nutte, sondern wie eine Geliebte auf Zeit. Die man trifft, um ein paar schöne Stunden zu haben, mit oder ohne Sex. Das konnte ich mir früher nicht vorstellen.*«

Ich bin eine sehr ehrgeizige Frau. Ich stecke mir hohe Ziele und versuche mich ständig zu Höchstleistungen anzutreiben. Mit Engagement und Einfallsreichtum verfolge ich meine Ziele. Diese Aussagen werden viele mit Verwunderung wahrnehmen und sich fragen: Und was ist sie? Fotografin? Designerin? Restaurantbesitzerin? Nein, ich bin selbstständige Unternehmerin, Chefin der Escort-Agentur Mona Rot in Stuttgart, arbeite selbst im Escort und besitze ein sehr geschmackvoll eingerichtetes Appartement. An diesem luxuriösen Ort habe ich für meine Frauen und mich eine Umgebung geschaffen, in der wir einen Liebesdienst ausführen können, wie ich ihn mir vorstelle.

Ich war schon immer ein sehr aktiver Mensch und muss mich auspowern bei allem, was ich anfange, das hat in meinem privaten Umfeld zu der irrigen Annahme geführt, dass ich eine Sexbombe sei und einen großen Verschleiß an Männern hätte. Aber die Wirklichkeit sah anders aus: Mit 18 war ich noch Jungfrau und hatte romantische Vorstellungen von dem einen Richtigen, vom Märchenprinzen, der kommen sollte, für den hob ich mich auf. Meine sexuellen Energien setzte ich in leidenschaftliche Tänze um. Ich tanzte Lambada und Salsa, gerade der Salsa-Tanz gilt als Flirt mit dem ganzen Körper und bietet die Möglichkeit für Mann und Frau, sich einander in gewagten Posen zu nähern und sich zu berühren. Zu diesem Tanz gehört nun mal viel Körperkontakt und dabei habe ich meine weiblichen Reize gezielt ausgespielt.

Diese getanzte Erotik übertrug man auf mein Liebesleben, aber ich schwöre, dass ich noch nie einen One-Night-Stand hatte, und bis zu meinem einunddreißigsten Lebensjahr hatte ich nur mit sechs Männern geschlafen, was heutzutage extrem wenig ist. Überraschend ist es dann doch, dass ausgerechnet ich nun in dieser Branche arbeite.

Was ich anbiete, sowohl im Escort als auch in der Wohnung, ist mehr als das Erbringen einer sexuellen Dienstleistung. Das ist es letztendlich natürlich schon, aber nicht nur, ich bin Geliebte auf Zeit, die den Mann gerne begleitet, egal ob zum Geschäftsessen, zum Abendessen, in den Urlaub oder auch ins Bett. Dabei vermittle ich ihm das Gefühl, meine Zeit gern mit ihm zu verbringen und den Sex mit ihm zu genießen.

Diese Auffassung müssen auch die Frauen mitbringen, die für mich arbeiten. Doch das ist nicht alles, ein paar mehr Kriterien müssen die Frauen schon erfüllen.

Ich bewege mich auf einem gehobenen Markt. Die Frau muss sich auf diesem Parkett bewegen können, sie ist höflich, hat gute Umgangsformen und ein angemessenes Auftreten, egal wohin sie begleitet. Im Restaurant weiß sie selbstverständlich, welches Besteck sie zuerst nimmt.

Wenn sie eine Benimmregel mal nicht so genau kennt, ist sie sich nicht zu schade, nachzufragen. Dies schärfe ich ihr ein, denn es ist nur natürlich, dass man etwas nicht weiß. Lieber fragt sie charmant nach, als dass sie in ein Fettnäpfchen tritt. In der Regel bleiben die meisten Männer gelassen und sind hilfsbereit. Sie versuchen, der Dame über die Situation hinwegzuhelfen, oder tun einfach so, als wäre nichts passiert.

Ich habe hauptsächlich deutsche Kunden. Meine Frauen sprechen gut deutsch, selbst wenn es nicht ihre Muttersprache sein sollte.

Sandra mit ihrem unüberhörbaren schwäbischen Dialekt wird gern gebucht, viele finden das und ihre schwäbische Seele herzerfrischend. Aber eine weitere Fremdsprache ist Pflicht, ich erwarte wenigstens ein gutes Schulenglisch. Sarah spricht englisch und französisch, Ellen spricht sogar englisch, spanisch und französisch, ich spreche englisch und spanisch.

Meine Mitarbeiterinnen dürfen nicht aus der Prostitution kommen, sondern müssen einem bürgerlichen Umfeld entstammen. Sie üben meist ihren eigenen Beruf weiter aus und arbeiten nur Teilzeit im Escort und im Appartement.

Wenn sie zu Geschäftsessen mitgehen, benutzen sie ihre Berufe als Deckung. Wenn das nicht geht, sprechen wir uns im Vorfeld mit dem Kunden ab, damit der Lebenslauf zu ihm passt. Die kleinen Schwindeleien müssen glaubwürdig sein, um weder den Gast noch uns zu kompromittieren.

Als Begleiterin eines Designers kann ich nicht Erzieherin sein, das würde nicht passen. Also denken wir uns einen Beruf aus, in dem ich mich auskenne und der nicht zu weit weg von seinem Beruf liegt. In diesem konkreten Fall haben der Designer und ich uns gemeinsam ausgedacht, dass ich bei Betty Barclay arbeiten würde, denn da kannte ich zufällig den Firmensitz. Da ich mich eher im kaufmännischen Bereich als im Modedesign auskenne, war ich eben eine Volontärin, die gerade erst die verschiedenen Unternehmensbereiche kennenlernt.

Es ist mir wichtig, dass die Frauen, die bei mir arbeiten, nicht zu jung und unreif sind. Männer, wie ich sie mir als Kunden wünsche, möchten Frauen buchen, die im Leben stehen, die schon was erlebt und gesehen haben, denn sie suchen auch einen Austausch. Die Frau muss was im Kopf haben. Das Modell »hält die Klappe und sieht hübsch aus« kommt nicht so gut an. Denn ich versuche lange Buchungen zu bekommen und dabei möchte der Kunde nicht primär Sex haben. Wenn jemand für drei, vier Stunden ins Appartement kommt oder außerhalb im Hotel für mehrere Stunden bucht, hat er in der Regel zehn oder fünfzehn Minuten Sex mit der Dame, vielleicht zweimal, aber ansonsten unterhalten sie sich.

Das Appartement hat für die Frauen große Vorteile. Sie fühlen sich sicherer als bei einer Hausbegleitung, denn keine ist hier mit einem Mann allein. Wir haben hier mehrere schön ausgestattete Zimmer jeweils mit eigener Dusche, sodass jede Frau ein kleines Duschspiel mit anbieten kann. Im Empfangszimmer kann man sich erst einmal kurz vorstellen und in der Regel lernen die Frauen die Gäste, die sie später für den Escort buchen, hier kennen. Das heißt, sie kennen den Kunden, den sie auf Reisen oder über Nacht begleiten, schon persönlich und intim. Denn oft kommen Gäste auf uns zu, nachdem sie ein paar Mal Termine im Appartement hatten, und haben eine Idee für eine Nacht oder ein Wochenende.

So kam Sandra für einen Escort nach New York. Der Kunde ist einer meiner ersten Stammkunden in der Wohnung. Er ist ein echter Gentleman, attraktiv, gebildet, witzig und gut im Bett. Er ist einer von denen, die man gern im Supermarkt treffen würde und von denen man hofft, dass sie einem in den Einkaufswagen plumpsen. Er buchte Sandra für eine Nacht, aber ich habe schon gewusst, dass er sie dann, wenn es gut passt, mit nach New York nehmen will, denn er arbeitet viel in den USA. Ich sagte ihr nur: »Gib alles und streng dich an, das ist ein toller Mann.« Es hat tatsächlich geklappt, er war so begeistert von ihr, dass sie ihn bei einem seiner Aufenthalte besuchen durfte. Ich fühlte mich für ihre Sicherheit verantwortlich, war aber zu diesem Zeitpunkt auf Mallorca. Doch die Wohnung war mit zwei Frauen besetzt, also war es kein Problem, dass ich nicht selbst da war. Üblicherweise rufen die Damen, wenn sie am Zielort angekommen sind, in der Wohnung an und sagen Bescheid. Sandra hatte vor lauter Begeisterung für New York aber genau das vergessen. Ich wurde über den fehlenden Sicherheitsanruf informiert und habe die ganze Nacht versucht, sie oder den Kunden zu erreichen, es ging aber nur die Mailbox dran. Bis Sandra sich endlich gemeldet hat, bin ich fast durchgedreht. Aber nicht weil ich Sorge hatte, dass der Kunde Sandra schlecht behandeln würde, sondern weil Sandra allein nach New York gereist war und den Kunden dort treffen sollte. Da wäre ich ruhiger gewesen, wenn ich gewusst hätte, dass sie sich tatsächlich auch getroffen haben.

Bei Neukunden, die Escort buchen möchten, führe ich ein kurzes Gespräch am Telefon oder im Empfangszimmer. Er leistet eine Anzahlung per Kreditkarte, so kann ich seine Daten zurück-verfolgen, wenn was wäre. Bei Barzahlung lasse ich mir eine Kopie des Personalausweises geben.

Aber wie gesagt, der Kunde nutzt meist die Chance, die Dame im Appartement kennenzulernen, die ihn später begleiten wird. Vor allem längere Buchungen, ein Wochenende oder eine Über-nachtung, werden auch von den Herren nicht gern vorgenom-men, wenn sie die Dame nicht kennen.

Das Appartement wird gut angenommen und ich höre auch von den Kunden, dass sie es als angenehmen Unterschied zu anderen Escort-Agenturen sehen. Beide Seiten, Mann und Frau, fühlen sich so wohler und in ihrer Entscheidung sicherer. Das

vorherige Kennenlernen ermöglicht ein harmonisches und erfüll-
tes Treffen.

Ich nehme nur für mich selbst anonyme Termine an und fliege
nach Eingang der Anzahlung und der Reisekosten überallhin.
Ohne Anzahlung geht nichts, dazu gibt es zu viele Deppen, die
per E-Mail die tollsten Termine machen und dann nicht kommen. Die Reisekosten müssen deshalb vorab bezahlt werden, da
ich die Flugbuchung vornehme, um keine privaten Daten über
uns rauszugeben. Das ist eine Schutzmaßnahme, es werden generell keine privaten Telefonnummern oder Adressen ausgetauscht.

Ein weiterer Vorteil des Appartements ist, dass der Kunde
nicht mitbekommt, wenn eine Frau ihn spontan unsympathisch
findet. Denn sie darf bei mir durchaus einen Kunden ablehnen,
aber er soll natürlich der Agentur nicht verloren gehen. Deshalb
sagt sie sehr charmant, dass sie jetzt leider keine Zeit für ihn
habe, ihm aber eine Kollegin holen würde. Wir haben in der
Zwischenzeit ein gutes Gefühl dafür, ob das ein Gast ist, der für
eine Kollegin interessant sein könnte, oder ob er einfach überhaupt nicht passt.

Die Frauen sind in der Beziehung ihre eigenen Chefinnen. Ich
würde nie verlangen, dass sie mit jemandem mitgehen, bei dem
sie kein gutes Gefühl haben. Ich brauche keine Erklärung, warum eine meiner Frauen ein Date abgelehnt hat. Egal, woran es
lag, es reicht mir, wenn die Frau sagt, dass sie mit dem Mann
nicht kann. Das sind keine leeren Worte, das ist einer meiner
Grundsätze. Diesen Job kann man nur dann gut und mit Freude
machen, wenn man die Wahl hat, Nein zu sagen.

Ich kann selbst erst auf drei Jahre Erfahrung zurückblicken,
aber das habe ich mir von Anfang an gemerkt: Du darfst niemals
Sex mit einem Menschen haben, der dir unsympathisch ist, egal
aus welchem Grund. Auch wenn ich als Unternehmerin vielleicht
anders denken sollte, aber als Frau auf keinen Fall.

Mein gesamtes Geld steckt in der Wohnung und der Agentur. Die Mietkosten sind sehr hoch, der hochwertige Ausbau war eine gewaltige Investition, denn die Wohnung war in einem miesen Zustand, jedes Zimmer brauchte eine Duschecke und ein Zimmer bekam sogar einen Whirlpool. Die anfänglichen Werbekosten waren hoch, ich schaltete zusätzlich zum Internet auch in den Printmedien Anzeigen, um die Adresse bekannt zu machen. Heute werbe ich nur noch im Internet, dennoch belaufen sich die Kosten für Werbung noch auf 2.000 Euro im Monat. Trotz des vermeintlich hohen Verdienstes habe ich nicht den Blick für die Realitäten verloren. Wenn ich vier Wochen nicht arbeiten kann, laufen schnell 10.000 Euro Schulden auf. Man denkt, dass es sehr viel Geld ist, das man für eine einzelne Stunde erhält – ist es auch für meine Frauen, die sich keinen Kopf um das Drumherum machen müssen und eine optimale Arbeitsumgebung erhalten. Aber als Unternehmerin muss ich alle Kosten im Auge behalten und mich stets nach Wachstumsmöglichkeiten umschauen wie jedes andere Unternehmen auch.

Gerade im Moment bin ich dabei, einen weiteren Anlaufpunkt für meine Kunden auf Mallorca aufzubauen, weil sich die Anfragen danach häuften. Ich erzählte in meinem Erotik-Blog auf der Internetseite www.mona-rot.de immer wieder, wie schön die Insel ist und wie viel Spaß man dort haben kann.

Seit Januar mache ich jetzt auch noch eine Ausbildung zur Pilotin. Wenn ich das mit der Prüfung schaffe, dann fliege ich zukünftig selbst auf die Insel, mal sehen.

Zum Glück bin ich ein Workaholic, ich beantworte bis zu vierhundert E-Mails am Tag, zum Teil zur Kundenbindung, zum Teil zur Gewinnung neuer Kunden, ich schalte Inserate auf entsprechenden Internetseiten und pflege meine Homepage. Die Homepage ist mein Aushängeschild, Fotos und Termine der Frauen müssen immer aktuell sein, der Blog muss Auskunft über uns geben, soll aber auch die Kunden unterhalten und anregen, sich für uns zu interessieren.

Aber ich werde auch schneller und effizienter. Aus Angst, Kunden zu verlieren, habe ich am Anfang die Spielchen mancher Kunden mitgemacht, im Vorfeld bis zu zwanzig Gespräche für einen Termin zu führen. Das war für sie so eine Art Vorspiel. Heute bin ich strenger mit mir und meinen Kunden, es war zeitlich einfach nicht mehr zu schaffen. Drei Telefonate genügen in der Regel: Termin ausmachen, Rücksprache mit der Frau halten und Termin bestätigen.

Aber ich habe schon in meinem bürgerlichen Beruf viel gearbeitet. Meinen letzten Vollzeitjob hatte ich bei einer Bank. Ich habe fast 6.000 Euro verdient. Ab und zu betreue ich noch immer Projekte dort. Ich wurde bei einem Kreditgeber zur Kauffrau ausgebildet, das war ein hartes Geschäft. Von Anfang an wurde ich darauf getrimmt, dass es darauf ankommt, immer zum Abschluss zu kommen und so viele Verträge wie möglich abzuschließen, auch wenn mir dabei klar wäre, dass der Kunde sich damit tief verschulden würde. Je mehr Verträge ich abschloss, desto höher war meine eigene Provision.

Wenn ich die Möglichkeit sehe, Geld zu verdienen, dann mache ich das, ich bin bekennend geldgeil. Der Kreditnehmer ist auch ein mündiger Bürger, kann die Gefahr für sich sehen und einschätzen. Aber als ich da keine weiteren Aufstiegschancen für mich sah, fing ich ein Abendstudium an und verkaufte parallel Versicherungen. Ich habe jede Gelegenheit zum Geldverdienen genutzt.

Zu Hause bekam ich keine Orientierung, so bin ich sehr früh ausgezogen und habe mir Vorbilder gesucht, die mich in die richtige Richtung gelenkt haben. In meinem Freundeskreis war ich immer das Küken, aber so habe ich mir meinen nötigen Input geholt. Ich hatte Glück und gute Leute um mich herum, die ich ausfragen konnte und die mir ein wenig die Richtung wiesen.

Nach dem Abendstudium konnte ich bei einer Bank anfangen, wo ich erst erkannt habe, dass mein erster Ausbilder eher ein Kredithai als ein seriöser Kreditgeber gewesen war, doch sein Training brachte mich nun auch in der Bank schnell voran.

Aber wenn du sehr jung, schnell und außerdem sehr erfolgreich bist, gibt es viele Neider. Da ich groß, blond und schlank bin und mit den Traummaßen von 90-60-90 keine Diätprobleme zu kennen schien, war der Grund für meinen raschen Aufstieg schnell ausgemacht. Die Frauen tratschten über mich und behaupteten, ich hätte mich hochgevögelt. Das war bitter für mich, denn ich hatte viel geleistet und meine schnelle Karriere war völlig korrekt verlaufen. Aber es ist immer einfacher für die anderen, meine körperlichen Attribute dafür verantwortlich zu machen statt mein Köpfchen, und so wurde ich fast dämonisiert. Im Kostüm traute ich mich schon nicht mehr ins Geschäft, alle dachten, ich würde den Chef flachlegen. So habe ich keinen großen Rückhalt bei den Frauen gefunden.

Die Männer wiederum haben tatsächlich oft gierig auf mich reagiert und versucht, mich zum Sex zu erpressen. Das ist mir so oft passiert, dass ich zum Schluss keine Lust mehr hatte. Ich hatte die Jobs zwar aufgrund meiner Fähigkeiten und Zeugnisse bekommen und auch behalten, aber um dann im Job weiterzukommen, wurde mir oft vorgeschlagen: »Kein Problem, das besprechen wir heute Abend bei einem Essen.« Zwar versuchte ich das so gut wie möglich zu überhören, aber mein letzter Chef brachte sein Begehren unmissverständlich zum Ausdruck. Während des Essens strich er mir plötzlich über die Haare, streifte dabei mit der Hand meinen Busen und meinte, dass er morgen früh entscheiden würde, wie meine Karriere weitergehen würde. Als ich dieses Angebot nicht annahm, hat er mir das Leben zur Hölle gemacht. Sein Ziel hatte er immer vor Augen, irgendwann würde ich schon aufgeben und die Beine breitmachen. Das hat mich total fertiggemacht, und ich war mit meinen Nerven am Ende. Als ich nicht mehr wusste, was ich tun sollte, ging ich zum Anwalt. Mit seiner Hilfe konnte ich das entwürdigende Arbeitsverhältnis mit einer guten Abfindung in der Tasche auflösen.

So wie sich im Job alles um meine Maße drehte und um meine langen Beine, so erlebte ich das auch privat. Ich hatte das Gefühl, dass es keinen Mann gab, der wirklich an mir interessiert war. Die meisten waren nur an meinen Maßen interessiert und daran, mal »so eine« flachzulegen. Daran war ich aber nicht interessiert. Ich war auf der Suche nach einer Beziehung und nicht auf der Suche nach schnellem Sex. Nicht weil ich Sex ablehne, ganz im Gegenteil, innerhalb einer Beziehung bin ich sexuell sehr aktiv. Mit meinem Freund, mit dem ich viele Jahre lang zusammen war, war es normal, einmal am Tag Sex zu haben. Konnten wir uns nicht sehen, hatten wir Telefonsex. Aber seit zwei Jahren tat sich eben nichts in Sachen neue Liebe und ich war sexuell nur mit mir allein aktiv, das ging mir auch auf die Nerven.

Bei einem Freund habe ich mich ausgeweint und ihm meinen Kummer anvertraut. Er gab mir sicher einen sehr ungewöhnlichen, aber für meinen weiteren Werdegang entscheidenden Hinweis: »Unterhalte dich doch mal mit Michelle.«

Michelle hätte das gleiche Problem wie ich gehabt, egal wo sie hingegangen sei, die Männer hätten gleich einen Ständer in der Hose gehabt und sofort mit ihr ins Bett gewollt. Sie hätte die ständige Anmache so sattgehabt, dass sie Geld für jeden Fick verlangt hätte. Da das problemlos klappte, hätte sie jetzt eine Terminwohnung und sei Vollzeitprostituierte. Der Freund lachte über meinen überraschten Gesichtsausdruck. Dazu muss man wissen, dass Michelle eine wunderschöne Frau mit einer tollen erotischen Ausstrahlung ist und auf mich nie wie eine Professionelle gewirkt hatte. Sein Rat war, in einen FKK-Club zu gehen und unverbindlich auszuprobieren, wie es sich anfühlt, für das Geld zu verlangen, was sowieso alle von mir wollen – Sex.

Daraufhin habe ich im Internet recherchiert, was es denn so alles auf dem Erotiksektor gibt. Viele Abkürzungen kannte ich nicht, ich musste mir eingestehen, dass ich doch ziemlich unbedarft war. Ich wusste nicht mal, wie man unauffällig ein Kondom überstreift, das habe ich immer die Männer machen lassen.

Das Thema Sex als Dienstleistung hat mich nicht mehr losgelassen. Wenn du dich mit etwas beschäftigst, siehst du plötzlich überall etwas dazu. Mich hat es regelrecht erschlagen, überall habe ich was gesehen und gelesen. Ich war zwar schon immer offen für Milieugeschichten, aber eher im Fernsehen und in Büchern. Nun wurde ich selbst aktiv, habe Annoncen gelesen, Adressen rausgesucht und schließlich beim FKK-Club in Stuttgart angerufen. Am Telefon meldete sich eine supernette Dame, freundlich, witzig, hilfsbereit, und so bin ich kurz entschlossen dorthin gefahren.

Im Kostüm, mit Brille und Dutt stand ich bei denen mit einem Handtäschchen voller Kondome im Büro. Die waren so was von überrascht, man sah ihnen ihre Gedanken an: Was will die denn hier? Will die hier Versicherungen verkaufen oder Dildos? Oder ist sie von der Presse?

Eine fasste sich so weit, dass sie ihre Sprache wiederfand, und fragte: »Meinen Sie das ernst, dass Sie hier arbeiten möchten?«

»Doch«, habe ich gesagt, »das probier ich jetzt aus«, zahlte meinen Eintritt, zog mich nackt aus, schlang das Handtuch eng um meinen Körper und setzte mich in die äußerste Ecke des Clubs. Dauernd standen Kerle vor mir und wollten mit mir aufs Zimmer. Erst habe ich sie weggeschickt, ich wollte die Atmosphäre erleben und die Abläufe beobachten. Die Damen sind die Treppe hoch, nach einer halben Stunde kamen sie die Treppe wieder runter, das wiederholte sich ständig. Dann, nach vier

Stunden, war ich so weit und habe mir einen Mann ausgesucht. Ich schnappte mir einen, der harmlos aussah, so als ob er kein Wässerchen trüben könnte, und bin mit ihm die Treppe hoch. Der konnte sich freuen, ich hatte ja zwei Jahre keinen Sex mehr gehabt. Er wollte ursprünglich nur eine halbe Stunde, das ist im FKK-Bereich wohl so üblich, aber nach zehn Minuten keuchte er schon, dass er unbedingt verlängern möchte.

Das habe ich natürlich gerne gehört, ich genoss es nämlich, sexhungrig, wie ich war. Ich war mit ihm zwei Stunden auf dem Zimmer, was für einen FKK-Club ungewöhnlich ist. Ich ging mehrere Tage hintereinander hin und mein Ruf eilte mir bereits voraus. Ich wusste da noch nicht, dass Männer sich in Foren austauschen und so andere Männer Dinge über mich lesen konnten. Auf jeden Fall gab es nach kurzer Zeit das sogenannte Mona-Sofa. Die Männer saßen dort und warteten, bis ich kam. Sie antworteten auf konkrete Einladungen anderer Frauen sogar, dass sie verabredet seien, und zwar mit mir.

Diese Zeit im FKK-Club habe ich gebraucht, um mich zu testen: Wie würde ich mit Sex als Dienstleistung zurechtkommen? Würde ich schlecht schlafen? Würde ich mich schämen?

Doch ich kam wunderbar klar. Ich war nicht am Boden zerstört, weinte nicht und war nicht verzweifelt.

Alles war gut, ich hatte endlich mal wieder Sex ohne Ende und keinerlei Stress hinterher. In diesen sechs Tagen fand ich alles aufregend. Zwar habe ich die wildesten Zuhältergeschichten gehört, aber das war weit weg von dem, was ich tat. Niemand zwang mich, hier zu sein, ich konnte mir die Männer aussuchen, und am Abend fuhr ich wieder nach Hause, ohne dass mich jemand kannte. Wenn es anders ausgegangen wäre, hätte niemand von diesem Experiment erfahren. Aber so war es nicht, ich empfand das Geld als leicht verdient und hatte schon die Adresse für mein nächstes Experiment in der Tasche: eine Terminwohnung.

Dort habe ich gelernt, dass sexuelle Dienstleistungen auch von einer anderen Klientel in Anspruch genommen werden, die bereit ist, für Sex in einer schönen, privaten, sauberen Umgebung viel zu bezahlen. Der Inhalt des Geschenkes ist derselbe, Sex als Ware, aber sie ist teurer verpackt, wird edler präsentiert und die Damen, die es überreichen, sprechen deutsch. Meine Kolleginnen waren einfühlsamer, gebildeter und im Small Talk geschult, denn die Männer suchten erst das Gespräch und dann den Sex.

Das klassische Pretty-Woman-Erlebnis hatte ich aber völlig unverhofft außerhalb der Sexbranche. Ich wurde in einer Disco von einem Mann angesprochen, der mir ein unmoralisches Angebot machte. Er sei Chauffeur eines Millionärs und er könne mir ein Date mit seinem Chef vermitteln. Ich stutzte erst: Sah man mir mein Doppelleben schon an? Aber der Chauffeur versicherte mir gerade das Gegenteil, ich sähe so toll aus und wäre genau der Typ von Frau, auf den sein Chef stehe, und der würde ab und zu spezielle Arrangements treffen. Er hätte Freude daran, junge Frauen um sich zu haben, ich solle einfach zusagen. Er würde mich in einem Restaurant treffen und nach dem ersten Treffen könnte ich weitermachen oder nach einem guten Abendessen einfach wieder meines Weges gehen. Was könne da schon Schlimmes passieren?

Das fand ich aufregend, denn in der Zwischenzeit hatte ich vom Escort-Service gehört, der Begleitung von Geschäftsleuten, Bankern und anderen zahlungskräftigen Männern, die niemals in ein Appartement gehen, aber durchaus Hotelzimmer buchen würden, um dort ihr Vergnügen zu haben. Also willigte ich ein, nur um zu sehen, wie es sein würde, einen Millionär zu treffen. Dabei wollte ich auch testen, ob ich fähig bin, einen Mann über eine längere Zeit zu fesseln und zu unterhalten.

Der Treffpunkt sollte zwei Tage später in einem sehr teuren Restaurant sein. Ich war dem Anlass entsprechend schick gekleidet, betonte meine Modellmaße mit hohen Schuhen und stand dann doch etwas verloren am Empfangspult des Restaurants. Der Kellner kam auf mich zu, und ich wurde knallrot, ich wusste nicht, was ich sagen sollte. Da schoss schon der Chauffeur Richtung Eingang und irgendwie war das ganze Restaurant aufmerksam geworden, es war wie im Film. Alle Augen ruhten auf mir, die Frauen blickten eher kritisch und zickig, die Männer sprachlos-neidisch, während der Chauffeur mich an einen Zweiertisch führte. Ich hatte erwartet, dort den Millionär zu treffen. Aber dem war nicht so, wir, der Chauffeur und ich, hatten einen separaten Tisch neben dem einer illustren Herrenrunde. Die Männer, im Alter ab fünfzig aufwärts, betrachteten mich ungeniert. Nach dem Essen stellte der Chauffeur einen Stuhl an die Seite eines der Herren und bat mich, dort Platz zu nehmen. Die Runde nahm mich freundlich auf, man trank noch einen Grappa zum Espresso und nach und nach verabschiedeten sich alle höflich.

Der Chauffeur zog sich diskret zurück, und ich saß irgendwann mit einem Mann allein da, erst sprachlos, bis ich mich auf meine Jahre bei der Bank besann und anfing zu reden. So wurde ich ohne großes Tamtam eine bezahlte Geliebte. Wir sprachen nicht über Geld, es gab sowohl indirekte als auch direkte Zuwendungen, der Chauffeur ging für mich einkaufen, ich bekam 2.000 Euro Taschengeld für meinen Urlaub.

Aber wir sind auch viel gemeinsam verreist und ich lernte das Luxusleben eines Millionärs kennen. Wir sind nach Rom zum Shoppen geflogen, nach Baden-Baden ins Casino oder zum Essen nach München gefahren. Er buchte nicht speziell für mich schöne Hotels, sondern er war einfach gewohnt so zu reisen, und ich partizipierte an diesem Reichtum.

Ich habe mich ganz unprofessionell in ihn verknallt und wollte das gleichzeitig nicht zulassen, denn genau betrachtet war ich in der Anfangsphase der Prostitution und wollte ihm nichts davon erzählen.

Wie würde er es aufnehmen, dass ich in einer Terminwohnung arbeitete und er damit nicht der einzige Mann war, der meinen Luxuskörper besitzen durfte? Die Zuwendungen wurden höher und das Verhältnis intimer. Endlich wollte ich ihm mein Doppelleben beichten, da kam er mir zuvor. Er hatte diskrete Nachforschungen angestellt und wusste bereits davon. Er meinte nur, ich solle mir deshalb keine Gedanken machen, und verblüffte mich seinerseits mit einem Geständnis: »Ich war mit einer der teuersten und besten Huren Österreichs verheiratet. Du bist eine tolle Frau, eine begehrenswerte Frau. Du bist keine kleine Straßennutte. Kopf hoch, bekenne dich dazu! Oder, wenn es dir nicht guttut, lass es – wir werden einen guten Job für dich finden.«

Letztendlich ist unser Verhältnis aber am Geld gescheitert. Ich wollte mein eigenes Geld verdienen, ich war stolz auf eine Bluse, die 100 Euro gekostet hatte, und er schenkte mir plötzlich eine für 1.000 Euro. Damit bin ich nicht klargekommen. Ich bin nicht darauf programmiert, nur mit der Kreditkarte eines Mannes einzukaufen. Ich fühlte mich dadurch verpflichtet und irgendwie kleingehalten. Viel später habe ich erfahren, dass auch er mich sehr geliebt hat. Es war einfach nicht der richtige Zeitpunkt für uns, damals.

Nach einem Dreivierteljahr habe ich in der Terminwohnung aufgehört. Dort wurde erwartet, dass man mit jedem Gast mitgeht, und das wollte ich nicht. Ich habe das einmal getan, weil ich wusste, dass die Besitzerin der Wohnung mich sonst rausschmeißen würde. Danach habe ich mich schlimm gefühlt und gemerkt, dass das nicht geht. Das hat zuhälterähnliche Züge, und mit dem Straßenmilieu habe ich nichts zu tun.

Ich bin käuflich, das stimmt, aber ich suche aus, ich sage wann, ich sage wie, und ich sage wo. Ich lasse mir nicht die Nerven und meinen Körper kaputt machen. Hätte diese Frau das nicht verlangt, hätte ich mich vermutlich nicht selbstständig gemacht, denn eigentlich war ich damals sehr zufrieden damit, wie es gerade lief.

Was mir in meinem bürgerlichen Leben gefehlt hatte, war Sex, und zwar purer, reiner Sex, zu dem ich nicht gezwungen werde. Genau diese Erpressergeschäfte – *Sex*, sonst bekommst du keine Zuwendung, *Sex*, sonst bekommst du keinen besseren Job, *Sex*, sonst ... – wollte ich nicht mehr. Und nun drohte sie mir: *Sex*, sonst musst du gehen.

So ein Miststück, dachte ich mir und bin gegangen. Ich hatte noch genug Geld von der Abfindung der Bank. Ich war nicht auf sie angewiesen, ich musste nicht anschaffen gehen. Ich wollte ficken ohne Verpflichtung, genau so war es. Die Männer kamen, es war klar, was sie wollten, ich habe es ihnen gegeben, ohne dass ich sie in mein privates Umfeld lassen musste. Ich musste nicht überlegen, wie ich den Typ vor dem Frühstück wieder aus meiner Wohnung bekomme. Ich werde die Kerle schon nicht los, wenn ich nicht mit denen ins Bett gehe. Wenn ich mit einem ins Bett gehe, will ich ja auch alles geben. Danach würde ich erst recht keinen mehr loswerden.

Aber die Zeit war insgesamt doch gut gewesen, ich habe viel gelernt und dort meinen heutigen Lebensgefährten getroffen, obwohl ich keinen gesucht habe. Peter kam unauffällig ins Spiel. Er hat mich gebucht und ständig kleine Geschenke mitgebracht, ein Massageöl oder eine CD. Er hat mich nicht sonderlich angemacht, sondern war einfach ein netter, harmloser Kerl. Er hat mich nicht auf eine besondere Art und Weise beeindruckt, er sagte zum Beispiel nie viel, er wollte auch nur kuscheln. Wahrscheinlich war diese zurückhaltende Art von ihm genau der Schlüssel zu mir. Er hat mich zu nichts gedrängt, nie, als er mich zum Essen einladen wollte, hat er mir eine nette SMS geschickt und höflich angefragt.

Mir war klar, dass dies eine private Einladung war, dass er mich für die Zeit nicht bezahlen würde. Sie war im doppelten Sinne privat, denn er lud mich zu sich nach Hause ein, um für mich zu kochen.

Als ich in seine Wohnung kam, dachte ich, dass der richtig gefährlich wird, aber nicht im Sinne von Gewalt, sondern im Sinne von Liebe. Von der ersten Minute an fühlte ich mich zu Hause. Meine Schuhe hatten ihren Platz, ich hatte meinen Platz auf diesem Sofa. Wir saßen vor dem Kamin, aßen seine selbst zubereiteten Sushi und haben uns unterhalten. Das war toll, ein netter Abend ohne Sex. Keiner von uns beiden wollte eine Beziehung, er war noch nicht mal mein Typ. Selbst als ich bei ihm übernachtet habe, hat er mich nicht angerührt und mich nicht geküsst.

Es hat sich einfach leise eine zarte Beziehung angebahnt.

Als ich meine Familie in Norddeutschland besuchen wollte, nahm ich ihn mit. Ich dachte, wenn er meine chaotische Familie überlebt, dann schau ich mir den genauer an. Er fand meine Familie okay, meine Familie hat ihn geliebt, alles schien zu funktionieren.

Da fasste ich mir ein Herz und habe mit ihm geredet: »Hör mal zu, ich bin schon ein bisschen verknallt in dich, aber ich brauche einen starken Mann, einen Partner, an meiner Seite. Ich habe große Pläne, ich werde mich im Sexgewerbe selbstständig machen. Ich werde meine eigene Escort-Agentur gründen und mein eigenes Appartement haben. Wenn du glaubst, dass du das verkraftest und wenn du aufhörst, ständig Angst zu haben, dass du etwas falsch machst bei mir, dann kann das schon was mit uns werden.«

Es hat ein paar Monate gedauert, aber dann ist da was ganz Tolles daraus geworden, eine wunderbare Beziehung. Peter braucht und hat eine gehörige Portion Selbstbewusstsein. Mittlerweile kann er mit meinem Job gut umgehen.

Von Anfang an habe ich es ihm überlassen, ob er seinen Freunden sagen möchte, wie ich mein Geld verdiene. Peter hat ein sehr gesundes, stabiles Umfeld, offiziell hat keiner blöd reagiert. Aber getratscht wird schon. Einmal waren wir bei Bekannten auf einer Sommerparty eingeladen. Dort haben mich einige Gäste sehr penetrant gefragt, was ich tue, und wollten sich einfach nicht damit zufriedengeben, dass ich gesagt habe, ich arbeite bei einer Bank. Schon als sie nachgefragt haben, was ich da genau machen würde und ob ich sicher sei, war mir klar, dass sie was gehört hatten. Ich habe dann Klartext geredet und gesagt, dass ich bin, was ich bin. So genau wollten sie es dann doch nicht wissen. Sie haben sich hinterher zum Teil bei den Gastgebern beschwert, wie man so jemanden wie mich einladen könne. Ich habe es mir bis heute verkniffen, preiszugeben, dass ich drei der anwesenden Herren bereits nackt gesehen hatte. Keiner war direkter Kunde von mir, aber von einer ehemaligen Kollegin hat sich einer der Herren sehr gerne an einer Hundeleine durch die Wohnung führen lassen. Er durfte dann mal im Bad auf allen vieren an meine Stiefel pinkeln und diese hinterher ablecken. Natürlich hat gerade er sich ganz besonders aufgeregt, zusammen mit seiner Frau, die ja keine Ahnung hat. Kurz darauf habe ich auch erfahren, dass die Gastgeberin selbst mit diesen Informationen im Vorfeld regelrecht hausieren gegangen ist. Als Frau Möchtegern-Wichtig das erzählte, polierte sie damit ihr ererbtes Image auf und sonnte sich in dem Gefühl, endlich für ein paar Tage als Gesprächspartnerin gefragt zu sein. Aber ich sollte mich zurückhalten, denn ich war ja nur eine auf Einladung vorgeführte kleine Nutte. Dennoch ist es mir lieber, wenn sie die Wahrheit wissen, dann muss ich nicht lügen.

Bei mir habe ich allen nach und nach Bescheid gesagt. Zuerst nur meiner Schwester, für den Anfang brauchte ich eine Verbündete. Meine Schwester hat nur gelacht und gesagt: »Mach dir keine Gedanken, hätte ich keine Kinder und noch die Figur dazu, ich wäre mit dabei.« Meiner Mutter und meinem Vater habe ich es auch gesagt.

Mein Freundeskreis hat sehr unterschiedlich reagiert. Manche haben es locker genommen, seltsamerweise die, bei denen ich am meisten Angst gehabt hatte. Andere habe ich verloren, zum Beispiel hat eine langjährige Freundin, die als Dauersingle nichts anbrennen ließ und in manchen Nächten zwei Männer hintereinander abgeschleppt hat, mein Tun verurteilt. Da war ich gerade ein halbes Jahr dabei und hatte bestimmt noch lange nicht die Anzahl von Männern gehabt, die sie freizeitmäßig durchgevögelt hatte. Aber sie hat die Tätigkeit mit Prostitution im Milieu verbunden. Wir haben uns voneinander verabschiedet.

Dafür erlebte ich mit anderen Frauen aus meinem eher flüchtigen Stuttgarter Bekanntenkreis Überraschungen. Sie haben wegen der Sommerparty-Geschichte von meiner Agentur erfahren. Zwei Ehefrauen kamen danach neugierig und natürlich heimlich ins Appartement und wir führten bei einer Tasse Kaffee unbefangene, gute, lustige und klärende Gespräche. Eine andere Frau fragte ziemlich schüchtern nach, ob ich noch jemanden brauchen würde. Jetzt arbeitet sie für mich. Sie hatte die richtigen Beweggründe, und das ist nicht nur das Geld. Sie ist in einer Beziehung, sie liebt den Mann abgöttisch, aber sie ist sexuell unbefriedigt. Klar machen wir das schon alle, weil wir Geld verdienen wollen, mit mehr Geld macht das Leben mehr Spaß, das ist einfach so. Aber das allein reicht als Motivation nicht aus. Spaß am Sex an und für sich ist wichtig.

Meine Frauen profitieren nun von meinen Erfahrungen, ich helfe ihnen, typische Anfängerfehler zu vermeiden. Man denkt ja, es ist eine geheime Sache, nichts von hier dringt nach außen in die andere Welt. Spätestens wenn Kunden sich verknallen, ist dem nicht mehr so. Verliebte Kunden sind sehr erfinderisch, wenn es darum geht, an private Informationen zu kommen. Sie kombinieren einfach die Aussage von dir über deinen Wohnort, sagen wir mal Heidelberg, mit dem Kennzeichen des Autos vor der Tür, haben noch einen Freund bei der Polizei und eine Minute später wissen sie deinen Namen, dein Geburtsdatum und deine Adresse.

Ich habe schon erlebt, dass ein Kunde bei mir zu Hause klingelte und meinte, er könne einfach mal so Kaffee mit mir trinken. Da ist mir bewusst geworden, dass das nicht alles nur sonnig und schön, befriedigend und bereichernd ist, sondern dass es auch mal in die Hose gehen kann. Ich schütze mich heute besser.

Dauergäste, die sich verlieben, können gefährlich werden. Die Männer verwechseln leicht die Zuwendung auf Zeit mit Liebe. Ich habe Gäste, die mir jeden Tag zwanzig E-Mails schicken und die Tage bis zum nächsten Treffen zählen. Diese verliebten Kunden versuche ich an Kolleginnen weiterzuvermitteln. Wenn ich das Gefühl habe, dass es schon zu spät ist und sie wirklich eine private Bindung zu mir suchen, dann ist es in diesen Fällen besser, die Begegnungen abzubrechen.

Solche Probleme habe ich mit schwulen Kunden nicht. Ja, die gibt es auch. Sie buchen Escort aus völlig anderen Gründen und ich wollte erst auch nicht glauben, dass es das in unserer aufgeklärten Gesellschaft noch gibt: Kai bucht mich regelmäßig, weil keiner in seiner Firma wissen darf, dass er schwul ist. Er arbeitet bei einem sehr konservativen Unternehmen. Zu offiziellen Anlässen, bei denen man sich mit Partnerin zeigen soll, bucht er mich. Ich spiele seine langjährige Freundin. Sein Vertrauen zu mir ist so groß, dass er mich zu einem sehr heiklen Abendessen mitgenommen hat. Meine Tischnachbarn waren sein Vorgesetzter und dessen Frau, Anlass des Essens: Kai sollte befördert werden. Ich habe mich sehr gut mit ihnen unterhalten.

Manchmal bekomme ich sogar Jobangebote über diese Treffen. Ich denke dann immer, wenn ihr wüsstet, wer ich wirklich bin – das macht es natürlich auch spannend, das hat einen besondern Reiz für mich.

Frauen, die keine Erfahrung im Escort haben, können sich nicht vorstellen, dass ich dabei wirklich tollen Männern begegne. Sie sind oft gut aussehend, nett und freundlich, gebildet und sexuell aufregend. Im Alltag haben sie sicher ihre Macken, der eine hat zwei linke Hände, der andere schnarcht vielleicht, und der dritte lässt die berühmte Zahnpastatube immer offen. Aber solche Probleme kenne ich nicht von ihnen, wenn ich Kunden über Tage oder Wochen erleben darf, entwickeln sich freundschaftliche Verhältnisse. Ich kann mich einfach auf den Mann freuen, weil ich ihn nur von seiner besten Seite kennenlerne. Gerade auch in Sachen Erotik strengen sie sich an und ich darf mich auf guten Sex mit ihnen freuen. Bei manchen Kunden bin ich Profi schon Tage vorher scharf. Und hinterher sieht man mir den tollen Sex an. Die Männer haben fast alle das Bedürfnis, uns glücklich und zufrieden zu machen. Darin finden sie ihre Erfüllung, ihr eigener Orgasmus ist dann fast zweitrangig, oder sie können gar nicht.

Impotente Männer gehören auch zu meinen Kunden. Sie möchten trotzdem eine Frau verwöhnen und sich als Mann fühlen. Gleich zu Anfang meiner Selbstständigkeit als Escort hatte ich einen Herrn, so um die fünfzig, der zum Stammkunden wurde. Er hat mich in verschiedene Städte bestellt, in denen er gerade beruflich zu tun hatte, nur um mit mir zu kuscheln. Ich habe mich gewundert: Ich bekomme viel Geld und muss nichts dafür tun. Er hat mir 900 Euro hingelegt, um mich im Arm zu halten und sonst nichts. Wir haben nackt zusammen geduscht, danach haben wir nur Stunden auf dem Bett gelegen. Er wollte ohne Stress einen weiblichen Körper spüren, seine Frau wollte oder konnte das nicht mehr zulassen. Ich habe den Herrn direkt gefragt: »Warum willst du jetzt keinen Sex mit mir?«

Er antwortete: »Meine Frau findet, dass ich ein schlechter Liebhaber sei, mehr noch, sie sagt, ich sei eine Niete im Bett. Sie habe noch nie einen Orgasmus bei mir gehabt.« Seine Frau habe ihn immer nur schlechtgemacht, deshalb bekäme er keine Erektion mehr. Bei seiner Frau sowieso nicht, aber auch bei keiner anderen Frau mehr. Wobei man nicht alles wörtlich nehmen darf, die Herren erzählen natürlich ihre Version, aber das fand ich sehr glaubhaft und traurig.

»Warum willst du mich auch nicht küssen?«, fragte ich ihn. »Ich muss dir doch sympathisch sein, sonst würdest du nicht so viel Zeit mit mir verbringen.«

»Meine Frau sagt, ich könne auch nicht küssen.«

Als er mich doch küsste, dachte ich: Um Gottes willen, das kann er wirklich nicht. Seine Zunge war beim Küssen wie ein Vorschlaghammer im Rachen. Also habe ich angefangen, ihm Unterricht zu geben: vom Küssen bis zum oralen Verwöhnen einer Frau. Er wusste nicht, dass viele Frauen keine vaginalen Orgasmen erleben können, es sei denn, sie werden zusätzlich an der Klitoris stimuliert. Wie sollte er es auch wissen, wenn seine Frau zwar meckert, aber dann doch nicht sagt, wie er es besser machen könnte?

Ich habe ihm verraten, wie ich es mag. Langsam tastete er sich an die Geheimnisse des weiblichen Körpers ran. Er lag mit dem Kopf zwischen meinen Beinen und fragte immer wieder: »Ist das gut so, Mona?«

Immer habe ich ihn darauf hingewiesen: »Achte darauf, wie die Frau auf deine Handlungen reagiert.« Ich habe bewusst vermieden zu sagen *deine Frau*, es ging mir ja nicht darum, deren Ehe zu retten, sondern sein Intimleben. Er lernte, auf schnelleres Atmen und auf andere Zeichen zu reagieren.

Ich trichterte ihm ein: »Geh es langsamer an, romantischer, zärtlich, nachher kann es gern heftiger zugehen, aber Erregung funktioniert in Wellen.«

Er war so stolz, als er es geschafft hat, es so zu machen, wie mir gefällt, und ich einen Orgasmus hatte.

Wenn er mich nun befriedigte, bekam er eine leichte Erektion. Ich habe ihn vorsichtig gestreichelt und seinen Penis angefasst. Er buchte mich wöchentlich für drei oder vier Stunden, zwischen 700 und 900 Euro hat er regelmäßig dafür liegen lassen. Nach mehreren Monaten konnten wir Sex miteinander haben.

Dann hat er mir per Boten einen riesigen Blumenstrauß geschickt. Dieser Strauß war so groß, dass ich ihn kaum halten konnte, dazu einen Umschlag mit 500 Euro und einen Brief:

Liebe Mona, vielen, vielen herzlichen Dank, ich habe es geschafft, ich hatte Sex mit meiner Frau. Meine Frau hat klugerweise nicht gefragt, wo ich es gelernt habe. Ich hoffe, du bist mir nicht böse, aber ich werde nicht mehr kommen.

Den Brief habe ich aufgehoben, er hat mich sehr berührt. Auch war ich nicht böse, dass er nicht mehr kommen würde, ich war eher ein bisschen stolz auf mich. Ich dachte: Hey, diesen Job kann ich, hier werde ich meine Erfüllung finden.

Ein Teil der Gesellschaft möchte uns gern als Ehebrecherinnen verteufeln, aber wie diese Geschichte beweist, ist eher das Gegenteil der Fall. Diese Frau kann froh sein, dass ihr Mann zu mir gekommen ist. Ich habe ihm das Gefühl gegeben, dass ich ihn will, und so bekam er wieder ein Gefühl dafür, ein Mann zu sein.

70 bis 80 Prozent der Kunden sind verheiratet. Oft stimmt die Kommunikation innerhalb der Ehe nicht mehr. Die Frauen sagen nicht, was sie wollen, vor allem nicht beim Sex. Ein Mann kann aber nur so gut im Bett sein wie die Frauen, die er vorher hatte.

Manch eine Ehefrau hat nur einen Versorger gesucht und ihr körperliches Interesse an dem Mann erlahmt spätestens wenn sie das zweite Kind von ihm hat. Die Frauen sind plötzlich zufrieden mit dem, was sie haben. Sie weisen den Mann zurück: »Was, Sex willst du, körperliche Nähe? Ich hab doch jetzt alles, was ich will, und Sex gehört nicht mehr dazu.«

Ich glaube, dass diese Entwicklung so oder so ähnlich tausendfach in unserer Gesellschaft stattfindet. Aber Männer wollen auch Mann sein, sie wollen nicht nur Versorger sein, sie wollen Sex, körperliche Liebe. Viele Hausfrauen sind größere Nutten als wir, weil sie ihre Männer ausnutzen, sie betrügen, indem sie mit ihren Gefühlen spielen.

Wenn Männer Escort buchen, ist das eine klare Sache. Es gibt nicht dieses leere Gefühl hinterher, außer vielleicht im Geldbeutel.

Ich spiele den Männern keine Rolle vor, ich bin bei denen, wie ich bin. Ich bin keine Schauspielerin und stöhne die Bude zusammen, wenn mir nicht danach ist.

Es gibt viele Männer, die mich so mögen, wie ich bin. Wer mit meiner Art nicht klarkommt, muss mich nicht mehr buchen. Das sind immer klare Verhältnisse, keiner will mich zurechtbiegen und ich arbeite mich an keinem ab. Daran habe ich kein Interesse, denn dann würde ich mich wie eine Nutte fühlen, und das will ich auf keinen Fall.

Ich habe alles, was ich gemacht habe, immer von Herzen gemacht, und zwar so lange, bis der Punkt kam, an dem ich merkte, dass ich nicht mehr mit voller Leidenschaft dabei sein kann. Solange ich diese Leidenschaft habe, solange ich mich morgens auf meinen Tag freue, so lange mache ich das weiter. Wenn ich merke, dass das nicht mehr so ist, dann höre ich sofort auf.

Girlfriendsex, das ist Sex
wie mit einer Freundin,
nur noch besser

Andreas, 45, Diplomingenieur

»*Biologisch bin ich zwar 45 Jahre alt, aber mein ›ge-fühltes Alter‹ beginnt eigentlich noch nicht mit einer vier. Im Bett gehen meine Vorlieben und Bestrebungen weit weniger in Richtung Akrobatik oder Leistungs-sport als vielmehr in Richtung Gefühl – und zwar für beide Partner!*«

Ich heiße Andreas und bin Diplomingenieur bei Mercedes in der Pkw-Entwicklung. Meine Frau kenne ich seit 17 Jahren, seit zwölf Jahren sind wir verheiratet. Wir haben zwei Kinder.

Zu käuflichen Frauen bin ich schon als junger Mann ge-gangen. Ich bin sicher nicht der Einzige, der sich in der Jugend dachte, das will ich ausprobieren, ich wollte zum Beispiel das Dreifarbenhaus mal von innen sehen. Das Dreifarbenhaus ist ein sogenanntes Laufhaus in Stuttgart. Beim »nur mal gucken« blieb es dann nicht, ich habe den »Service« auch in Anspruch ge-nommen. Aber das passierte höchstens zwei- bis dreimal, zu den Zeiten, als ich keine Beziehung hatte. Später dann, nachdem ich meine heutige Frau kennengelernt hatte, bestand in der Hinsicht kein Bedarf mehr. Erst mit den Jahren kam das Thema käuflicher Sex wieder auf.

Denn ich bin mit dem Sex in meiner Ehe nicht richtig zufrieden. Meiner Frau ist Sex nicht wichtig. Ich mache ihr nicht wirklich einen Vorwurf daraus. Es mag darin begründet liegen, wie sie erzogen wurde. Sie hat ihre Eltern nie nackt gesehen. Von ihnen wurde ihr vermittelt, dass Sex ein Tabuthema sei. Die gehörten noch zu der »Sex-ist-was-Schmutziges-Generation«. Zu der Generation nach dem Krieg, von der ich eigentlich dachte, sie sei ausgestorben.

Zu Beginn unserer Beziehung ist mir das nicht so aufgefallen. Wahrscheinlich hatte sie sich gesagt: Ich weiß, dass das für einen Mann wichtig ist, also mache ich das mit. Darum hat das auch so leidlich funktioniert. In den ersten Monaten einer Beziehung ist man auch nicht so kritisch, da sagt man sich nicht gleich: Hey, das kann doch nicht schon alles gewesen sein, was hier abgeht. Sex müsste doch besser möglich sein, mehr sein als diese Drei-Minuten-Pflichtveranstaltung.

Mittlerweile sagt mir meine Frau explizit: »Ich genieße das nicht, ich brauche das nicht, es bringt mir nichts und ich will es eigentlich nicht.«

Für mich dachte ich: Es mag ja sein, dass das im Fernsehen alles übertrieben ist, aber dort sieht man das anders. Jeder kennt die Filme *9 1/2 Wochen* oder *Basic Instinct*. Da geht es richtig ab, von Pornofilmen will ich erst gar nicht reden. Filme beeinflussen die Wünsche in Bezug auf Sex schon.

Für mich hat sich die Frage gestellt: Ist das, was da dargestellt wird, die Phantasie männlicher Regisseure? Oder gibt es in Wirklichkeit auch Frauen, die so sind? Die selbst Spaß am Sex haben, Sex genießen möchten?

Da ich verheiratet bin, möchte ich keine Beziehung nebenher. So unglücklich bin ich in meiner Ehe nicht. Es ist vor allem dieser eine Aspekt, der unzureichend ist, mit dem ich nicht zufrieden bin. Ansonsten drängt mich nichts, meine Ehe aufzugeben.

Ich fände es nicht in Ordnung, wenn ich mich – beispielsweise nach der Arbeit – regelmäßig heimlich mit einer Kollegin treffen würde. Da hätte ich ständig das Gefühl, dass ich diese Frau möglicherweise ausnutzen würde. Ich jedenfalls würde mich als Frau wahrscheinlich irgendwann ausgenutzt fühlen, wenn ich wüsste, dass ich im Leben dieses Mannes nur die Nummer zwei bin. Danach geht er wieder heim zu seiner Frau. Da würde ich mir billig vorkommen. Das wäre nicht in Ordnung. Weil ich das so sehe, war eine Affäre nie eine Option.

Eher noch moralisch in Ordnung finde ich es, wenn ich irgendwo hingehe und dafür Geld bezahle. Die Idealvorstellung ist, dabei noch eine Frau zu finden, die selbst Spaß am Sex hat. Wahrscheinlich gibt es viele Männer, die sagen würden, Sex ist dann gut, wenn ich einen tollen Orgasmus hatte. Aber so denke ich normalerweise nicht. Für mich ist Sex gut, wenn es auch der Frau Spaß gemacht hat, wenn es gemeinsam schön war. Ich möchte, dass auch – oder sogar vor allem – die Frau auf ihre Kosten kommt. Da kann man die Mädels hinterher auch gerne fragen, die müssten eigentlich bestätigen können, dass das mein Ziel ist.

Vielleicht gibt es in Thailand so tolle käufliche Frauen, die es schaffen, dich 90 Minuten lang auf 99 Prozent Flughöhe zu halten und du dann einen Orgasmus wie eine Explosion hast, das mag sein. Es mag schon sein, dass ich gelegentlich auch so drauf bin, dass es mir einfach auf meinen eigenen Orgasmus ankommt, und was die Frau dabei empfindet, ist mir ausnahmsweise nicht so wichtig. Aber wie gesagt, das ist nicht der Normalfall. Die passive Rolle, bei der ich mich nur bedienen lasse, ist nicht meine Traumvorstellung. Diesen Hintergrund muss man kennen, wenn man mich verstehen will.

Ein sehr, sehr langer Prozess hat mich an den Punkt geführt, dass ich mir sagte: So, du warst früher schon bei käuflichen Frauen, so berühmt war das zwar nicht. Aber da warst du noch unerfahren. In der Zwischenzeit hast du ein bisschen mehr Erfahrung, probier es noch einmal auf diesem Weg und begib dich auf die Suche nach Frauen, die Spaß am Sex haben.

Die Suche war zu 90 Prozent frustrierend. Dass ich diese Art von Sex, bei der eine Frau selbst Spaß daran hat, verbunden mit einem angenehmen Gespräch und einer ansprechenden Atmosphäre, nicht für 50 Euro im Dreifarbenhaus finden würde, war mir schon klar. Ein Laufhaus ist so was von frauenverachtend. Ich finde es widerlich. Die Frauen sitzen da in der Türe wie Ware und müssen sich von tausend Männern taxieren lassen wie die Salatköpfe auf dem Wochenmarkt, sie lächeln dich an, fragen, ob du nicht reinkommen willst. 80 bis 90 Prozent können nicht mal richtig Deutsch, und wenn du erst im Zimmer bist – wie gesagt, ich habe das ein- oder zweimal gemacht –, wirst du abgezockt. Dann heißt es: »Moment, 50 Euro waren ausgemacht, dabei war nicht die Rede davon, dass ich mich dafür ausziehe.« Das ist nicht das Niveau, das ich anstrebe, das ist reine Triebbefriedigung. Als Fließbandarbeiter kann ich da vielleicht schnell hin und den Druck abbauen, das mag wohl sein. Aber das ist nicht das, was ich suche, ich bin nicht triebgesteuert.

Um meine Art von Sex zu finden, habe ich nie mit jemand anderem geredet, nie. Sondern ich habe mir, wenn ich beispielsweise Messen oder Kongresse besucht habe, an der Tankstelle eine Zeitung gekauft und geschaut, was es in der Stadt für Sexangebote gibt. Je nachdem besuchte ich einen Swinger- oder einen FKK-Club. Um in einen FKK-Club zu kommen, zahlst du einen Eintritt von ungefähr 50 Euro. Die Frauen sitzen halb nackt rum. Wenn du denen Geld gibst, musst du nicht lange werben, bis eine mit dir ins Separee geht. Eine halbe Stunde mit einer Frau kostet

50 oder 80 Euro. Aber letztendlich sind das professionelle Frauen, die Umsatz machen wollen, die sind nicht mit persönlicher Leidenschaft bei der Sache.

In einem Swingerclub sind eher private Frauen. Während der Mann tagsüber bei der Arbeit ist, gehen die in den Swingerclub. So langsam hatte sich mein Bild gewandelt. Ja, es gibt Frauen, die Spaß am Sex haben und Sex suchen. Ich kenne zwei Clubs in Stuttgart, die ich schon mehrfach besucht habe.

Der eine ist ein klassischer Swingerclub. Man setzt sich an die Bar, kommt mit einer Frau ins Gespräch, und wenn sich eine gewisse Wellenlänge eingestellt hat, geht sie mit dir auf die Matratze. Da habe ich schon Frauen erlebt, deren Orgasmus echt war, davon bin ich bis heute überzeugt. Ich hatte das Gefühl, die hatten Spaß, die wollten das. Manchmal sind wir danach noch bei einem Kaffee zusammengesessen. Das war wirklich nett. Aber in einem Swingerclub hast du keine Garantie, dass das klappt. Da sitzt vielleicht eine, die hätte Spaß, aber der gefällt dein Gesicht nicht oder umgekehrt. Manche der Frauen sind über fünfzig Jahre oder über hundert Kilo schwer. Da muss jeder selbst wissen, ob er das möchte oder nicht.

Als in Leipzig die Automobilmesse war, besuchte ich dort einen Swingerclub. So was hatte ich noch nicht erlebt, da sind mindestens achtzig Leute rumgewuselt. Zwei Drittel Männer, ein Drittel Frauen, da bin ich überhaupt nicht zum Zug gekommen.

Mal hast du in Swingerclubs besseren, mal schlechteren, mal gar keinen Sex, ein wirklich zufriedenes Gefühl ist in meinem Fall jedenfalls nie eingetreten.

Bei dem anderen Club in Stuttgart habe ich das Gefühl, dass der Betreiber den Frauen was bezahlt und von ihnen erwartet, dass die sich nicht lange zieren. Da setzt du dich an die Bar, an der die Kontaktaufnahme stattfindet, und keine zwei Minuten später sitzt eine Frau neben dir und fasst dir gleich an den Oberschenkel. Das ist untypisch, das zeigt mir, dass das wahrscheinlich keine authentische private Frau ist. Das Thema Swingerclub war also nicht die Lösung.

Meine Überlegungen gingen dann in eine neue Richtung: Vielleicht kann man sich an den Preisen orientieren. Wenn eine mehr verlangt und das auch bekommt, hat sie vielleicht mehr Niveau, ist eine hochwertigere Frau.

So kam es zu ein paar wenigen Besuchen bei einer Dame, die eine Wohnung in Stuttgart betreibt. Die Frau hatte Spaß am Sex, sie machte einen netten, sympathischen Eindruck. Aber ich fragte mich: War das jetzt echt oder war das gut gespielt? Das lässt sich nicht mit Sicherheit sagen. Da gibt es bessere und schlechtere Schauspielerinnen.

Diese Frau arbeitete aber nicht allein, sondern stellte mir bei einem Besuch ihren neuen Engel vor und das war Mona. Mona sagte gleich zu Anfang: »Ich will dabei auch Genuss und Spaß haben, lass uns eine schöne Stunde auf der Matratze miteinander verbringen. Dann ist das für dich und für mich schön.«

Das hatte ich gesucht, eine Frau, die ihre Leidenschaft lebt. Aber nach ein paar Monaten war sie wieder weg. Ich hatte sie insgesamt dreimal besucht, das hat zum Glück gereicht, damit wir uns besser kennenlernen konnten. Es ist ja keine Selbstverständlichkeit, dass sich die Frauen an jeden Gast erinnern. Davon gehe ich zumindest nicht aus. Mona sagte mir, dass sie sich etwas Eigenes aufbauen würde. Wir blieben in der Folgezeit lose in Kontakt, während sie ihr neues eigenes Domizil umgebaut und eingerichtet hat. Als Gast kannst du jetzt zwischen Escort und Wohnung wählen. Du kannst in Begleitung essen gehen, nur in die Wohnung kommen oder hinterher noch einen Kaffee trinken gehen.

Diese Mischung kommt mir sehr entgegen, ich bin Ingenieur und verdiene keine Reichtümer. Ich habe schlichtweg nicht das

Geld, um über einen Escort für mehrere Tage nachzudenken. Mona für ein Wochenende zu buchen liegt jenseits meiner finanziellen Möglichkeiten, sodass das nie ein Thema für mich war. Abgesehen davon: Was habe ich davon, wenn ich auf der Messe bin und sie sitzt in einem Hotel? Denn das sind die einzigen Tage, an denen ich ohne Familie unterwegs bin. Ich bin nicht sicher, ob ich Mona für einen mehrtägigen Escort buchen würde, selbst wenn ich zehnmal mehr Geld hätte. Ich hätte bei diesem Wochenende vielleicht viermal oder auch sechsmal Sex, aber keine zwanzigmal, so ein Hengst bin ich nicht. Außerdem suche ich ja keine Geliebte.

Zu ausgesuchten Anlässen buche ich über den normalen Besuch hinaus einen Escort-Termin. Kurz vor Weihnachten habe ich Mona einen Hamam-Besuch in den Schwabenquellen geschenkt. Das war ein besonderes Ereignis, zusammen haben wir im Hamam die Massagen und Saunagänge genossen. Danach sind wir in die Wohnung. Ich kann nicht zwei, drei Stunden Mona nackt beobachten und dann einfach heimgehen. Dieser Termin dehnte sich bestimmt über fünf Stunden.

Monas Geburtstag ist auch ein Anlass, die Wohnung zu verlassen. Ich habe sie zum Essen eingeladen. Manchmal, wenn ich einen frühen Termin mit ihr buche, gehen wir hinterher noch frühstücken oder einen Kaffe trinken, das finde ich gut. Ich genieße es, wenn wir danach einfach nett miteinander plaudern. Somit bin ich vielleicht kein typischer Gast von Mona, der sie nach Paris oder Mallorca entführt.

Ehrlich gesagt war ich sehr froh, dass sie in Stuttgart blieb. Es hätte ja sein können, dass sie nach Hamburg oder Berlin gegangen wäre. Das Problem wäre nicht gewesen, neue Kontakte zu knüpfen, das ist nicht schwierig. Es ist nicht so, dass ich, nachdem ich sie kennengelernt hatte, nirgends anders mehr hingegangen wäre. Ich fühle mich hier nicht zur Treue verpflichtet. Die geschäftliche Basis unserer Beziehung ist jederzeit vollkommen klar. Ich weiß, dass Mona das ebenso sieht.

In Gesprächen zwischen Mona und mir ging es immer mal wieder um ihre Homepage und sie gab mir gezielt Adressen von Homepages anderer High-Class-Escort-Damen, die ich mir ansehen sollte. Wohlgemerkt: die Homepages, nicht die Damen.

Mit einer habe ich Kontakt aufgenommen. Ich schrieb ihr eine Mail, in der ich mich kurz vorstellte und bekundete, dass ich sie gern kennenlernen würde. Darauf hat sie geantwortet, wir haben telefoniert und einen Termin vereinbart. Warum sollte ich da schüchtern sein? In diesem Fall sah sie wirklich gut aus, war einen halben Kopf größer als ich und sehr schlank.

Wenn Mona weggegangen wäre, wäre das Problem eher gewesen, jemand anderen in dieser Qualität zu finden. So ein Angebot gibt es selten. Bei ihr habe ich gefunden, was ich gesucht habe, eine Frau mit Niveau, mit Stil, mit sympathischem Wesen, mit bestechender Intelligenz, die Spaß am Sex hat, die sich fallen lassen kann, die aus sich rausgeht. Einfach super.

Ich weiß nicht, wie viele Prostituierte es in Stuttgart gibt, 3.000 oder 4.000, aber davon sind 99,9 Prozent eine Kategorie, die ich nicht will. Ich brauche keine, die am Straßenrand steht, mich kurz abzockt, mir sagt: »Wann kommst du endlich, ich muss weiter, wie lange dauert es noch bei dir?« Ich suche seit jeher eher Frauen, die manierlich aussehen, was im Kopf haben, sympathisch sind und sich Zeit nehmen.

In den Foren, in denen sich die Besucher käuflicher Damen miteinander austauschen, kursiert immer wieder der Begriff »Girlfriendsex«. Es wird miteinander verglichen, wer bei wem was für welches Geld bekommen hat: »Die hat Französisch ohne gemacht.« Oder: »Da habe ich richtigen Girlfriendsex gehabt.«

Der Begriff »Girlfriendsex« geht schon in die richtige Richtung, aber er ist meiner Meinung nach immer noch nicht treffend. Dieser Begriff im Zusammenhang mit einer Prostituierten bezeichnet eigentlich die Art Sex, wie man ihn sich idealerweise mit einer Freundin vorstellen oder wünschen würde. Das heißt unter anderem, dass die geschäftliche Basis und das Geld völlig in den Hintergrund rücken oder gar nicht mehr präsent sind. Man ist mit dieser Frau wie mit einer guten Freundin zusammen, nur dass eben der Sex besser als im echten Leben mit der Freundin ist. So konnte es passieren, dass ich vergessen habe, Geld auf den Tisch zu legen. Das war mir extrem peinlich. Mona sagte nach dem letzten Kuss: »Haben wir nicht etwas vergessen?«

Ich wäre am liebsten im Erdboden versunken. Wenn man hierherkommt, hat man Bargeld dabei und legt es, während das Mädel einem noch einen Espresso macht, auf den Tisch, denn ich glaube, die Geldübergabe ist den Mädels genauso peinlich wie mir. Aber wie gesagt, dieses eine Mal hatte ich es vergessen. Ich habe daraus eine Geschichte gemacht. Ich habe eine Bildzeitung gekauft und im Internet ein Foto von einem Loch in der Straße gesucht. Mit einem Foto von Mona und mir habe ich daraus eine Titelseite mit einer Schlagzeile gebaut: »Mann vom Erdboden verschluckt. Nach einem Besuch bei Mona R. verschwand Andreas B. im Erdboden.« Die habe ich ihr in den Briefkasten geworfen.

Es klingt jetzt vermessen und bestimmt erhofft sich das jeder ihrer Gäste, aber ich habe die Vorstellung, dass ich ein vom Durchschnitt abweichendes Verhältnis zu Mona habe. Ich möchte mir nicht anmaßen, dass ich etwas ganz Besonderes für sie wäre, aber ein besonderes Verhältnis ist es wahrscheinlich irgendwie doch.

Im Vorfeld der Fußballweltmeisterschaft sind wir zum Beispiel beim Plaudern darauf gekommen, dass es in der Fußballsprache viele zweideutige Begriffe gibt. »Freistoß« zum Beispiel. Das Thema hat mich fasziniert und zu Hause fing es in meinem Kopf an zu rattern und mir sind ziemlich viele Begriffe inklusive einer Mona-Erklärung eingefallen:

»Ein Spiel dauert 90 Minuten – Na, na, setzt euch nicht unter Druck. Das schafft ja doch keiner.«

»Hängender Mittelstürmer – Klasse Bezeichnung! Nur hängen sollte er nicht, sonst kann er nicht stürmen. Aber darum kann ich mich ja dann ebenso gerne wie (normalerweise) auch erfolgreich kümmern.«

»Schwalbe – Kenne ich nicht. Neue Stellung? Sollte mir dringend mal jemand zeigen.«

Zum Schluss hatte ich dreißig bis vierzig Begriffe zusammen. Die habe ich ihr gemailt und sie fand die so super, dass sie die direkt als »Monas Fußballvokabular« auf ihre Homepage gestellt hat.

Deshalb hat es mich auch nicht gewundert, dass sie mich angerufen und gefragt hat, ob ich bereit wäre, ein Interview zu geben: »Du kannst dich doch ausdrücken.«

Ich schreibe auch gerne, ich habe ihr schon Hunderte von Mails geschrieben, Elaborate von teilweise unermesslicher Länge, aber sie hat mir signalisiert, dass sie sie wirklich gern liest. Ich weiß, dass viele zu lang sind, aber ich schildere ihr dann meine Gedanken. Sie findet es originell, wie ich mich ausdrücke. Sie sagte: »Nimm mir nicht meine kleinen Highlights, ich bekomme so viel Schund.«

Ich kann nach einem Zusammensein mit Mona niemandem davon erzählen. Es kann gut sein, dass meine Mails an sie dann eine Art Ventil sind.

Ich nehme persönlichen Anteil an Monas Leben – jedenfalls soweit sie es mir offenbart. Sie ist eine interessante Frau, mit der ich mich gut unterhalten kann. Ich muss sagen, ich beschäftige mich auch nach einem Besuch bei ihr noch lange mit unseren Gesprächen.

Als sie die englische Version ihrer Homepage online gestellt hat, ist mir eine Reihe von Fehlern aufgefallen. Da habe ich ihr angeboten, dass ich das ein wenig richte. Das ist eine Ebene, die über das Normale hinausgeht.

Üblicherweise schreibe ich die Mails, die ich Mona schicke, in Word vor. Im Laufe eines Jahres sind mehr als achtzig Seiten zusammengekommen. Als ich mal wieder ein Geschenk für sie gesucht habe, habe ich ihr diese Seiten zu einem Buch gebunden. Das ergab dann eine Art Sammelband mit der Bildzeitungsstory, dem Fußballvokabular und all den anderen Dingen, die sich im Laufe eines Jahres ergeben hatten. Den habe ich ihr bei einem Kaffee überreicht und sie hat sich bedankt und gesagt: »Super, das freut mich.« In der Zwischenzeit ist es schon Tradition, dass sie ihren Jahresband erhält.

Wenn ich hier sitze und glaube, dass Mona und ich ein besonderes Verhältnis haben, dann ist das zwar durch verschiedene Fakten gestützt. Aber ich vermute, dass das andere Besucher auch über sich sagen würden, und das ist Mona vielleicht gar nicht recht. Sie würde sich wahrscheinlich gegen die Vorstellung verwahren, sie hätte mit einem ihrer Gäste etwas Besonderes: »Wenn einer das glaubt, dann täuscht er sich.« Ihr ist wichtig, dass diese Grenze gewahrt bleibt. Sie ist – verständlicherweise – genervt und verärgert, wenn einer die Grenze überschreitet. Neulich hat ihr einer vierzig rote Rosen an ihre Privatadresse geschickt. Das geht nicht, das ist gegen die Spielregeln.

Schon der Versuch, herauszufinden, wo sie privat wohnt, ist eine Regelverletzung. Sie ist Mona Rot, und sie ist eine käufliche Frau. Die private Mona, wie sie auch immer heißen mag, die gibt es auch, aber die geht mich nichts an. Wer da anders denkt, der macht einen Fehler. Mona sagt nämlich ausdrücklich, dass sie nicht auf der Suche nach einer Beziehung ist. Wenn einer nun sagt: »Ich habe mich verliebt in dich, hör auf hier, lass uns ein gemeinsames Leben beginnen!«, dann geht ihr das erheblich zu weit. Das ist ein Missverständnis.

Selbst ich überlege mir, ob die Aussage, dass ich ein besonderes Verhältnis zu ihr habe, nicht schon ein Trippelschritt über die Grenze ist. Ich maße mir nicht an, dass ich wirklich einzigartig bin, ich lege großen Wert darauf, dass ich nicht von meiner Seite aus die Grenze überschreiten und sie mit Dingen, die sie nicht will, belästigen werde.

Mona hat eine Ausstrahlung, die einzigartig ist, das habe ich bei keiner anderen Frau erlebt. Sie hat ein Lächeln, dass man dahinschmilzt. Wahrscheinlich ist man als Mann unglaublich empfänglich dafür. Ich nehme an, dass mindestens 80 Prozent der Besucher angesichts dieses Lächelns den Eindruck gewinnen, dass sie sich jetzt wirklich ganz besonders freut, dass man zu Besuch gekommen ist. Sie vermittelt den Eindruck, man sei eben doch etwas ganz Besonderes. Sie kann eine Beziehung schaffen, die – scheinbar – weit über das Geschäftliche hinausgeht. Es gibt sicher viele, die in die Falle tappen und sich verlieben. Manche wird sie wohl gar nicht mehr los. Das ist für Mona eine schwierige Gratwanderung, sie lebt ja davon, dass sie diese Beziehungsebene herstellen kann. Wenn ich mich so willkommen fühle, wenn ich das Gefühl habe, sie freut sich richtig, wenn ich da bin, sie freut sich ganz besonders, wenn ich da bin, dann komme ich natürlich wieder, das ist doch klar. Das ist die Basis ihres Erfolges.

Dann macht man sich als Gast doch Gedanken zum Thema Treue und denkt: »Mona, ich will dir nicht untreu werden.« Weil man denkt, hier ist mehr als nur das Geschäft. Aber ich weiß, dass sie da anders gestrickt ist, sie ist sich natürlich letztendlich der geschäftlichen Basis sehr bewusst. Wenn sie auch andere Frauen vermittelt, dann hat sie durchaus ein geschäftliches Interesse daran, dass auch die anderen Frauen Umsatz machen. Insofern kam schon früh die Frage von ihr, ob ich nicht auch andere Kolleginnen aus ihrem Team buchen möchte. Dann ist es naheliegend zu denken: Wenn Mona damit kein Problem hat, dann buche ich auch mal eine andere. Wäre es tatsächlich so, wie es sich vordergründig anfühlt, nämlich eine spezielle Beziehung zwischen ihr und mir, dann wäre Untreue ja etwas Schlechtes, dann will ich sie nicht verletzen. Da das aber nicht ihre Denkweise ist, ist es keine Untreue. Aber ich bin schon durch die verwirrende Phase durchgegangen: »Kann ich das jetzt einfach machen?«

Dadurch, dass ich über sie buche, weiß sie ja, wenn ich eine andere buche. Soll ich also nur buchen, wenn Mona im Urlaub ist? Oder nur eine andere buchen, wenn Mona keinen Termin mehr frei hat?

Aber das ist illusorisch, so braucht man nicht zu denken. Sie hat ein Interesse daran, deshalb habe ich es dann gemacht. Insofern hatte ich letztlich nie ein Problem damit, die anderen Frauen zu buchen. Ich mache dann auch freundliche Einträge in das Gästebuch auf Monas Homepage, damit auch andere Männer auf diese Frauen aufmerksam werden.

Heute zum Beispiel war ich mit Sandra zusammen, nicht mit Mona. Auch bei Sandra fühle ich mich persönlich als Mensch geschätzt. So habe ich mein Buchungsverhalten geändert. Ich buche durchschnittlich zweimal im Monat, einmal Mona und einmal Sandra.

Selbstverständlich habe ich versucht, meine sexuellen Erfahrungen zu Hause einzubringen. Schon lange bevor ich die Besuche hier gemacht habe, war es mein größtes Bemühen, mein wichtigstes Ziel, alles mir Mögliche beizutragen, dass der Sex zu Hause besser wird. Da habe ich dieses und jenes probiert, aber nichts hatte eine Wirkung. Ganz konkret bekomme ich es schon hin, dass meine Frau einen Orgasmus kriegt, aber selbst wenn sie einen hatte, erwächst bei ihr daraus nicht der Wunsch, wieder einen zu haben. Wenn ich zu Hause guten Sex haben will, will ich, dass meine Frau den Sex genießt. Meine Frau sagt aber: »Mir bringt das nichts.«

Sie kommt nie wegen eines sexuellen Bedürfnisses auf mich zu, eher aus Eifersuchtsüberlegungen: »Jetzt haben wir seit vier Monaten keinen Sex mehr gehabt und du gehst nun eine Woche auf Geschäftsreise. Da muss ich dir vorher noch den Druck abbauen helfen, nicht dass du sonst zu einer anderen gehst.«

Gerade diesen Winter war ich viel unterwegs, da kann es sein, dass sie am Vorabend solcher Reisen sagt: »Komm her, wir machen jetzt Sex.« Aber das hat nichts mit dem zu tun, was ich suche und möchte. Das ist ja nicht aus eigenem Lustantrieb, sondern das ist durch und durch rational.

Sie weiß nicht, dass ich zu käuflichen Frauen gehe, und sie darf es auch nicht erfahren. Das wäre ein riesiges Drama. Das halte ich unter der Decke, ich bin heute auf einem Kurs und im Geschäft nicht erreichbar.

Mein Sexualverhalten hat sich übrigens dadurch, dass ich zu käuflichen Frauen gehe, nicht nennenswert verändert. Natürlich weiß ich, dass ich bei käuflichen Frauen die Möglichkeit hätte, mir auch mal ganz besondere oder ausgefallene Sexualpraktiken zu wünschen, aber ich brauche das nicht. Ich nehme keine Ideen aus Pornos oder so. Der Sex zu Hause ist so schlecht, dass alles, was hier stattfindet, besser ist. Ich bin sehr zufrieden, wie es ist.

Wenn es dir nur um irgendwelche Sexualpraktiken geht, die du gerne ausprobieren möchtest, kannst du das woanders billiger erleben. Aber Sexualtechniken sind für mich nicht der entscheidende Beweggrund, für mich ist es die Harmonie, die sich zwischen der Frau und mir einstellt.

Die Frauen in Monas Team sind einfach supernette, gewinnende Persönlichkeiten, mit denen du dich auch über dieses oder jenes unterhalten kannst. Da gibt es keine peinlichen Gesprächspausen. Ich will nicht mit irgendeiner Russin zusammen sein, die hat vielleicht auch Spaß am Sex, und der Sex kann auch gut sein. Aber es würde mir fehlen, wenn ich mich nicht mit ihr unter-

halten könnte, denn wahrscheinlich spräche sie noch nicht einmal deutsch. Vielleicht klingt das arrogant. Aber ich habe einen
gewissen Anspruch, ich glaube eigentlich schon, dass ich selbst
nicht komplett niveaulos bin, und Tatsache ist einfach, dass sich
meine diesbezüglichen Wünsche bisher ausschließlich im Bereich
der – allerdings nicht ganz billigen – Escort-Damen erfüllt haben.
Wenn ich mit Mona ins Restaurant gehe, ist sie doch ein Schmuck
an meiner Seite, da gibt es garantiert kein dummes Geschwätz
auf Stammtischniveau. Das gehört zu diesem Niveau dazu. Mit
ihr ist einfach jede einzelne Begegnung wieder aufs Neue etwas
ganz besonders Erfüllendes – in jeder Hinsicht.

Sedcard

NAME: Tanja

ALTER: 38

BERUF: Bürokauffrau

BUCHBAR: Stuttgart / Deutschland / weltweit

NATIONALITÄT: deutsch

SPRACHEN: Englisch (Konversation)

ÄUSSERES: schick gekleidet, braune Augen, blonde, lange Haare, 174 cm groß, 59 kg, Konfektionsgröße 36, BH-Größe 75 A

PARFÜM: Chanel

LIEBLINGSBLUMEN: Tulpen

LÄSST SICH EINLADEN ZU: Weißwein, Cocktail

BEVORZUGTES ABENDESSEN: Chinesisch, Mexikanisch, Steakhaus

INTERESSEN: Golf, Reisen, Tanzen, Wellness

EROTISCHE VORLIEBEN: leidenschaftliche Zungenküsse, französische Erotik, erotische Massagen, frivoles Ausgehen, soft devot, Fesselspiele, Toys, ganzkörperrasiert

HONORAR, PRIVATE TIME: 2 Stunden, 500 Euro
24 Stunden, 2.000 Euro

Exklusive Reisen, teure Kleidung, der Lebensstandard ist hoch

Tanja, 38, Bürokauffrau

»Klar, ich genieße es, so begehrt zu werden. Wenn jetzt einer käme und sagen würde, Mädchen, hör auf damit, ich kann dich doch finanziell absichern, würde ich antworten: Jetzt nicht, ich habe gerade eine wunderbare Zeit.«

Wenn ich gewusst hätte, wie Escort wirklich abläuft, dann hätte ich es schon früher gemacht. Wenn mir das jemand erzählt hätte, hätte ich ein viel angenehmeres Leben haben können. Aber man hat in der Regel niemanden im Bekanntenkreis, den man mal fragen könnte.

Es gibt verschiedene Gründe, warum Frauen in den Escort-Service einsteigen. Bei mir war es einfach das immer fehlende Geld. Ich hatte deshalb schon so viel Stress im Leben. Mit 19 habe ich ein Kind bekommen und hatte ständig Probleme, den Unterhalt vom Vater rechtzeitig oder überhaupt zu erhalten.

Eines Tages wusste ich wirklich nicht mehr, wie es weitergehen sollte. Heulend saß ich da und habe mir gesagt: Jetzt ist es so weit, ich werde für Geld vögeln gehen.

Ich weiß es noch wie heute, es war einer dieser Tage, an denen alles auf mich einstürmte: Ich hatte meinen Job verloren und holte meinen Sohn, der gerade 13 geworden war, vom Fußball-training ab. Er hatte natürlich Hunger, und ich stand vor dem Kühlschrank, der vollkommen leer war. Was sollte ich heute kochen? Es war nichts mehr da. Es gibt nichts Entwürdigenderes für eine Mutter, als sich eingestehen zu müssen: Ich weiß nicht mehr, was ich meinem Kind zum Essen machen soll.

Da kam das Muttertier in mir raus, das nur beschützen will, um jeden Preis. Das war der Punkt, an dem ich mir gesagt habe: Sex ist nur körperlich, die Männer können mit mir machen, was sie wollen. Das wird mich nicht berühren. Nichts ist schlimmer, als mein Kind nicht mehr satt zu bekommen.

Also habe ich die Zeitung aufgeschlagen und Telefonnummern rausgekritzelt. Als meine Mitbewohnerin das sah, fragte sie: »Was machst du da?«

»Ich guck nach einer Adresse, wo ich für Geld vögeln gehen kann.« Sie war überhaupt nicht schockiert, denn sie steckte in der gleichen Situation wie ich. Im Gegenteil, sie sagte: »Komm, dann lass uns doch zusammen gehen.«

Ich traute mich aber noch nicht, eine der Nummern anzuru-fen. Erst wollten wir mal schauen, was das für Männer sind, die zu solchen Frauen gehen. Wir sind also in die Bar eines Nobel-hotels gegangen und schauten uns das Publikum an. Aber da saßen überwiegend Pärchen, kein Mann kam auf uns zu, um uns gleich ein unmoralisches Angebot zu machen: »Na, kommt mal mit, ihr bekommt auch die dicke Kohle dafür.«

Wir hatten uns das so schön ausgemalt, dass uns ein Mann ansprechen würde, wir das Honorar abklären würden und fertig. Wie erwartungsvolle Hühner saßen wir auf den Barhockern und futterten die Chips weg. Plötzlich stand tatsächlich ein Typ vor uns und sagte locker und lässig: »Na, ihr zwei, was habt ihr denn heute noch so vor? Liege ich falsch oder seid ihr schon solche Mädels?«

Ich habe erst mal die Luft angehalten. Oh mein Gott!, dachte ich. Jetzt passiert es wirklich.

Meine Freundin und ich hatten den Text schon besprochen, deshalb sprudelte ich gleich los: »Na ja, das ist eine Frage des Preises.«

»Was kostet es denn so?«

Ich redete um den heißen Brei herum, denn einen Preis wollte und konnte ich nicht nennen. In meinem Kopf war immer der Gedanke: Wenn das ein Zivilbulle ist?

Er schlug mir vor, auf seinem Zimmer einen Drink zu nehmen. Meine Freundin nickte mir aufmunternd zu und nach kurzem Zögern bin ich tatsächlich mit hoch. Er hieß Rainer und war für seine Firma unterwegs. Wir tranken erst was miteinander, obwohl Rainer schon zuvor einiges getrunken haben musste. Wir küssten uns und zogen uns gegenseitig aus. Wir vögelten wie die Wilden. Es war nicht unangenehm, es war nur ein merkwürdiges Gefühl, mit einem Fremden nach so kurzer Zeit ohne großes Kennenlernen so etwas Intimes zu tun.

Er ist anschließend gleich eingeschlafen und ich dachte nur, schnell weg hier, habe leise meine Sachen gepackt und bin gegangen. Als ich im Aufzug stand, sagte ich mir: Noch bist du keine Prostituierte. Das war nur ein Test, du hast nur ausprobiert, wie es eventuell funktionieren könnte.

Ich hatte auch kein Geld dafür bekommen, Rainer war ja nach dem Sex sofort eingeschlafen, und ich wusste auch nicht, ob ich ihn hätte wecken sollen. Hätte ich ihn einfach wachrütteln und nach der Kohle fragen sollen? So professionell war ich noch nicht.

Aber ich hatte Rainers Telefonnummer und habe ihn angerufen. Er war hocherfreut über den Anruf und verabredete sich gleich wieder mit mir. Vierzehn Tage später betrat ich blendend aussehend und supernervös die Bar desselben Hotel. Rainer trat von hinten an mich heran und flüsterte mir ins Ohr: »Schöne Frau, darf ich dich zum Essen entführen?«

Wir gingen schick zum Italiener und danach auf sein Zimmer. Es wiederholte sich ungefähr dasselbe wie beim ersten Mal. Wieder schlief Rainer schnurrend ein und wieder verließ ich sein Zimmer ohne finanzielle Zuwendung.

Dieses Mal war ich stinksauer, zum einen auf ihn, zum anderen auf mich. Ich kam mir ausgenutzt und richtig mies vor. Wie alt war ich denn, dass so ein Idiot das mit mir machen konnte? Ich war doch kein Teenager mehr, sondern eine erwachsene Frau. Der Zorn gab mir den Mut, ihn gleich am anderen Morgen anzurufen und ein Treffen zum Mittag auszumachen, um das Finanzielle zu regeln. Er willigte sofort ein und übergab mir in einem Café das Geld in einem Umschlag. Es war das erste Mal, dass ich Geld dafür genommen habe, und es war ein großartiges Gefühl. Von da an trafen wir uns, wenn er geschäftlich in der Stadt war.

Da diese Treffen selten waren, wollte ich mich zusätzlich an eine Escort-Agentur wenden. Bis es endlich so weit war, dass ich mich von einer Agentur vermitteln ließ, hat es aber noch ein Jahr gedauert. Die Angst, dass hinter der Frau, die die Agentur leitet, doch nur ein Mann steckt, der sich tarnt, war zu groß. Die Vorstellung, dass sich überall dort, wo es um Sex als Ware geht, böse Zuhälter tummeln, die die Frauen brutal schlagen, wenn sie nicht funktionieren, machte mir Angst. Ich fürchtete, dass sie, sobald sie meine Adresse hätten, mit Kampfhunden bei mir zu Hause auftauchen könnten und mich in die Prostitution zwingen wollten.

Aber dann brauchte mein Sohn eine Brille und die Kassengestelle waren so hässlich. Der Job im Bowlingcenter abends an der Theke, den ich zusätzlich zu meiner Arbeit tagsüber hatte, brachte einfach nicht genügend ein, trotz der Trinkgelder, die ich sicher nicht nur für die schnelle Bedienung erhalten hatte, sondern bestimmt auch für mein Aussehen. Wenn du nicht viel pro Stunde verdienst, kannst du so viele Stunden schuften, wie du willst, es reicht nie für ein bisschen Luxus im Alltag. Klar kann ich zu meinem Sohn sagen, dass er nur das Kassengestell haben kann. Aber wenn dein Kind bei allem zurückstecken muss, tut das irgendwann so weh, dass du all deine Ängste über Bord wirfst.

Außerdem waren die Treffen mit Rainer okay gewesen. Ich habe mich danach nicht eklig oder wie eine Nutte gefühlt.

Jedenfalls habe ich mich bei einer Agentur angemeldet und mein erstes Date vermittelt bekommen. Auf dem Weg zum Hotel hatte ich ziemlich Angst. Es war doch was anderes, sich auf eine Verabredung zum Sex mit einem Unbekannten einzulassen, als sich ab und zu mit Rainer zu treffen. Ich habe die Frau von der Agentur, die ich nie persönlich getroffen hatte, angerufen und sie um Unterstützung gebeten. Sie war sehr verständnisvoll und sagte: »Ich begleite dich jetzt am Telefon bis in die Lobby. Der Gast wartet dort schon auf dich, und hinterher rufst du mich wieder an.«

In der Lobby schaute ich mir alle Männer an und dachte bei jedem: »Oh Gott, ist er das? Hilfe!«

Ich war so verwirrt, dass ich fast nicht merkte, dass er schon vor mir stand und sagte: »Du suchst bestimmt mich.«

Ich habe so getan, als sei ich ein alter Hase. Aber als ich sehr artig in seinem Zimmer saß, wurde mir bewusst, dass er mir die Erfahrene nicht abnehmen und ich mich nur blamieren würde, wenn ich versuchen würde, hier eine Show abzuziehen.

Also sagte ich zu ihm: »Hör zu, das ist heute mein erstes Mal. Ich mach mir gleich in die Hose, sei nett und lieb und stell was mit mir an. Ich dreh sonst durch.«

Er nahm das amüsiert zur Kenntnis und meinte: »Das kriegen wir schon hin.«

Er hat lange mit mir geredet, und ich fand ihn immer sympathischer, sodass ich ihn irgendwann spontan zu mir ranzog und küsste. Er erwiderte den Kuss so gefühlvoll, dass es überhaupt kein Problem war, mit ihm zu schmusen. Wir harmonierten tatsächlich in unseren sexuellen Bedürfnissen, und es wurde ein schönes Date.

Das war für mich das entscheidende Erlebnis. Als ich ging, war ich richtig glücklich, ich hatte es geschafft. Ich habe sofort bei der Agentur angerufen und gesagt: »Das war super, das war toll.«

Worauf die Chefin mir verriet, dass es ein Stammkunde war, dem sie im Vorfeld sagen konnte, dass er behutsam mit mir umgehen sollte, da ich keine Erfahrung hätte. Da hatte ich also Glück gehabt.

Bei dieser Agentur gab es die Verpflichtung zu Hausbesuchen. Die Hausbegleitung fand ich am Anfang okay, aber die Angst, dass einer der Jungs mal durchdreht und ich dann tot in seiner Wohnung liege, war schon groß.

Während dieser Zeit habe ich meinen Partner Elmar kennengelernt. Er hat meine Nebentätigkeit durch einen blöden Zufall herausbekommen. Ich hatte mein privates Telefon daheim vergessen und rief ihn von dem Handy aus an, das ich normalerweise nur für die Buchungen im Escort benutzte. Er konnte aber gerade nicht sprechen und wollte zurückrufen, so gab ich ihm diese Nummer. Später rief er wohl noch mal auf dieser Nummer an, da schaltete sich die Mailbox von Stefanie ein, das war mein Name bei der ersten Agentur. Er dachte, er habe sich verwählt und rief noch mal an. Dann erkannte er meine Stimme und hat eins und eins zusammengezählt. Da er sehr erschrocken war, hat er lange nichts gesagt. Eines Abends hat er mich an der Bar mit Rotwein abgefüllt und vorsichtig nachgefragt. Ich habe es erst geleugnet, aber als er sagte: »Ich weiß sogar den Namen, unter dem du arbeitest«, ist alles aus mir rausgesprudelt. Ich habe mich stundenlang verteidigt, mit der Kühlschrankgeschichte und den Dramen um das fehlende Geld. Immer wieder habe ich gesagt: »Verstehe mich doch, ich bin trotzdem ein normaler Mensch. Ich hatte meine Würde verloren, als ich nichts mehr zum Essen kaufen konnte.«

Elmar beruhigte mich: »Ich bin ja nicht bescheuert, ich weiß, was du auf die Beine gestellt hast, unter welchen Bedingungen du dein Kind großgezogen hast. Dass das mit deinem Einkommen allein nicht funktionieren kann, war mir schon klar.«

Aber ich war nicht mehr zu bremsen, ich wollte ihm alles genau erzählen, damit er mich verstand:

»Als ich angefangen habe, war mein Sohn schon 15. So lange habe ich alles alleine geschafft. Dann stimmte ich leichtsinnig einer Kündigung zu, damit hatte ich eine Sperre vom Arbeitsamt und bekam kein Geld. Ich musste bei meinen Eltern und Freunden betteln gehen. Die Freunde halfen auch mit Körben voller Lebensmittel, aber das ist doch unwürdig. Als Alleinerziehende hast du schon viel Anspruch auf staatliche Unterstützung. Aber du hast nie genügend Geld, damit es für Miete, Versicherungen, Essen und alles andere reicht. Niemanden interessiert, wie du deinen Sprit bezahlst, ein Auto gilt als Luxus, du könntest ja auch laufen. Dein Kind soll mit auf die Klassenfahrt nach Berlin, das macht 400 Euro extra.

Selbstverschuldet nennt man meine Situation, weil ich so jung schwanger wurde. Mit dem Mutter-Kind-Programm war ich drei Jahre lang abgesichert. Aber nach den drei Jahren ging der Stress los. Denn der Erzeuger meines Kindes hat nie richtig gearbeitet und hatte irgendwann so viel Schulden, dass er private Insolvenz angemeldet hat. So bekam ich nie Geld von ihm. Schließlich habe ich mit 34 im Escort angefangen, um unseren Lebensunterhalt zu finanzieren.«

Mein Freund stoppte meinen Redefluss mit den Worten: »Ich werde es respektieren, auch wenn ich nicht begeistert bin. Aber ich will immer wissen, wo du bist.«

Elmar wollte natürlich wissen, warum ich es so lange geheim gehalten habe. Am Anfang hatte ich die Beziehung zu ihm eher noch als Affäre gesehen, denn er war noch mit einer anderen liiert gewesen. Und da hatte ich keine Notwendigkeit gesehen, es zu erzählen, denn eigentlich wollte ich keine Beziehung anfangen, während ich das mache. Ich konnte ja nicht ahnen, dass daraus was Festes werden würde. Dann hatte ich das Gefühl, den Zeitpunkt verpasst zu haben, und wollte nicht nachträglich damit rausrücken.

Nach unserer Aussprache war ich skeptisch, ob das weiterhin gut gehen würde mit uns. Aber es hat funktioniert, weil die Beziehung sehr harmonisch ist und wir uns lieben.

Bei meiner jetzigen Agentur gibt es keine Hausbesuche. Sie hat ein Appartement für Kunden, die nicht ins Hotel wollen, aber hier bin ich nie allein. Werde ich für Escort gebucht, ist immer alles geprüft.

Die Chefin sagte von Anfang an: »Tu nur das, was du möchtest. Wenn du siehst, dass das nicht funktioniert, dann schick den Gast einfach weg.«

Wir unterscheiden hier zwischen *Gast*, das ist der Mann, der ins Appartement kommt, und *Kunde*, das ist der Mann, der Escort bucht. Wobei die Übergänge fließend sind, denn unsere Stammgäste buchen uns oft für eine Reise, eine Messebegleitung oder eine Nacht im Hotel.

So entwickelt sich eine Beziehung zu den Männern, und ich habe Kunden, die ich wirklich gern mag. Wenn ich ins Auftragsbuch gucke und die Namen dieser Gäste lese, dann freue ich mich. Ich bin ja nur drei oder vier Tage im Monat im Appartement. Ich habe in der Zwischenzeit Kunden, die ich regelmäßig auf Reisen begleite, das ist so, als hätte ich ein kleines Verhältnis mit denen. Die Männer sagen mir, wie schön und toll ich bin, sie sind freundlich und anständig. So habe ich ein tolles Selbstwertgefühl bekommen.

Die Homepage der Agentur spricht eher besser verdienende Männer an. Der Kontakt mit ihnen gibt mir selbst ein gutes Gefühl. Jeder Mann, der zu uns kommt, ist einfach ein sympathischer Mann. Vielleicht hat er einen Bauch, vielleicht ist er nicht der intelligenteste, aber er ist superfreundlich. Das hat mit der Art zu tun, wie man sich trifft.

Wenn ich zu einem Kunden sage: »Ich will jetzt wirklich was mit dir machen«, geht der Mann sehr bewusst auf mich ein. Vielleicht sagt er sogar: »Was kann ich dir Gutes tun? Ich möchte, dass es dir Spaß macht.«

Manchmal fließt da richtig was zwischen dem Kunden und mir, manchmal auch schon etwas Mütterliches, wenn ich spüre, dass der daheim keine Liebe bekommt.

Es geht am Anfang gar nicht so sehr um Sex, die Männer, die hier reinkommen oder mich für eine Begleitung buchen, sagen nicht: »Ich bin potent, ich will hier den Rudi Rammler spielen.« Die brauchen einfach Liebe und Geborgenheit, das strahlen sie aus und das kriegen sie. Die wollen einen gar nicht mehr gehen lassen, das ist so ein gutes Gefühl.

Wenn ich mit meiner Schwester rede, die von meiner Nebentätigkeit weiß, fragt sie: »Geht dir das nicht an die Substanz? Ich kann mir nicht vorstellen, dass du das wirklich gern machst.«

Da antworte ich ihr regelmäßig: »Im Gegenteil, du wirst lachen, aber für mich ist es gut. Vielleicht ändert sich das mit den Jahren. Aber im Moment will ich nicht aufhören.«

Selbst wenn jemand zu mir sagen würde: »Ich heirate dich vom Fleck weg, du bist durch mich finanziell abgesichert. Du brauchst ab heute nicht mehr hierher zu kommen oder jemanden zu begleiten«, wäre ich nicht begeistert. Ich würde dasitzen und sagen: »Wie, ich darf das jetzt nicht mehr machen?«

Die wenigen Tage, die ich im Monat zur Verfügung stehe, mache ich es gern. Das ist mein Ding, ich würde so viel vermissen.

Ich fahre zu meinen Begleitterminen und ins Appartement mit dem Zug. Wenn ich nach den Treffen zum Bahnhof gehe, muss ich einen glücklich-bescheuerten Gesichtsausdruck haben, denn ich fahre mit einem solchen Triumphgefühl die Rolltreppe hoch, dass jeder Mann, ob jung oder alt, mir nachschaut. Man hat eine solche Ausstrahlung, die wissen mit Sicherheit alle, dass ich so unheimlich geil bin, einfach super.

Es ist nicht das Geld allein, warum der Escort für mich eine gute Sache ist. Ich liebe Sex und gevögelt habe ich schon immer gern, auch ohne Beziehung. Ich war ja lange Single; wenn es ein lustiger Abend war, dann habe ich schon mal jemanden mitgenommen. Aber das ging drei- oder viermal, dann wurde schon über mich geredet und getratscht. Als Frau gilt man schnell als Schlampe, vor allem in dem kleinstädtischen Umfeld, in dem ich lebe.

Dieses Leben, in Kneipen gehen, rumbaggern, Bestätigung finden, trotz zunehmendem Alter als attraktiv gelten, das war plötzlich nicht mehr notwendig, diese Bedürfnisse werden durch die Verabredungen im Escort befriedigt. Wenn ich heute ausgehe, geht es um das Ausgehen selbst. Ich will jetzt lieber nicht mehr angemacht werden. Dieses »Du bist aber ein scharfer Hüpfer«-Gequatsche muss ich mir von den Männern in der normalen Welt nicht mehr reinziehen. Ich führe in meiner Kleinstadt ein solides Leben. Mein Doppelleben ist dort unbekannt.

Ich treffe nachher noch einen Gast, der sagt jedes Mal: »Dass ich das noch erleben darf, ich denke immer an dich, du bist jeden Tag bei mir.« Und solche Komplimente sind nicht außergewöhnlich.

Es gibt natürlich auch Gäste, die sich verlieben. Es heißt immer, dass Frauen Sex und Liebe nicht trennen können. Aber es ist genau anders herum. Wir Frauen können es gut trennen. Ich lasse mich einfach nicht mehr so schnell beeindrucken, wenn jemand Geld hat oder gut aussieht, das relativiert sich durch die Begegnungen im Escort, denn ich treffe viele tolle Männer.

Vorhin war ein Gast da, der sich erkundigen wollte, wie das hier so geht, da dachte ich, oh, toller Typ, hoffentlich kommt der wieder. Wieso gibt es diese Männer da draußen nicht? Die treffe ich nur bei meinem Job.

Mancher Mann weiß auch einfach, wo der »An-Knopf« ist, dem geht es darum, dass ich wirklich völlig relaxt bin, und hat nichts dagegen, wenn ich mich erst danach um ihn kümmere.

Manchmal denke ich auch, das arme Schwein – es ist mal so und mal so. Manche Kunden vertrage ich nach einer Weile nicht mehr, weil sie mich mit ihren Wünschen aggressiv machen. Der eine will immer, dass ich ein Kleid für ihn anziehe, ich soll alle Kleider für ihn mitbringen, die ich habe. Diese ziehe ich nacheinander für ihn an. So gesehen ist er ein berechenbarer Kunde, er zahlt die Zeit, in der ich ihm ein Kleidchen und noch ein Kleidchen vorführe. Es ist wie ein Rollenspiel oder, besser gesagt, wie eine Modenschau. Der Sex selbst dauert mit ihm zwei Minuten. Dafür ruft er aber im Vorfeld sieben Mal an und fragt nach den Kleidern: »Hast du ein Kleid mit weißen Tupfen? Oder eines mit einer Schleife? Hast du ein Kleid mit einem tiefen Ausschnitt?«

Dabei merke ich genau, dass ihn das geil macht und er sich nebenher einen runterholt. Darauf habe ich aber keine Lust, dafür gibt es die 0190-Nummern. Er holt sich so die Zeit doppelt, aber das geht nicht. Das ist mir irgendwann zu viel geworden, und ich habe ihn an eine Kollegin vermittelt.

Dafür gibt es immer wieder richtige Höhepunkte, die mich wieder voll mit meinem Job versöhnen. Meine Chefin fragte mich tatsächlich, ob sie mich für ein paar Tage als Begleitung für einen tollen Mann weit weg vermitteln dürfe. Sie sagte: »Du kennst ihn, Dieter, er hat speziell nach dir gefragt.«

Mir fiel fast das Telefon aus der Hand. Dieter war bereits zweimal mein Gast im Appartement gewesen, außerdem hatte ich eine Nacht mit ihm im Hotel verbracht, und nun wollte er mich für drei Tage Los Angeles buchen. Ich war völlig aufgeregt, in einen Urlaub zu begleiten, ist schon was Besonderes. Oh mein Gott, so ein Glück!

Dieter hatte dort auch nicht geschäftlich zu tun. Er ist extra von Toronto nach Los Angeles geflogen, um das Wochenende mit mir zu verbringen. Meine Chefin hat die Hin- und Rück-flüge so gebucht, dass er vor mir in Los Angeles war und mich abholen konnte. Beim Rückflug brachte er mich zum Terminal und flog dann zurück nach Toronto. Das sind so Erlebnisse, die sind unvergesslich, ich wäre nie in meinem Leben sonst dort-hin gekommen.

Dieter hat mich wie besprochen am Flughafen abgeholt, mit dem Taxi ging es in ein supertolles Hotel. Wir haben zusammen geduscht und sind sofort losgezogen. Er hatte ein paar Jahre in Los Angeles gearbeitet, kannte sich also aus und hat mir alles ge-zeigt. Ständig fragte er mich: »Was willst du sehen?«

Er wollte mich schick zum Essen einladen, aber ich wollte lie-ber das amerikanische Leben sehen. Am Venice Beach mal kurz ins Meer hüpfen, auf der berühmten Einkaufsstraße von Beverly Hills, dem Rodeo Drive, rumbummeln und die Auslagen in den Schaufenstern angucken, Hamburger essen, all diese typischen Touristensachen machen. Es war phantastisches Wetter, ein an-genehmer Mann hat mich in der Stadt rumgeführt, es war sensa-tionell. Ich bin heimgeflogen und fühlte mich wie eine Prinzessin, im normalen Leben, als normales Mädel passiert dir das einfach nicht.

Die Männer wollen dafür keinen besonderen Sex, nichts Bizarres. Dieter zum Beispiel möchte das nette, liebe Mädchen von nebenan, das ein wenig die Schlampe raushängen lässt, damit sie sich doch von dem Mädel von nebenan unterscheidet. Ich trage im Bett zum Beispiel Stiefel oder wir haben bei Victoria's Secret, diesem tollen Wäschegeschäft, zusammen rumgestöbert und Netzstrümpfe gekauft. Die trage ich dann für ihn und lasse sie beim Sex an. Beim Sex selbst sind seine Wünsche normal und kein bisschen abartig. Vielleicht haben wir mehr Sex als ein normales Ehepaar auf Reisen, morgens, abends und mal zwischendurch. Nein, im Ernst, wir hatten zweimal am Tag Sex miteinander.

Als ich aus Los Angeles zurückkam, musste ich aber beichten, dass wir diesen Kunden für die Agentur verlieren würden. Denn Dieter hatte sich in mich verliebt, und ich sagte ihm, dass es nichts Privates mit uns werden würde. Er hatte sich wahrscheinlich schon damals in der ersten Nacht verliebt. Ich habe schon bemerkt, dass da eine große Sympathie war. Er erzählte auch, dass seine Ehe nicht so toll funktionieren würde. Nun hatte er in den paar Tagen in Los Angeles erlebt, wie unbeschwert es mit mir sein könnte. Er war begeistert von meiner Begeisterung, von meiner Freude. Ich war dort eher wie eine Privatperson, viel weniger auf Showtime aus. Ich war so euphorisch, so stellte Dieter sich dann das Leben mit mir vor. Er bemerkte in diesen Tagen, wie traurig er es daheim fand. Er eröffnete mir am Flughafen, dass er sich von seiner Frau trennen wolle. Ich fühlte mich schuldig, aber ich konnte nicht seine Freundin spielen, das Zusammensein ist auf den Escort begrenzt. Er saß am Flughafen und war fix und fertig. Dieter war tatsächlich nur noch einmal da, um sich zu verabschieden.

Ich verliere lieber einen Kunden, bevor ich ihm was vormache. Ich gehe auf Abstand zu den Männern, bei denen ich merke, dass es in die private Schiene reingeht.

Gott sei Dank haben wir einige von diesen großzügigen Kunden, sodass wir seinen Verlust finanziell verschmerzen konnten. Eine Kollegin war zum Beispiel jetzt in Baden-Baden, in Iffezheim beim großen Galopprennen.

Am Montag werde ich einen Kunden nach Dubai in ein Sieben-Sterne-Hotel begleiten. Insgesamt bin ich acht Tage mit ihm unterwegs. Diesen Kunden habe ich über eine Freundin kennengelernt. Sie arbeitet auch im Escort, und ihr Kunde wollte ein erotisches Treffen mit zwei Frauen genießen. Das war genau nach meinem Geschmack und so flogen wir zusammen nach Prag.

Wir trafen den Herrn zum Cocktail an der Hotelbar. Er sah aus wie ein typischer Geschäftsmann, ungefähr Mitte fünfzig, grauhaarig, sportlich-schlank. Sein Lächeln war sympathisch, sein Händedruck warm und fest. Meine Freundin stellte ihn als Harald vor. Von ihr hatte ich im Vorfeld erfahren, dass er zwar verheiratet sei, aber bereits getrennt von seiner Frau lebe. Sie fuhren wohl noch zusammen in den Urlaub und spielten dort für das gemeinsame Kind das glückliche Elternpaar.

Harald sagte uns, dass er meine Freundin und mich in einer Suite untergebracht habe. Er habe ein eigenes Zimmer und müsse während unseres Aufenthalts auch arbeiten.

Wir sind also kurz auf unser Zimmer, haben uns frisch gemacht und sind dann mit ihm zum Essen gegangen. Anschließend tranken wir in der Hotelbar noch was, dabei näherten wir uns sehr zaghaft aneinander an. Wir sind zusammen auf unser Zimmer gegangen, und Harald küsste uns abwechselnd. Es machte ihm aber noch mehr Freude zuzusehen, wie meine Freundin und ich uns küssten. Er hielt sich eher im Hintergrund und beobachtete, wie wir Frauen uns liebkosten. Er hat sich dann verabschiedet, ohne mit einer von uns Sex gehabt zu haben, und ging allein ins Bett.

Für den nächsten Tag hatte er uns eine private Stadtführung organisiert. Als wir uns zum Mittagessen trafen und ich sagte, dass mir die Füße wehtäten, hat dieser Satz schon gereicht – Harald hat uns sofort einen Besuch in einem Wellnesstempel inklusive Ölmassage spendiert.

Der Abend verlief ähnlich wie der vorherige, erst Cocktailschlürfen, dann gingen wir zum Essen. Als Harald auf die Toilette ging, sagte ich zu meiner Freundin: »Ich bin sprachlos, kann man für ein Essen so viel Geld bezahlen? Er gibt wahnsinnig viel Geld für uns aus. Was läuft denn hier? Was will er?«

An diesem Abend war er danach auf unserem Zimmer weniger zurückhaltend. Er fand es toll, an den Brustwarzen meiner Freundin zu saugen, nachdem ich sie schon im Mund gehabt hatte. Ich muss sagen, meine Freundin hat wirklich riesige Brüste, und wir saugten abwechselnd an ihren Brustwarzen, bis sie stöhnte. Aber mehr, als dass wir uns gegenseitig leckten und er zuerst zugesehen und dann begeistert mitgemacht hat, war nicht.

Am dritten Abend fragte er mich, ob ich nicht Lust hätte, allein mit ihm aufs Zimmer zu gehen. Er verwöhnte mich mit der Zunge, wollte sich aber selbst nicht anfassen lassen. Das würde bei ihm dauern, er würde das lieber selbst machen. So befriedigte er sich vor meinen Augen selbst.

Als er uns zum Flughafen brachte, erklärte er mir, dass ihm sehr daran gelegen wäre, eine Dame regelmäßiger zu treffen. Da sagte ich zu ihm: »Es waren ein paar wirklich schöne Tage, wenn du mich weiterhin als Escort buchen möchtest, würde mich das freuen.«

Da er immer nur unterwegs sei, Prag, Budapest, Dubai, lebe er fast nur in Hotels, er wolle nicht immer allein sein. Das sei so schrecklich, deshalb genieße er diese Treffen mit den Escort-Frauen. Er sei nicht geizig, er würde mich sehr gerne weiterhin treffen und als Reisebegleitung mitnehmen. Und tatsächlich: Er buchte mich gleich für ein paar Tage Berlin.

Unser Treffen in Berlin begann mit einer Shoppingtour. Er sagte, er wolle mir gern etwas schenken. Im Einkaufen bin ich nicht sehr geübt, also habe ich mich für eine Tasche entschieden. Taschen sind einfach, dachte ich, Kleider einkaufen oder gar Wäsche, das hätte mich zu sehr gestresst, und Männer sind ja eher ungeduldig. Und was macht er? Er geht mit mir zu Louis Vuitton. Ich hatte eine Jeans an, auch noch eine mit Loch, wie peinlich. Die Verkäuferin hat mir die Taschen vorgeführt, ohne einen Preis zu nennen. Ich flüsterte ihm immer zu: »Frag doch, was sie kosten.«

Aber Harald wollte, dass ich mir die Tasche aussuche, die mir am besten gefällt, ohne Rücksicht auf den Preis. Nachdem ich mich entschieden hatte, meinte er: »Noch ein paar Schuhe?«

Also schlüpfte ich in verschiedene Paare, bis ich zwei in der engeren Auswahl hatte. Ich drehte und wendete mich vor ihm und fragte: »Die oder die? Ich kann mich nicht entscheiden.«

Und er sagte: »Bemühe dich nicht, wir nehmen einfach beide.«

Als wir da rauskamen, dachte ich, meine Knie geben nach, das verkraftet so ein Mensch wie ich doch gar nicht. Ich war erschöpft und konnte nicht mal Freude zeigen, da zog Harald mich schon ins nächste Geschäft, Armani.

Er hat in diesen zwei Stunden fünfeinhalbtausend Euro für mich ausgegeben, zusätzlich zum Honorar. Wir sind in das Hotel, tranken einen Cocktail, und er hat sich gefreut, dass er mich sprachlos gemacht hat.

Klar haben wir in der Zeit, die wir miteinander verbringen, auch Sex. Harald mag Spielzeuge. Er hat Vibratoren und Dildos in unterschiedlichen Größen und Formen. Darunter sind auch verspielte Sachen, zum Beispiel ein Dildo in Form eines süßen Schweinchens, und damit spielt er an mir rum. Außer dass das Teil niedlich aussieht, kitzelt es wie verrückt und macht Spaß. Genau das ist Haralds Ziel, er möchte mir mit den Toys einen Orgasmus schenken und zusehen.

Er meint immer, er muss mir etwas Besonderes bieten, damit ich nicht das Interesse an ihm verliere, aber das ist Quatsch.

Natürlich ist es schön, tolle Geschenke zu bekommen. Zu meinem Geburtstag schenkte er mir eine Uhr von Gucci, die so teuer war, dass ich mich kaum traue, sie zu tragen. Sie liegt bei mir zu Hause in der Schatulle. Ich trage sie nur, wenn ich mich mit ihm treffe. Ist das nicht Wahnsinn? Er möchte mich einfach als seine private Freundin sehen, die seine wenige freie Zeit mit ihm teilt.

Elmar, meinen Partner, stressen die drei Tage nicht, die ich im Appartement bin. Oft holt er mich sogar vom Bahnhof ab. Wir reden ab und zu darüber, ich erzähle dann die lustigen Geschichten von den anderen Mädchen.

Stress bereiten ihm die Escort-Termine, wenn ich wie jetzt mit Harald für ein paar Tage nach Dubai fliege. Ich werde braungebrannt, mit vielen Geschenken und Geld wieder heimkommen. Ich sage Harald schon, dass er nicht jedes Mal mit mir einkaufen gehen muss, aber er sagt: »Ich muss dich doch mit was locken.«

Die Tasche für 2.400 Euro, die wir zusammen in Berlin gekauft haben, trage ich nur, wenn ich mit ihm weggehe, ansonsten kommt sie wieder in den Stoffbeutel. Auch die Uhr und das Armani-Kleid trage ich nur mit ihm.

Mein Freund kann sich ausrechnen, wie reich Harald sein muss, wenn er das alles bezahlen kann. Da hat er Angst, dass ich doch mal schwach werde und die Gelegenheit wahrnehme, mit Harald ein luxuriöses und sorgenfreies Leben zu führen. Dann bin ich diejenige, die ihn beruhigen, ihm immer wieder sagen muss, dass er keine Angst zu haben braucht. Denn ich trenne sehr wohl zwischen Geschäftlichem und Privatem.

Wenn ein guter Kunde in der Gegend ist und mal essen gehen will, mache ich das gerne, auch ohne Honorar. Aber einfach so mit einem in den Urlaub fahren würde ich schon nicht mehr, selbst wenn ich eingeladen wäre. Ohne den geschäftlichen Hintergrund geht das eben nicht.

Ich sage mir, dass der Escort eine kleine Episode in meinem Leben ist, ich genieße sie und lebe das im Moment. Aber ich weiß, dass diese Phase, allein schon altersbedingt, zu Ende gehen wird. Die Zeit läuft, heute bin ich 38, vielleicht geht es noch drei Jahre. Mit Stolz werde ich diese Zeit in mir tragen.

Ich frage mich oft, in was für abgehobenen Dimensionen Männer leben, die so viel Geld für einen ausgeben können. Es kommt mir so abgedreht vor, fast wie im Film. Da ist es wichtig, den Blick für die Realität nicht zu verlieren. Das wäre gefährlich, ich bin froh, dass ich nicht mit 22 angefangen habe. Als junge Frau wäre ich sicher ausgeflippt.

Das ist doch Wahnsinn, da legt einer für zwei Stunden so viel Geld hin. Wie lange muss ich dafür normalerweise arbeiten? Dieses Bewusstsein dafür, was normal ist, sollte man vorher haben und es dann nicht aus den Augen verlieren. Denn ist die Zeit im Escort vorüber, muss ich mein Leben wieder mit meinem Nettogehalt finanzieren.

Obwohl ich diesen Job mache, würde ich mich nie als Prostituierte bezeichnen. Ich habe hier meine kleinen Affären, das ist mein kleines dunkles Geheimnis. Ich fühle mich nicht dem Gewerbe zugehörig. Prostituierte, das sind die anderen. So wie die im Gewerbe ticken, so ticke ich nicht. Man kann das auch ehrlich betreiben.

Viele werden dennoch weiter behaupten, dass es Prostitution ist. Denen halte ich entgegen, dass ich wiederum nicht machen könnte, was angeblich keine Prostitution sein soll: Mir einen reichen Mann suchen, um danach alles zu kassieren, für das der Mann hart gearbeitet hat. Wie viele Frauen gibt es wohl, die gezielt heiraten, um dadurch zu Wohlstand zu gelangen? Wie viele Frauen prostituieren sich in der Ehe? Wählen den Mann aus finanziellen Gründen, damit sie ausgesorgt haben? Da redet niemand von Prostitution.

Viele meiner Freundinnen haben zu mir gesagt: »Schnapp dir doch einen Reichen als Ehemann, bei deinem Aussehen dürfte das kein Problem sein, dann hast du ausgesorgt. Dann musst du nicht mehr in der Kneipe jobben und als Hostess zu Messen gehen.« Aber ich wollte lieber unabhängig sein.

Außerdem haben die, die das, was ich mache, als Prostitution bezeichnen, keine Ahnung, wie es im Gewerbe überhaupt abgeht. Ich habe leider ganz konkrete Erfahrungen damit. Ich will mal ein abschreckendes Beispiel aus meiner Anfangszeit erzählen. Meine erste Agentur vermittelte mir einen Hausbesuch. Ich sollte mich bei dem Kunden, nennen wir ihn mal Hermann, melden. Naiv und vertrauensselig wie ich war, rief ich den an, ohne die Rufnummerunterdrückung bei meinem Handy eingestellt zu haben. Dadurch hatte Hermann meine Telefonnummer. Er rief mich danach öfter privat an. Immer fragte er, ob ich Geld brauchen würde und ob ich Schulden hätte. »Ich gebe dir dann Geld«, bot er an.

Ich wollte über das ausgemachte Honorar hinaus kein Geld von ihm annehmen. Er buchte mich regelmäßig und nannte mich »sein Engelchen«, das fand ich noch süß, aber die Treffen gestaltete er immer privater. Als ich einmal zu ihm kam, war seine ganze Familie am Tisch versammelt, seine Schwester mit Kindern. Er hatte denen erzählt, dass ich Krankenschwester sei und er mich im Krankenhaus kennengelernt hätte. Bei einem weiteren Treffen wollte er mich mit zu seinem Stammtisch nehmen. Das ging aber zu weit, ich habe der Agentur gesagt, dass ich mich nicht mehr mit Hermann treffen würde.

Danach erlebte ich den totalen Terror: Plötzlich hatte ich auf der Mailbox Anrufe von einer Frau, die mich wüst beschimpfte. »Du dreckige Schlampe!« war noch das Harmloseste. Sofort habe ich die Karte des Handys gewechselt.

Die Agentur rief wieder bei mir an, ich solle Hermann anrufen, er würde ständig in der Agentur nach seinem Engelchen fragen. Also habe ich mich bei ihm gemeldet, diesmal mit Rufnummerunterdrückung, und gesagt, dass ich nicht mehr im Escort arbeiten würde und dass ich wieder mit meinem Freund zusammen sei. Dummerweise hatte ich Hermann irgendwann erzählt, wo ich regulär arbeitete. Ein typischer Anfängerfehler, damals dachte ich doch, der will sicher auch anonym bleiben, der wird doch nicht erzählen, dass er eine Professionelle bucht. Aber er hat im Geschäft angerufen. Ausgerechnet an diesem Tag war ich nicht da, und da hat er einfach dem Kollegen erzählt, dass ich seine Nichte sei und dass er einen schweren Autounfall gehabt habe. Er fragte nach meiner privaten Telefonnummer, er habe die jetzt im Krankenhaus nicht dabei. Gott sei Dank hat der Kollege die Telefonnummer nicht rausgegeben. Als ich das hörte, ist mir richtig schlecht geworden.

Hermann hat ständig im Geschäft angerufen und immer neue Geschichten erfunden. Er hat Blumen ins Geschäft geschickt. Das ging bis zur Betriebsleitung hoch, die fragten, ob sie mit der Polizei reden sollten, denn ich hatte erzählt, dass Hermann eine Zufallsbekanntschaft gewesen sei und sich zum Stalker entwickelt habe. Aber das wollte ich nicht, es durfte doch nicht auffliegen, woher ich Hermann wirklich kannte.

Dann kam ein junger Mann in Motorradkluft ins Geschäft. Er erzählte mir, dass er auch eine Begleitagentur habe und dass Hermann ihn angerufen habe. Hermann würde mich überall suchen und ob er mich nicht wieder an Hermann vermitteln dürfe. Ich sagte, nein, das gehe auf keinen Fall. Er ließ nicht locker und tauchte ein zweites Mal vor dem Geschäft auf, da sah er aus wie ein Zuhälter. Ich fühlte mich richtig bedroht, nachts hatte ich ständig Albträume. Ich habe diesen Typen angerufen und gesagt, dass, wenn Hermann oder er sich noch einmal im Geschäft melden würden, ich zur Polizei gehen würde, er solle es auch Hermann ausrichten. Danach hat der Terror aufgehört.

Ich habe auch bei der Agentur, die mich an Hermann vermittelt hatte, aufgehört, sie hatte mich ja mit diesem Problem völlig allein gelassen. Eigentlich wäre es deren Aufgabe gewesen, mich zu schützen und ihn in die Schranken zu weisen.

Also habe ich eine neue Agentur gesucht. Bei meiner Suche traf ich auf eine Agenturchefin, die mich persönlich kennenlernen wollte, das fand ich sympathisch. Sie ließ sich bei dem Treffen meinen Personalausweis zeigen.

Als sie meinen Namen las, wusste sie bereits alles über mich, meine Arbeitsstelle, selbst den Namen meines Sohnes. Die Geschichte mit Hermann war nämlich im Milieu bekannt geworden, weil Hermann in einer Stuttgarter Zeitung inseriert hatte, dass er sein Engelchen suchen würde. Eine Prostituierte hatte das gelesen und sich ihre eigenen Gedanken dazu gemacht. Nämlich dass man da Geld rausschlagen könnte. Sie rief bei Hermann an und erzählte ihm, dass sie eine Freundin des Engelchens sei. Immer wieder telefonierte sie mit Hermann und erzählte ihm, dass das Engelchen mit einem ganz brutalen Kerl zusammen sei, und dass es nicht wegkönne, weil es dafür eine Ablöse zahlen müsste. Hermann zahlte der Prostituierten immer wieder Geld, das sie angeblich dem Engelchen gab, damit die von ihrem Kerl wegkäme.

Als ich die Geschichte hörte, wurde mir klar, warum Hermann so lange hartnäckig geblieben war, er wurde ja systematisch mit falschen Informationen gefüttert. Das zog mir dann doch den Boden unter den Füßen weg. Das ist eben das Gewerbe. So wäre ich beinahe in eine große Erpressungsgeschichte reingerutscht, ohne es zu wissen. Das hätte mir doch keiner vor Gericht geglaubt!

Sofort war mir klar, dass ich bei dieser Frau, die über all das so genau Bescheid wusste, nicht anfangen kann. Sie schien mir gefährlich nahe am Milieu zu agieren.

Die Agentur, bei der ich nun arbeite, wurde mir von einem Kunden empfohlen. Hier im Appartement und mit meinen heutigen Kunden ist das Milieu außen vor.

Ich bin sehr zufrieden, wie es momentan in meinem Leben läuft. Ich mache mit dem Geld heute keine Luxusanschaffungen mehr, das war nur am Anfang so, da hatte ich einen großen Nachholbedarf, essen gehen, mal ein paar Tage verreisen, ein tolles Fahrrad für meinen Sohn kaufen oder eine neue Uhr.

Aber heute kaufe ich keine teuren Klamotten mehr, ich habe den Konsum satt. Außerdem will ich nicht auffallen, sonst gibt es wieder Tratsch in meiner Kleinstadt. Jetzt mache ich mit dem Geld etwas für meine Altersvorsorge. Ich habe eine kleine Wohnung gekauft.

Harald hat mir sehr dabei geholfen, denn ich bekam auf meinen offiziellen Gehaltsscheck keine Finanzierung. Er ist tatsächlich mit zum Immobilienmakler gegangen und hat mit unterschrieben. Nun ist er meine Bank. Über meine Rückzahlung an ihn schlossen wir einen offiziellen Vertrag beim Notar. Würde ich den Escort-Job Vollzeit machen, würde es mit der Abzahlung schneller gehen. Aber das will ich nicht. Sonst würde es mir nicht mehr guttun.

Ich sage immer, alles kommt im Leben mal zurück, das ist die Belohnung für meinen früheren Stress. Harald ist mein Engel, der mir geschickt wurde, um mir zu helfen.

ABENTEUER HURE

PROSTITUTION ALS HEIMLICHES HOBBY
FRAUEN ERZÄHLEN ÜBER LUST, SELBSTBESTIMMUNG UND GELD

Frauen erzählen von ihrer heimlichen
Leidenschaft: Sie verkaufen Sex. Por-
träts aus der deutschen Gegenwart

FELIX IHLEFELDT
ABENTEUER HURE
PROSTITUTION ALS HEIMLICHES
HOBBY: FRAUEN ERZÄHLEN ÜBER
LUST, SELBSTBESTIMMUNG
UND GELD
216 Seiten, Taschenbuch
ISBN 978-3-89602-911-9
9,90 EUR (D)

*Sie sind Verkäuferin, Pädagogin oder Abtei-
lungsleiterin; sie kommen aus allen Schichten
und haben vielfältige Motive. »Gelegenheits-
huren« gab es schon immer, doch das Internet
bietet ihnen ganz neue Möglichkeiten, es ist
schnell und diskret. Hobbyhuren führen meist
ein Doppelleben, denn sie haben etwas zu
verlieren: den sogenannten »guten Ruf«, den
Arbeitsplatz oder Verwandte und Freunde, die
ihr Handeln nie verstehen würden.*

*Autor Felix Ihlefeldt befragte ganz unterschied-
liche Frauen, die »das Angenehme mit dem
Nützlichen« verbinden und denen eines ge-
mein ist: Sie sind selbstbewusst und klug und
haben ihre eigenen Vorstellungen, was Treue,
Liebe und Moral angeht. In »Abenteuer Hure«
erzählen sie von diesem Experiment, auf das*

*sie sich ganz bewusst und aus freien Stücken
eingelassen haben.*

*In diesem Buch kommen Frauen zu Wort, die
in dem, was sie tun, Außenseiterinnen sind.
Frauen, die Sex für Geld anbieten, aber dies
dennoch nicht »professionell« tun, sondern
als eine Art Nebenerwerb, neben einem ganz
normalen Alltags- oder Erwerbsleben im bürgerlichen Sinne.*

*»Im sexuellen Supermarkt ist ein neues Re-
gal eröffnet: die Hobbyhuren. Felix Ihlefeldt
sprach mit Hobbyhuren ... Diese Offenheit und
die einfachen, authentischen Aussagen von
Frauen, die auf der Suche nach Sex sind, wie er
ihnen gefällt, macht das Buch interessant.«*
Die weibliche Stimme

Ines Witka
STELL DIR VOR,
ICH BIN DEINE HEIMLICHE GELIEBTE
Der Reiz des Escort-Service

ISBN 978-3-89602-894-5
© Schwarzkopf & Schwarzkopf Verlag GmbH, Berlin 2009

Lektorat: Nadine Landeck
Coverfoto: © Melanie von Snarly / fotolia.com

KATALOG
Wir senden Ihnen gern kostenlos unseren Katalog.
Schwarzkopf & Schwarzkopf Verlag GmbH
Kastanienallee 32, 10435 Berlin
Telefon: 030 – 44 33 63 00
Fax: 030 – 44 33 63 044

INTERNET | E-MAIL
www.schwarzkopf-schwarzkopf.de
info@schwarzkopf-schwarzkopf.de